# 大清王朝历史之谜

宋佩 李军 张勇·编著

陕西新华出版 三秦出版社

**图书在版编目（ＣＩＰ）数据**

大清王朝历史之谜 / 宋佩，李军，张勇编著. -- 西
安：三秦出版社，2008.04（2024.1 重印）
（国学百部文库）
ISBN 978-7-80736-366-8

Ⅰ. ①大… Ⅱ. ①宋… ②李… ③张… Ⅲ. ①中国－
古代史－清代－通俗读物 Ⅳ. ① K249.09

中国版本图书馆 CIP 数据核字（2008）第 027085 号

| 书　　名 | 大清王朝历史之谜 |
| --- | --- |
| 作　　者 | 宋佩 李军 张勇 编著 |
| 责　　编 | 王曙龙 |
| 封面设计 | 新华智品 |

| 出版发行 | 三秦出版社 |
| --- | --- |
| 社　　址 | 西安市雁塔区曲江新区登高路 1388 号 |
| 电　　话 | （029）81205236 |
| 邮政编码 | 710061 |
| 印　　刷 | 北京一鑫印务有限责任公司 |
| 开　　本 | 680×1020　1/16 |
| 印　　张 | 9 |
| 字　　数 | 173 千字 |
| 版　　次 | 2008 年 4 月第 2 版 |
| 印　　次 | 2024 年 1 月第 2 次印刷 |
| 标准书号 | ISBN 978-7-80736-366-8 |

| 定　　价 | 39.80 元 |
| --- | --- |
| 网　　址 | http://www.sqcbs.cn |

# 前　言

　　中国是世界上历史最为悠久的国家之一，随着岁月的流逝、朝代的更迭，以及历史的动乱和自然灾害的影响，使得许多记载过往岁月的文化典籍遭到了破坏和散失。还有的文化典籍则被统治阶级涂上了政治色彩，或按照他们的需要，或出于他们的偏见，加以篡改或歪曲，"人为"地给后人留下了一个个弄不清的"疑案"。

　　延续近300年之久的大清王朝，处于一个令人眼花缭乱的时代。在其如此漫长的岁月中，演绎着太多的令人无法理喻而又难以解答的谜宗悬案和至今争论不休的疑惑，这些关乎兴衰荣辱的轶事奇闻中失散了多少真实的史实，沉浮着多少未知的秘密，使得漫漫史海陷入迷茫。本书所谓的"谜"，就是指那些历史上遗留下来的五花八门的"疑团"、"公案"。

　　"路漫漫其修远兮，吾将上下而求索"，这是诗人对历史发出的嗟叹和咏怀；"探赜索隐，钩深致远，以定天下之吉凶"，这是智者对历史提出的要求和希望；"事因有难明于一时而有待于后世者"，这是史家对历史的遗憾与期待。近年来，传奇式的历史疑案引发了影视界和社会大众对清宫戏的热情。然而，戏说历史影视的泛滥，也让大众对历史史实的理解显得支离破碎。"还清史本来面貌"成为史学界许多专家学者的共识。

　　中国的知识分子历来有一种穷根究底、弄清历史真相的"癖好"，这是一种历史的责任感。多少年来，一代又一代的专家学者皓首穷经、披荆斩棘地去寻找那些"谜团"、"疑案"的踪迹，幸运的是功夫不负苦心人，许许多多的"谜团"、"疑案"已经在证据面前得到化解。但是，还有许许多多的"谜团"、"疑案"依然是众说纷纭，莫衷一是；而更多的"谜团"和"疑案"恐怕是永远也难以破解的。

　　本书搜集了大清王朝整部历史所流传、记载的，引发轰动的，众说不一的，争论不止的，甚至始终难有定论的，让后人百思不解，但又特别抓人好奇心和敏感神经的宫廷内幕、官场奇闻、文人轶事。如书中所列"孝庄皇太后下嫁多尔衮"、"顺治出家"、"雍正继位"之类的宫廷秘闻，这些故事早已成为民间耳熟能详的奇闻轶事，并成为传奇小说、电影、电视颇为青睐的题材。又如"洪承畴降清"、"史可法殉难"、"年羹尧、隆科多被诛"之类的名人悬案，也常常是街头巷尾的谈话内容。此外还有"纪晓岚与和珅结怨"、"赛金花身世"等趣闻轶事，则在过去的书本中大都有过描述，或被编为剧本，反复在清宫剧中出现；或被编为故事，在民间广为流传。本书以解谜团、说故事的形式，把历史、考古、文学、艺术、军事、政治等范畴的知识生动地描述出来，在知识含量大的基础上，力求具有趣味性。

而当我们触摸了大清王朝的疑悬谜案，温故了皇皇帝国的沧桑日暮，我们是不是可以从骨子里认识当年大清国的那段最真实的历史，从而了解究竟发生了什么，那代人做了什么又为什么这样做呢？我们希望读者开卷后会轻松地了解、掌握、扩充历史知识。愿此书成为一把开启大清历史大门的钥匙，让您览尽清朝300年间的沧桑变幻……

编　者
2008年8月

# 目　录

# 努尔哈赤大妃殉葬之谜

　　清太祖努尔哈赤特别宠爱大妃阿巴亥，把她当成掌上明珠，但在死后却要她陪葬，这在满族历史上是一件十分奇怪的事情。有人说大妃与努尔哈赤的第二子代善关系不同寻常，两人之间眉来眼去，她的殉葬是这个原因吗？抑或还是有其他更深层次的问题？

　　清太祖努尔哈赤共有后妃16位，最宠爱的有两位。一位是皇后，她是叶赫部酋长杨吉努的女儿，皇太极的母亲。1603年，她年仅29岁就病死了。另一位是大妃乌喇那拉氏，名阿巴亥，乌喇贝勒满泰侄女，出生于1590年，12岁时就嫁给努尔哈赤。

　　阿巴亥嫁给努尔哈赤极富戏剧性。明朝末年，东北地区女真各部先后崛起，互争雄长。海西女真的乌喇部地广人众、兵强马壮，势力尤为强大，与努尔哈赤势不两立。万历二十年（1592），包括乌喇部参与其中的九部联军，以3万之众攻打努尔哈赤的根据地赫图阿拉，企图把刚刚兴起的建州扼杀在摇篮之中。然而，努尔哈赤以少胜多，奇迹般地取得了胜利。乌喇部首领满泰被活捉，表示愿意永远臣服建州。努尔哈赤念其归顺之意，收为额驸，先后以三女妻之，盟誓和好，软禁3年后释放。满泰兵败回归后，为了取悦建州，感激努尔哈赤的再生之恩，在万历二十九年（1601）将年仅12岁的侄女阿巴亥亲自送到赫图阿拉，就这样，阿巴亥嫁给了大她30岁的努尔哈赤。开始了自己不平凡的妃嫔生活。这位来自乌喇部的稚嫩公主，既要博得丈夫的欢心，又要周旋于努尔哈赤众多的妻妾之间，难度很大，然而阿巴亥是一位非同一般的少女，不仅仪态大方、楚楚动人，而且天性颖悟、礼数周到，很快博得努尔哈赤的欢心。43岁的努尔哈赤对这位善解人意的妃子，爱如掌上明珠。孝慈皇后死后，努尔哈赤便将幼小而聪明的阿巴亥立为大妃，独占众妃之首。阿巴亥为努尔哈赤生了三个儿子，即十二子阿济格、十四子多尔衮和十五子多铎，另外又收养了努尔哈赤之弟舒尔哈赤的第四子多罗恪喜贝勒之女。然而，1626年努尔哈赤死后，大妃在本人并不愿意的情况下，被迫殉葬。如此漂亮年轻的妃子，按理说努尔哈赤是不会残忍到让她活殉的，那么大妃到底为什么要殉葬呢？

　　许多人认为大妃殉葬的原因是出于努尔哈赤的遗嘱，因为此前大妃的一些作为，引起了努尔哈赤的强烈反感。努尔哈赤在立大妃以后的年月里，南征北战，一方面和明

清太祖努尔哈赤

朝作战，一方面统一东北各部，无暇顾及宫内事务。这时的大妃乌喇纳喇氏正当青春年华，不甘宫中寂寞，与比她大六岁的努尔哈赤第二子代善产生了爱情，私下来往甚密，有时甚至深夜二人仍眷恋不归。这件事后来被努尔哈赤的一个叫代因扎的妃子告发。据《满文老档》记载，代因扎的告发内容有："大妃曾两次备饭送给大贝勒（代善），大贝勒接受后吃了。另外，大妃有时一天会两三次派人到大贝勒家，自己在黑夜里也有数次外出。"如此这般一说，也引起了各贝勒和大臣们的共鸣，纷纷说道："每次我们在大汗家里商量国事时，大妃总是盛装打扮，披金挂银，两眼直愣愣地看着大贝勒，两人互送秋波。这事除了大汗以外，众贝勒都发现了，感到实在不成体统，想如实对大汗说，又害怕大贝勒、大妃报复，所以就谁也没有说。这些情况现在只好向大汗如实报告。"努尔哈赤听后，十分恼怒，对大妃的不安分十分反感，但若听了这些人的话而追究这件事，那么家丑必定外扬，对自己来说绝不是一件光彩的事，定会有损声威，而且自己又不想加罪代善，只能隐忍不发。

不久，大妃又被人告发私匿财物，努尔哈赤派人一查，还确有其事，查出的绸缎、银子还真不少。努尔哈赤骂大妃说："你这个人心存奸诈、险恶，是个心狠虚伪的贼徒，人间所有的凶恶心肠你都具备了。你不爱自己的丈夫，却背着我去爱别人，这样的人不杀掉还有什么用？"努尔哈赤杀大妃的心思在这时已经产生了，但当时顾虑到三男一女四个孩子还小，不忍心让他们从小失去母亲，所以才免其一死，将她废黜。他又令周围的人让他们看护孩子，不准孩子接受大妃的东西或听她的话。就这样，与努尔哈赤生活近20年，一直受宠不衰的阿巴亥被迫愤然离去。代因扎达到了目的，她以举发有功，加以荐拔，并享受"陪汗同桌用膳而不避"的优待。其他两位中伤阿巴亥的妃子各分得阿巴亥的缎面被褥一套。

1626年，努尔哈赤临死时，下遗嘱说："大妃这个人心怀嫉妒，常常使我过得很不开心，人虽机智聪明，但如果留着必定会作乱。我已给各位贝勒遗书，待我死时让她殉葬。"大妃不想死，求各位贝勒，贝勒们不答应。在各位贝勒的逼迫下，大妃无计可施，只能穿戴好衣服，自尽以身殉葬。临殉葬时她对诸贝勒哭诉道："我从十二岁以来就事奉先帝，锦衣玉食了二十六年，我实在不想离开他，所以与上同殓。我的两个小儿子多尔衮和多铎希望各位多多照顾。"大妃死的时候，多尔衮只有15岁。

努尔哈赤死时到底有没有这个遗嘱？除了日本传抄的《三朝实录》记载外，其他史书并没有具体记载。从今天来看，即使有这样一个遗嘱，这个遗嘱是不是努尔哈赤本人的真实想法，仍是值得怀疑的。所以，很多人推测大妃殉葬恐怕另有隐情。

一些人认为上面的这种看法肯定是有问题的，因为努尔哈赤废黜阿巴亥一年多后，又召回了阿巴亥，将其复立为大妃。这说明大妃的所作所为，根本没有引起努尔哈赤的反感，同时也证明努尔哈赤对可爱的阿巴亥确实情有独钟，那个与她几近同时被轰出去的继妃衮代就根本没有再被召回。可以想象，古代皇帝身边被赶走的女人太多了，不论她们此前多么高贵，一经出宫，沦入民间，能有几个获得回头的机会？刚愎自用的努尔哈赤能把"复婚"的决定做得这样果断必有深刻的原因。阿巴亥之所以能浮出政坛，是因为她的重要，她的持家理政、相夫教子的能力出类拔萃。她在厄运中没有颓废，经过风雨的历练反而更加成熟。她鲜亮如初，再次介入诸王和众妃建构的政治格局当中。

在清朝入关前较为广泛翔实的官方记录《满文老档》中，自阿巴亥复出后，关于众妃活动的笔墨不断出现。努尔哈赤的女人逐渐从闺阁走上政殿，有组织地协助丈夫从事一些政务，她们给努尔哈赤以政治的鼓舞，这一切与众妃之首阿巴亥的作用密切相关。如天命六年（1621）八月二十八日，东京城在辽阳太子河北岸山冈奠基，这是他们未来的皇都。众福晋在努尔哈赤和大妃的率领下，出席庆贺大典，前来参加活动的还有诸贝勒和众官员。众妃子点缀在政治活动中，让历史留下她们为努尔哈赤的事业助阵的呼声。

天命七年（1622）二月十一日，众福晋冒着早春寒冷，奔赴战斗的前线。十四日，她们到达广宁，统兵大臣一行人等出城叩见。衙门之内，路铺红毡，努尔哈赤坐在高高的龙椅里。接近中午时，"大福晋率众福晋叩见汗，曰：汗蒙天眷，乃得广宁城。再，众贝勒之妻在殿外三叩首而退。嗣后，以迎福晋之礼设大筵宴之"。这一支由女人组成的慰问团，大约在血火前线的广宁停留了三天，于十八日随努尔哈赤返回辽阳。

天命八年（1623）年正月初六，努尔哈赤携众福晋出行，"欲于北方蒙古沿边一带择沃地耕田，开放边界"，他们沿辽河晓行夜宿，踏勘，行猎，在雪地冰原上留下了他们活动的痕迹，直至元宵节的前一天返回。

天命八年四月十四日，众福晋又一次随努尔哈赤为垦地开边出行。是日，他们由东京城北启程，经由彰义至布尔噶渡口，溯辽河上游至浑河，二十二日返回。后金军队的迅猛发展，使得粮食供给问题十分突出，努尔哈赤与他的女人们于旷野中的如此跋涉，不会有多少浪漫的成分，目的性是十分的明朗。

天命八年九月中旬，众福晋又一次走出东京城堡，跟随努尔哈赤的仪仗，畅游于山河之间，为期12天。此间，除了狩猎、捕鱼，访问田庄、台堡，还参与接见蒙古贝勒，以及为大贝勒代善之子迎亲，整个行程有声有色。

有鉴于此，许多人认为，大妃实际上是皇权争夺的牺牲品，大妃殉葬是被皇太极逼迫的。

早在努尔哈赤建立后金政权时，立八固山王分掌兵权，八固山王中就有代善、皇太极。当时诸王各拥重兵，互不相下。对汗位更是虎视眈眈。到后来，代善、皇太极等四大贝勒因佐理国政，权势更大。四大贝勒中，代善和皇太极是汗位的最有力竞争者。这两个人战功都很卓著，但代善为人宽厚，而且居长（努尔哈赤长子褚英早丧），其地位比皇太极更为优越。在这样的情况下，皇太极就千方百计想陷害代善。当代善和大妃两情相悦时，皇太极怎能放过这个大好时机？至于背后指使、散布流言飞语等更是可想而知。那个告密的小妃子，如果背后无人指使，怎么有胆量与努尔哈赤最宠爱的大妃叫板呢？

皇太极只有将大妃及代善均打击下去，自己才能爬上汗位，所以他的一箭射去，不仅大妃被废，而且代善也名誉扫地，更为重要的是离间了代善与努尔哈赤的感情，让他这个孝慈高皇后所生的儿子在父亲眼中地位更重。

然而大妃被废一年多后，又复立为大妃。大妃的确有可爱之处，努尔哈赤舍不得割爱，而且时间一长，发现她也没有什么大过。在代善势力的下降过程中，皇太极的权势在日益增大。但是忽然大妃又被立，皇太极是十分不愿意看到的。恰巧这个时候努尔哈赤驾崩，大妃就成了皇太极继位的唯一障碍。满族确有用活人殉葬的习惯，却没有汗王死后要让皇后和妃子殉葬的成例。至于努尔哈赤遗嘱中讲大妃的一番坏话，更没有必要，纯属是皇太极矫诏而逼迫大妃致死。这时的代善，已是爱莫能助，剩下大妃孤儿寡母，也就只能任人宰割。37岁的大妃殉葬的确不是自愿，纯系被皇太极逼迫所致。

与大妃同时殉葬的还有两个庶妃，一为阿吉根，另一为代因扎。代因扎就是当年告发大妃与代善有暧昧关系的那个人，告大妃与皇太极指使有关，现在也被令殉葬，应该是皇太极怕日后事情败露，借机杀人灭口，她成了皇太极皇权斗争中的真正殉葬品。

支持这种观点者认为，努尔哈赤死时，大妃只有37岁，正值盛年，风姿饶艳。大妃生的儿子多尔衮、多铎兄弟也有资格同皇太极争夺皇位。皇太极深知，要削弱多尔衮、多铎的力量，最好的办法就是处死大妃。另外，努尔哈赤临终之时，只有阿巴亥一人守在身边，她向诸位皇子传达老汗王的临终遗嘱是"多尔衮嗣位、代善辅政"，这遭到四大贝勒的断然否定。他们是有道理的，因为和硕贝勒共治国政，不但汗王生前反复强调，而且书写成训示交给了每位贝勒，白纸黑字，证据确凿。而所谓的临终遗言没有第二人能够证明，即使汗王真的在去世前的昏迷中说了类似的话，也只能视为错误的命令，不可执行。

当时八旗人马中，皇太极掌握两黄旗，代善掌握正红旗，阿敏掌握镶蓝旗，莽古尔泰掌握正蓝旗，所余镶红、正白和镶白三旗旗主，分别是大妃的三个儿子阿济格、多尔衮和多铎。阿济格、多尔衮和多铎分别只有19岁、12岁和10岁的时候，就拥有一旗，成为与诸兄并驾齐驱的权势很大的旗主。诸贝勒能够成为旗主，完全是因为在战场上出生入死，流血拼命，而阿济格三兄弟恃母亲爱宠而得汗王厚赐，怎能让人心服口服？

再说，阿济格、多尔衮、多铎所掌握的力量已经超过四大贝勒中的任何一个，如果再有他们的母亲阿巴亥以国母之尊连缀其上，那么其他四位旗主谁不畏惧？还有谁敢不服从？如果大妃阿巴亥因此而左右八旗、左右整个后金的政局，破坏八王共执国政的均衡，对大金国的每个人，尤其是对与阿巴亥有宿怨的皇太极和莽古尔泰，后果都是不堪设想的。所以皇太极当然想到必须除掉阿巴亥这颗最大的钉子。因为除掉这个总首领，就容易使三个同母兄弟分离，不能形成三人联合的雄厚力量，所以一定要马上将他们的母亲处死，才能保证后金政权的稳定。这样一来，大妃没有别的选择，她必须死去。

在努尔哈赤死去9个时辰之后，他最宠爱的大妃阿巴亥被四大贝勒逼迫生殉，理由是努尔哈赤有遗嘱在先。大妃并不相信汗王会留下这样的遗言，她据理力争，但贝勒们告诉她：这是汗王的遗命，他们纵然不忍心、不愿意，却不敢不从。而且，从殉的仪式都已经准备好了。到了这一步，阿巴亥还有什么办法？她只能屈从，换上礼服，戴满珠宝饰物，自缢而死。

除上述主要观点外，不少人还认为努尔哈赤并无遗言，大妃之死乃诸贝勒之逼殉。不过诸家观点及所举理由也不尽相同。有人指出努尔哈赤曾欲立多尔衮，代善支持皇太极登基，为确保多尔衮之母不加反对，必须逼迫其自尽。有人认为努尔哈赤临终时不将大妃为其殉葬之事告诉她，值得怀疑，因而是代善、皇太极等人强制其殉夫，并无遗命。也有人提出诸贝勒对多尔衮三兄弟并无战功仅凭其母亲的尊贵身份而成旗主不满，对大妃十分反感。更有认为努尔哈赤临死时召见大妃，很可能曾向她说过许多不利于诸贝勒的"遗命"，因而诸贝勒将其逼死。

大妃阿巴亥的结局是如此的悲惨，令人叹息不已！

# 清太宗身世之谜

皇太极之继位是不是以庶夺嫡？凡此，都涉及他的出身。弄清皇太极是嫡出抑或庶出，关键在于考察他继位前其生母孟古在努尔哈赤诸妻妾中是否有正室的身份。

清太宗皇太极究竟是嫡出还是庶出，由于尚无专门研究，迄今仍是个疑案。《清实录》中，皇太极的生母孟古被称为皇后也即嫡妻，但是《清实录》是皇太极继位后所修，继帝位者追尊生母为皇后乃是惯例，这是母以子贵，不能作为其嫡出的依据。如美国学者恒慕义主编的《清代名人传略》即明确称："1636年皇太极成为名副其实的皇帝并采取许多项汉族制度之后，却追尊生前地位本来是妾的生母为孝慈皇后。"

皇太极之出身关系到他的继位，因此是影响清初政权的重要问题。皇太极是众人推举之汗，如果他是庶出，将表明满族宗法无嫡庶差别，庶出者也可继承汗位。还有一种观点，认为皇太极乃是夺多尔衮之储位。按多尔衮是嫡子，如果皇太极是庶出，而且是夺位，那么他的继位将是明显的以庶夺嫡事件。究竟皇太极之继位是否以庶夺嫡？凡此，都涉及他的出身。弄清皇太极是嫡出抑或庶出，关键在于考察他继位前其生母孟古在努尔哈赤诸妻妾中是否有正室的身份。

努尔哈赤共有16个妻子，大部分的侧妃和庶妃都是出于政治扩张的需要而

清太宗皇太极

娶，按照清太宗时所修《清太祖武皇帝实录》（下简称《武录》）的说法，努尔哈赤之"后"即正室有四人：最早为佟佳氏，实录称其为"先娶元妃"，生子褚英、代善。

在佟佳氏去世后，入继正室者为富察氏，名滚代，生子莽古尔泰、德格类，实录称其"继妃"。叶赫那拉氏，名孟古，称"中宫皇后"，仅生一子皇太极。乌喇那拉氏，名阿巴亥，《武录》称"继立之后"，后来改称"大妃"，生子阿济格、多尔衮、多铎。

由于《武录》是皇太极在位时修成的文字，其称孟古为"中室皇后"是否史实，仍难断定。不过给我们提供了一条线索，即孟古是在继妃富察氏与最后的大妃阿巴亥之间，以及在她死后，努尔哈赤才又把阿巴亥"接续立为大福晋"，而且又明确说明，孟古是在富察氏之后为"中宫皇后"的，而阿巴亥又是在孟古死后才被继立为"大妃"的，接续的是孟古而不是富察氏入继正室，所述之事有具体的人物、事件缘由、时间，言之凿凿，有一定可信度，这使我们可以沿着这个线索作进一步的考察。

自万历二十四年（1596），太祖第十子德格类出生后，富察氏似乎就慢慢从太祖身边消失了。直到天命五年（1620），"妃得罪，死"。但是种种迹象表明，富察氏是在天命五年之前很长一段时间内都已经不得宠了，而且似乎还丧失了正妃的地位。《满文老档》有这样一段记载：皇太极在夺取汗位后回忆说自己幼时常把吃穿的东西送给莽古尔泰，因为太祖基本上没有照顾到莽古尔泰的生活，所以莽古尔泰是依靠皇太极而生活的。假如富察氏的大妃位置没有被动摇，那么她的儿子是绝不会有这样的遭遇。关于富察氏死亡的记载，史书上也是有矛盾的。《清史稿》在《诸王传》中和《满文老档》中都记载莽古尔泰御前拔刀一段，皇太极气愤至极说莽古尔泰曾经"弑其母而邀宠"。而按照《清史稿》的记载，富察氏似乎更有可能是获罪赐死的。

在富察氏被废之后，继之被扶正的正应是孟古，所以其子皇太极才得父直接"养育"，生活富足，对于幼年的伙伴莽古尔泰也能"每推食食之，解衣衣之"，将衣食给未能得父爱护的莽古尔泰。

岳托贝勒幼年的事迹也可说明这一时期孟古正室的身份。据《八旗通志》初集《岳托传》载：岳托，"太祖高皇帝深爱之，抚育宫中"。皇太极也说：岳托乃"我母自幼抚养之弟"，自幼由"皇考太祖、皇妣太后抚养为子"。岳托得努尔哈赤喜爱而被"抚养宫中"，是与努尔哈赤同室生活，抚养他的是皇太极之母，说明当时皇太极之母与努尔哈赤同室而居，也即居于正室。岳托生于1598年，而皇太极之母死于1603年，可知皇太极之母在这五年间及以前一段时间为正室。

孟古取得正室的地位，与其出身门第及其本人的资质有一定的关系。明万历十年（1582），在努尔哈赤与元妃成婚的第五年，他路过孟古的娘家——

海西女真叶赫部，该部是海西女真四大部之一。当时孟古的父亲杨吉努慧眼识英雄，将时年仅8岁的小女儿孟古许配给太祖，并赠予大量的马匹与甲胄。出于联盟的需要，明万历十六年（1588）秋，杨吉努之子纳林布禄将妹妹送到太祖身边，时年孟古14岁。《清史稿》记载太祖亲自率领了诸位贝勒大臣去迎接她，并且隆重地迎娶了她。按照孟古的身份和叶赫贝勒曾经的帮助与赏识，她绝不可能是庶妃，但是从继妃富察氏失宠的年份看，她也不可能是正妃，所以孟古是以侧妃的身份嫁给太祖的。根据《清史稿》的记载，孟古的品性温顺纯良，恪守妇道，不参与外事，殚精竭虑服侍太祖，深得后妃之道。这中间不排除太宗朝对孟古的美化，但就孟古的大家闺秀出身来看，她应该是位品貌俱佳的女子，因而甚得努尔哈赤欢心，被努尔哈赤称作"爱妻"，感情颇笃，以致她死时，太祖爱不能舍，令四个奴婢殉葬，并宰杀牛马各100头以祭祀，并斋戒月余。最为夸张的是，努尔哈赤还将孟古葬在自己居住的院中长达三年。天命九年（1624），努尔哈赤迁都辽阳，孟古的遗骨也随之迁到东京陵。

在一夫多妻的大家庭中，众妻的嫡庶之分应有三个因素：一是出身，即娘家门第的高低；二是受丈夫的宠爱程度；三是来嫁的先后。孟古嫁努尔哈赤虽在富察氏之后，但其他条件都优于富察氏。所以可以猜测，由于富察氏失宠而被驱出正室后，出身较高而且受宠的孟古得以由侧扶正是理所当然的。

由此可见，《清实录》称其为"中宫皇后"也即嫡妻，并非皇太极继位后其母以子贵的追尊之称，而是孟古在努尔哈赤时期的真实身份地位。因此可以认为，努尔哈赤时期的皇太极，凭借的是"子以母贵"，因其生母叶赫那拉氏孟古之嫡妻身份而为嫡子，因而才得以与其他嫡子如代善、莽古尔泰、阿济格等一样被封为旗主，为正白旗主，领正白全旗的牛录属人。从而与代善、阿敏、莽古尔泰一起被封为汗之下地位最高的大贝勒。以后他被推举为汗，当然也是以嫡子身份继位，这与满族之重嫡、严嫡庶之分的宗法也是一致的。他的继位，也不存在以庶出而夺嫡的问题。

# 皇太极继位之谜

长期以来，一些明清史专家认为，皇太极汗位是从其幼弟多尔衮手中篡夺来的。有的则认为，皇太极的汗位是通过激烈争斗，力克竞争对手而得到的。还有学者认为，皇太极汗位并非夺立，而是由诸贝勒推举产生。那么真实的情况到底是怎样的呢？

后金天命十一年（1626）八月二十一日，努尔哈赤驾崩，皇太极继承汗位。

关于皇太极怎样继承汗位的问题，长期以来有不同的说法。一些明清史专家认为，皇太极汗位是从其幼弟多尔衮手中篡夺来的。清人蒋良骐的《东华录》顺治八年（1651）二月己亥诏内载，多尔衮声称"太宗文皇帝（皇太极）之位原系夺立"，暗示皇太极篡夺汗位。有的则认为，皇太极的汗位是通过激烈争斗，力克竞争对手而得到的。还有学者认为，皇太极汗位并非夺立，而是由诸贝勒推举产生。那么真实的情况到底是怎样的呢？

事实上，努尔哈赤晚年并没有确立汗位的继承人。自天命七年（1622）三月努尔哈赤宣布将来实行八和硕贝勒共治国政制度，规定未来之汗由八旗旗主诸贝勒共同任免。直至其去世，努尔哈赤一直为这一制度的过渡而做着准备工作。这一时期，努尔哈赤还有意识地让诸贝勒共理国事，进行着八王共治的演习。天命十一年六月二十四日，即努尔哈赤死前一个多月，他还强调了诸贝勒"有德政者方可为君为王，否则君王何以称也"。

因而，可以确定的是努尔哈赤生前不仅没有立某人为储的迹象，事实上是根本没有立储。从史料观察，他七月二十三日"不豫"，八月十一日死去，中间经历了近二十天的时间，显然不是暴亡，也就是说完全有可能在病重期间将属意的接班人公之于众贝勒。所谓坊间传说的有意立多尔衮，不过是朝鲜方面的猜测，后金政权的任何人，包括皇太极继位后所打击的诸大小贝勒，从来也没有说过努尔哈赤立过多尔衮。所以朝鲜方面的这种猜测传闻不足为据。

从当时多尔衮的状况来看，其被立为汗王的条件并不充分。多尔衮在努尔哈赤生前的身份地位并不高，他不过是兄长阿济格旗下的掌有半旗牛录的贝勒而已。而其同母三兄弟中，阿济格、多铎都被其父安排为旗主。而多尔衮成为旗主，是在皇太极继位后的天聪二年（1628）。而且当时多尔衮年仅15岁，可以想象在八和硕贝勒共治国政的体制下，一个掌半旗的少年贝勒，是缺乏驾驭包括四大贝勒在内的八个旗主，从而顺利行使汗王的权力的能力。

至于多尔衮后来所说的皇太极即汗位"原系夺立"，这句话并没有说努尔哈赤曾立多尔衮或其他人为储，皇太极是从他或别人手中夺取储位而立的。"夺"，也可作"抢夺"、"争夺"解，本来努尔哈赤死后，八王争立为汗，每个人都可以说是争抢。

据推测，在努尔哈赤临终时，皇太极与岳托极有可能有过密谋，因为努尔哈赤八月初七日已病重，十一日下午未时去世，群臣将其灵柩抬至沈阳宫中已是"夜初更"。随后岳托联合萨哈廉连夜动员代善立皇太极，因而"翌日"清晨"卯时"，以代善为首包括皇太极在内的大贝勒便召集诸贝勒会议，由代善提议立皇太极为汗。以此可见，皇太极继位，确实是诸贝勒按照努尔哈赤的遗训，经过众人推举最后确立的。

岳托等人为皇太极主动谋求，且说服代善抢先提名，占得先机，为推举皇太极创造了十分有利的条件，但其

金嵌珠宝朝冠顶　清，高14厘米，底径4厘米。清宫旧藏。

最终得以继统还不仅仅由于他们的这一活动，而是有更多的有利因素作依托。

皇太极是努尔哈赤的"爱子"，他之所以受到其父的喜爱，一是由于其生母叶赫那拉氏得努尔哈赤专宠，在继妃富察氏失宠后入居正室，成为嫡妻，皇太极也自然成为努尔哈赤膝下爱子。二是他本人聪慧。《清太宗实录》卷一记述他幼年时"太祖钟爱焉，甫三龄，颖悟过人。七龄以后，太祖委以一切家政，不烦指示，即能赞理，巨细悉当。及长，益加器重"。《实录》所述虽多为溢美之词，但不会是毫无根据的编造。

皇太极不仅得到父亲的偏爱，而且与岳托、萨哈廉、济尔哈朗、德格类等几个小贝勒的关系也很好。四大贝勒中，皇太极的年龄最小，与诸小贝勒易于接近，加上皇太极在后金中的显赫地位及努尔哈赤对他的钟爱与青睐，因而成为这些人追随的对象。这些人中，与皇太极关系最密切的是岳托、济尔哈朗、德格类三人。皇太极与岳托、济尔哈朗在幼年时便结成了朝夕相处的伙伴友谊。岳托深得祖父努尔哈赤喜爱，幼小"抚育宫中"。当时宫中得努尔哈赤专宠的是皇太极的母亲叶赫那拉氏，岳托因而依偎在叶赫那拉氏膝下，得其抚育，这段生活也使他与皇太极结下了深厚友情。济尔哈朗比岳托小一岁，他也曾"幼育于太祖宫中"。从其年龄来看，很有可能是与岳托一起，得皇太极之母的抚育。

皇太极12岁丧母之后，与岳托、济尔哈朗同炕而眠、同桌而食、朝夕相伴的童年生活也随之结束，但因为政治的利害关系，他们几人的关系在其后的年月中得到了进一步的发展。天命元年(1616)，皇太极与代善、阿敏、莽古尔泰同被封为和硕大贝勒，在后金政权中是颇有权势的人物。在四大贝勒中，唯有皇太极可称得上是文武双全的英才。天命五年(1620)代善被废掉太子之后，皇太极在众人心目中无疑已被视为储位的最佳人选。

按照《实录》所记，天命十一年(1626)八月十二日议立新汗的会议成员有如下诸人：代善、阿敏、莽古尔泰、皇太极、阿巴泰、德格类、济尔哈朗、阿济格、多尔衮、多铎、杜度、岳托、硕托、萨哈廉、豪格等十五人。这些人，按宗支关系大致可划分为五个系统，即代善、岳托、硕托、萨哈廉、杜度一系；阿敏、济尔哈朗一系；莽古尔泰、德格类一系；皇太极、豪格一系，阿巴泰与豪格同旗，也可划入此系；阿济格、多尔衮、多铎一系。

阿济格三兄弟因其母大妃的地位而成为竞争汗位不可忽视的力量，其不利因素是年岁较小，最小的多铎年仅12岁，他们军政实践经验很少，难当重任。阿济格虽已22岁，但此人有勇无谋，性格粗暴，很难入选。

其他各系中较有资格的是各该系具有父亲或兄长身份的代善、阿敏、莽古尔泰、皇太极。以上四人也正是凭借他们的嫡出身份及政治经验，在竞争汗位上具有其他人无法比拟的优越条件。

四大贝勒中，阿敏属于汗室旁支，而且与努尔哈赤发生过严重的矛盾冲突事件，在决定汗位人选的成员中，努尔哈赤子孙又占有绝对优势，所以阿敏根本不可能入选。莽古尔泰在行政能力、战功方面，比起代善、皇太极并无突出之处。代善一系成员较多，且其宽柔性格及处理行政的能力也曾赢得不少人的好感，而且战功颇著。但天命五年(1620)九月其太子位遭到努尔哈赤的废黜，不能不对他以后汗位的入选带来十分不利的影响。相比较而言，皇太极在后金诸贝勒中可称得上文武双全，而且人际关系也较好。

值得注意的是，在四大宗支中，都有皇太极的支持者：代善一系的代善、岳托、萨哈廉；阿敏一系的济尔哈朗；莽古尔泰一系的德格类，本系的豪格。皇太极的这种交际能力，无形中削弱了其他宗支的竞争势力，而使自己在几大宗系中处于相当有利的优势地位。尤其是岳托、萨哈廉倾向于皇太极并争取了代善，更具有关键作用。岳托与其父代善的关系并不十分融洽，在代善与皇太极二者之中，他宁愿选择了皇太极。代善虽然与皇太极不无矛盾，但大约是考虑到自己曾被父汗废黜，而且两个儿子已倒向皇太极一边，竞争不过皇太极，因而在岳托、萨哈廉的说服之下，索性顺水推舟。

代善一系中的主要代表人物推举皇太极，更使皇太极在拥戴力量上具有了绝对的优势。在议立新汗的十五个成员中，有七人属于皇太极一派，其他任何人也不具备这种优势条件。其他的诸人，阿巴泰、硕托有可能属于中立派，阿敏、莽古尔泰、杜度及阿济格、多尔衮、多铎三兄弟即使有不同意皇太极为汗者，也提不出在能力素质上优于皇太极的人选，更不可能获得如皇太极那么多的支持者。因而，皇太极最终以推举的形式入继大统，也就是情理之中的事了。

# 洪承畴降清之谜

　　洪承畴叛明降清，并为清王朝立下汗马功劳，成为开清重臣。明朝的遗老遗少却恨之入骨，制造种种流言飞语，谩骂攻击洪承畴。特别是辛亥革命时期，出于反清的政治需要，大造舆论，大骂明末清初投降的汉官为"民族败类"、"叛徒"、"汉奸"等。洪承畴首当其冲，成为"众矢之的"。其中，"庄妃色诱洪承畴"就是一个根据民间传说而加以塑造的所谓"历史"，那么这个传说是真是伪，至今仍然是一个谜。

　　洪承畴，字彦演，号亨九，福建泉州府南安人。明神宗万历四十四年(1616)中进士，入仕后屡经升迁，神宗末年官至陕西布政使参政。熹宗即位后，明末农民大起义爆发，洪承畴因善于用兵，先后被升为延绥巡抚、陕西三边总督，加太子太保、兵部尚书，兼督河南、山西、陕西、四川、湖广军务，领兵镇压农民起义，俘杀了闯王高迎祥。1631年，又在潼关设伏，使李自成大败后带着十八骑逃入商洛山，关中的农民军一时被镇压殆尽。

　　同年，清皇太极率军进攻北京，洪承畴应征入卫京城。次年春天，被调任总督蓟、辽军务，赴关外指挥17万明军与清军作战。1641年，清兵围攻锦州时，洪承畴率13万大军增援，被打得大败，退守松山。次年二月，清军攻陷松山，俘虏了洪承畴，并关押其于故宫里边的三关庙内。

洪承畴

洪承畴起初还抱定忠于明朝不惜一死的决心，拒绝了不少满汉大臣的劝降，即使在满族官员举刀威胁时，他也没有屈服。皇太极又以囚禁和虐待的方法迫使他屈服，他也以绝食相对抗，并经绝食七天而不死。皇太极再派范文程去劝降，他仍痛加斥责，表示决不投降，要以身殉国。范文程则仍和颜悦色并引经据典劝他归附大清。谈话间，范文程见梁上有灰尘落在洪承畴的衣服上后，洪承畴几次小心地将灰尘拂去，于是范回去告诉皇太极，说洪承畴"必不死"。

那么到底是什么原因，使得洪承畴最终放弃尽忠的思想而投清的呢？长篇小说《李自成》中有一段生动而传奇的描写：正当群臣无计可施之时，庄妃自告奋勇，亲自出场上阵了。这位30岁的少妇，装扮成汉女侍婢，格外俏俊。她手捧参汤进入囚所，极尽温柔，晓以利害，洪承畴在她婉言相劝之下，终于降了清朝，为清朝主中原神器、定九州风雨立下功劳。

而更有野史绘声绘色地记载：据说在洪承畴绝食的第四天，屈辱痛苦恍惚之间，忽然一位汉族打扮的俏丽女子推门而入，呜呜咽咽地陪坐在洪承畴的身边，竟使洪承畴丧失了戒心，视其为同病相怜之人，攀谈起来。洪联想起自己的娇妻爱子，百感交集，也泪如泉涌。那女子一面为他拭泪，一面悄声劝道："将军啊，人生求死容易，活下去才难。明朝比如一座大厦，将军你就是明朝的栋梁，如果栋摧梁折，明朝还靠什么来支撑？当前，明清两国势均力敌，战则两败俱伤，和则共同兴旺。以将军的威望，若能保全性命，从中调停，把弄僵的局面扭转过来，达成协议，岂不是报效了朝廷和天下生民么？"

洪承畴沉吟不语。那女子又乘机娓娓道来：

"将军纵使不念及家人和我小女子的私情，也应念及生民和社稷。"

"但是……"洪承畴已然心动，欲言又止。

那女子忙接口道："清主仁慈宽宏，决不会为难将军的。"

洪承畴刚刚点头，门就立刻打开了，原来大清皇帝皇太极"恰巧"来了，他正盼望这个结果！

此后，洪承畴跟随多尔衮入关，攻城掠地，灭明辅清，平定江南，扫荡云贵，败李定国，除明桂王，为清王朝驰骋疆场二十余年，真正成为了满清扫平中原的先锋。

这是庄妃第一次露了峥嵘。

其实关于庄妃"以色诱洪"的故事在清初就产生了。从近人所著的各种史籍中，比如萧一山《清代通史》以及印鸾章《清鉴》可以看到这个传说的"近代形态"，已经是在流传过程中不断被添枝加叶的《啸亭杂录》卷一《洪文襄》条云："松山既破，擒洪文襄归。洪感明帝之遇，誓死不屈，日夜蓬头跣足，骂詈不休，文皇（皇太极）命文臣劝勉，洪不答一语。上乃亲至洪馆，解貂裘与之服，徐曰：'先生得无冷乎？'洪茫然视上久之，叹曰：'真命世之主也！'因叩头请降。上大悦，即日赏赍无算，陈百戏以作贺。"《清史稿·洪承畴传》也有类似的描述：范文程前去劝降，云："上（皇太极）欲收承畴为用，命范文程谕降。承畴方科跣谩骂，文程徐与语，泛及古今事，梁间尘偶落，著承畴衣，承畴拂之去。文程遽归，告上曰：'承畴必不死，惜其衣，况其身乎？'"

清史专家佟悦介绍说，关于庄妃美人计劝降洪承畴只是野史中的传说，没有文字作证。历史资料记载，皇太极亲自到三关庙看望洪承畴，并亲手将貂皮大衣披在洪承畴身上，洪承畴于是跪地称臣。佟悦分析，在皇太极劝降之前，可能已经有美女做好了招降的前期工作，但是否派遣庄妃前去劝降则无从考证。

对于"庄妃劝降"，学者多认为不可能。其原因有三：(1) 洪承畴是个饱受儒学熏陶的大学士，知识渊博，深知"礼仪廉耻"，绝不可能在兵败被俘、生命垂危之际，心生邪念，被一个少妇所迷，拜倒在其石榴裙下。(2) 洪承畴官位显赫，在当时的社会，三妻四妾也不为过。何愁没有美女做伴。但其只有一妻一妾，发妻李氏又是长期留在英都老家侍奉母亲（顺治六年才进京团聚）。只有侧室刘氏在身边侍候。洪承畴不是好色之徒，绝不会在生命垂危之际为女色所动而降清。(3) 庄妃为皇太极妃子，皇权至高无上，皇太极不可能也不会允许庄妃色诱洪承畴。

洪承畴降清的原因，恐怕还需要做进一步的考证。

# 皇太极死因之谜

对于皇太极的死因，《清史稿》的记载非常简单："是夕，亥时，无疾崩。"真正引起皇太极暴卒的原因，史书甚少涉及，但如果对史料进行精心的梳理，可以发现，皇太极实际死于情殇，他一生唯独钟情宸妃，最终因哀恸宸妃而死。

皇太极，清朝的开国皇帝，满洲酋长努尔哈赤的第八子，后金天命十一年（1626）继后金汗位，继承其父遗志，用了不到十年的时间，统一了整个东北，继承了明朝在这一地区的全部版图，并南下朝鲜，西征蒙古。后金天聪十年（1636）四月，皇太极在盛京称帝，改国号为"清"，年号为"崇德"，建立起关东一统的大清帝国。崇德八年（1643）八月初九日，皇太极像平常一样，忙碌了一整天。在一天中的活动中，并未显现出任何不祥之兆。晚上亥时，皇太极却"暴逝"于沈阳清宁宫御榻之上。

对于皇太极的死因，《清史稿》的记载非常简单："八月丙寅，贝子罗有罪论辟，免死，幽之。

"皇帝之宝" 方15.4厘米。皇帝印信。古代称玺，唐代始称宝，明、清沿用。乾隆时期规定，皇帝共有二十五宝。此檀香木"皇帝之宝"是二十五宝之一，在诏书上使用。

戊辰，以宗室巩阿岱为吏部承政，郎球为礼部承政，星讷为工部承政。庚午，上御崇政殿。是夕，亥时，无疾崩，年五十有二，在位十七年。"从史料记载观之，皇太极当晚还在崇政殿办公，一个时辰以后就无缘无故死在清宁宫，因为事出突然，就给了后人想象发挥的余地。在野史中多有猜测为多尔衮谋杀，这和之后庄妃下嫁多尔衮之谜联系起来，被描画得绘声绘色。而真正引起皇太极暴卒的原因，史书甚少涉及。但如果对史料进行系统的梳理，可以发现，皇太极实际死于情殇，他一生唯独钟情宸妃，最终因哀恸宸妃而死。

皇太极先后纳一后五妃，其中蒙古科尔沁赠福亲王莽古思家中就有三人。莽古思之女，名哲哲，15岁时（明万历四十二年）嫁与皇太极，封孝端文皇后。天命十年（1625）后金迁都沈阳不久，莽古思之孙女，寨桑之女布木布泰（亦作本布泰），也嫁给了皇太极，年仅13，封孝庄文皇后，即福临（顺治）之母。而后，寨桑之子吴克善又把其妹，即孝庄之姐海兰珠送给皇太极为妃，《清实录》记载："上偕诸福金迎至，设大宴纳之。"天聪八年（1634）十月封宸妃居关雎宫。宸妃进宫时已26岁，小于皇太极17岁，比妹妹庄妃晚进宫九年，据说由于其知书、文静、美丽、睿智而深受皇太极的宠爱。

崇德元年（1636），太宗即位时，宸妃的地位正式得到确认，册封为"东宫大福晋"，位居四妃之首，仅次于中宫皇后，太宗赐其所为"关雎宫"，原自《诗经》"关关雎鸠，在河之洲"的诗句。这本是爱情诗，取其义，则包含着太宗对她的爱怜至深。崇德二年（1637）七月，宸妃生下一子，排行第八。皇太极破例召集群臣聚于大政殿，举行盛大庆典活动，并颁发大赦令。由他签署的告国中文告称："今蒙上天的特别关怀，关雎宫宸妃诞育皇嗣"，特发此大赦令，使国人都得到应有的恩惠。他把这个刚来到人世间的婴儿称为"皇嗣"，即等于宣布：他就是皇太子，朕的皇位继承人。朝鲜国王李综很敏感，马上给太宗上贺表，直称此婴为皇太子，并送上丰厚的贺礼。

不幸的是，这个未来的嗣皇帝还不足一岁就染上了可怕的"天花"，于崇德三年（1638）正月夭折。宸妃无法承受精神的创伤，精神抑郁，情志不舒，体质明显衰弱。

此时，皇太极屡屡向内地进攻，几经失败后认识到要得山海关必先得关外四城。于是在崇德六年（1641）命多尔衮、豪格分兵还守盛京，亲自督军围攻锦州。在明洪承畴率13万援军奔驰而来的九月，紧张的松山战役之中，骤闻宸妃得疾，皇太极五内俱焚，留杜度、阿巴泰等围锦州；多铎、阿达礼等围松山；自己于九月十二日带着护从佯作军兵移动，急匆匆奔回盛京（今沈阳）。

十日从锦州前线出发，十三日遭遇大风雪，但是泥泞的道路，阻不住皇太极似箭的归心。十六日右真王率百余骑来迎，皇太极详细询问宸妃病情，听说稍愈，这才稍放宽心。十七日傍晚东渡辽河，距沈只九十里。王先谦在《东华录》记载这时情形写道：是夜一鼓，盛京来的使臣到，详细奏承宸妃病重。皇太极立即起营拔寨，先遣大学士希福、刚林、梅勒章冷僧机、启心郎索尼等，询问病势。希福等在五更到达盛京时，宸妃已经薨逝，年仅33岁。冷僧机、索尼驰行途遇皇太极将此事奏报。皇太极恸哭。卯时抵达盛京，入关睢宫，至宸妃柩前恸哭之。此处二次连用"恸哭"可见其心急情哀。宸妃之死对皇太极在感情上的打击是极为沉重的。

自此以后，皇太极便完全沉浸在伤恸之中了。据《东华录》载："上居御幄，不饮食者六日，朝夕悲痛。是日午时，忽昏迷，言语无绪（序）。"诸王公大臣惊问："上何故？"皇太极答："朕不知也。"事实上，皇太极自知是由于哀恸过度才造成的暂时昏迷。虽然皇太极自知"伤悼太过"，但仍不能自己，自十八日午前四时到盛京，六时入关睢宫哭宸妃，至二十三日正午已是六日不进饮食，哀伤过度而昏迷。皇太极宫中福晋众多，唯宸妃使他哀恸于衷。其时中宫孝端文皇后43岁，永福宫庄妃（孝庄文皇后）只29岁，此外尚有麟趾宫贵妃、衍庆宫淑妃等许多年轻的嫔妃，无论宸妃生前或死后，都没有转移皇太极对宸妃的钟情。

由于皇太极追思怀念宸妃，忧伤不已，诸王、大臣深恐其愁坏身体。九月二十九日为初祭，皇太极又率原送葬人员前去宸妃灵前行礼祭祀，宣读祭文，赞颂宸妃的美德；又命喇嘛僧道做道场，为宸妃超度灵魂。皇太极表示要节哀，实际上他又做不到，仍然日夜追悼不已。据《东华录》记载，诸王贝勒奏请皇太极出外行猎，消解郁闷的心情，然而行猎回来，路经宸妃殡所，他又到灵前痛哭一场。皇太极十月二十七日冒雪吊祭宸妃墓前，追封宸妃为"敏惠恭和元妃"，对宸妃予以很高的封赠、赞誉，更可见皇太极忆念之深。此后常常去宸妃墓前哭祭。

经过松山大战，洪承畴被擒，清军进占锦州这些重大胜利，皇太极仍旧思念宸妃。长期哀痛严重损害了他的健康，及至崇德八年（1643）八月八日"夜坐清宁宫南榻，无疾而卒"。享年52岁，葬于昭陵，谥号文皇帝。

皇太极此前据说患有"风眩"之症，自宸妃死后身体日衰，直至"无疾而卒"，可见致死的主要原因显然不是此前所有的"风眩"小症，而是"哀伤过度"。皇太极死后葬于昭陵，昭陵恰恰建于宸妃墓侧。如果在宸妃死前就已选定昭陵筑地，那么葬宸妃于昭陵西侧，乃出于常情。然而事实上昭陵建于宸妃死后二年，其地既不靠山也不傍水，不大符合帝王选择陵寝的要求。如果确在宸妃死后皇太极选定的，宁肯冒宿命的风水之禁忌，移山开河也要与宸妃相伴左右，这不能不说与皇太极对宸妃的爱恋之情大有关系了。

# 顺治继位之谜

睿亲王多尔衮没有作为豪格的竞争对手参与皇位之争，所谓"诸王争立"，实际上主要是诸王争立太宗诸子。根据清初满族继嗣传统和五宫之子的贵宠地位，顺治即位是名正言顺的，不是什么折中方案。

崇德八年（1643）八月九日亥刻，清太宗皇太极在清宁宫"端坐而崩"。因生前未立储君，皇位悬虚，"宗室诸王，人人凯觎"。在皇太极治丧期间，一场激烈的皇位之争展开了。有权势的竞争者有三个人：皇太极的长子肃亲王豪格，皇太极十四弟睿亲王多尔衮和皇太极第九子福临。目前史学界普遍认为，顺治继位是清统治集团内部"窥视神器"的折中方案，具体地说，就是肃亲王豪格和睿亲王多尔衮的明争暗斗，最终将一个乳臭未干、年仅6岁的娃娃福临，即一年后入主中原、君临天下的顺治皇帝推上了皇帝的宝座。然而，只要分析一下清初立储的特殊情况和顺治的母亲所处的贵宠地位，就不难发现这一问题的谜底。

皇太极中年猝死，卒年仅52岁，他自己也没有料到会如此匆匆地永绝尘寰，生前既没有指定继承人，临终时也没来得及做任何交代。所以，当诸王、贝勒、大臣从震惊、悲痛中清醒过来时，空虚的皇位就成了众人争夺的目标，开始"私相计议"嗣君人选。皇太极死后，豪格和多尔衮是两大实力派，二人是大家考虑的重点，又都有可能走上权力的顶峰。豪格是太宗长子，众兄弟中唯一封王的儿子，掌正蓝旗，得到举足轻重的八旗部队中半数的支持，皇太极死时他已35岁，比多尔衮还长三岁，是皇位继嗣的主要人选。皇太极生前亲掌的两黄旗大臣"尝谋立肃亲王豪格"，图尔格、索尼、图赖、锡翰、巩阿岱、鳌拜等人前往豪格家中，"欲立肃王为君"。豪格在得到两旗大臣的私相拥立后，也加紧了继嗣活动，立即派心腹何洛会、扬善通知郑亲王济尔哈朗，说："两旗大臣已定我为君，尚须尔议"，以争取镶蓝旗的支持。济尔哈朗和诸王中辈分最高的礼亲王代善也都认为，豪格是"帝之长子"，当继大统。

多尔衮是太宗的十四弟，才智过人，战功卓著，威望正隆，深受太宗器重，封和硕睿亲王。手中握有正白、镶白两旗部队，兵精将勇，并有豫亲王多铎和武英郡王阿济格的效忠。两白旗诸王素与豪格不和，认为"若立肃亲王，我等俱无生理"，英王阿济格、豫王

清·顺治皇帝福临

多铎坚持多尔衮即位。许多学者据此认为多尔衮参加了皇位之争，是"诸王争立"的重要内容，实则不然。多尔衮对英、豫二王的拥立一直保持审慎态度，据他后来回忆说："昔太宗升遐，英王、豫王跪请予即尊，予曰：'若果如此言，予即当自刎'，誓死不从。"

究其个中原因应该是多方面的，但最主要一点是他对满族社会宗法制度的深刻理解和现实的清醒认识，即满族入关前，兄终弟及或父死子继虽尚无定制，但是，父子相承袭的继嗣方式，已被满族贵族集团所普遍接受。皇太极尸骨未冷，一片"立帝之子"的呼声就是证明。多尔衮即位，是兄终弟及，若是硬要冒天下之大不韪，势必导致血溅皇宫，甚至政权崩溃。这种悲剧是多尔衮不愿意看到的。所以，阿济格、多铎"跪请"是一回事，多尔衮有没有参与皇位之争则是另一回事，不能混为一谈。在两白旗诸王与豪格对立的形势下，多尔衮唯一的选择就是维护满族的继嗣传统，在太宗其他位居贵宠之列的幼子中册定嗣君，这样既可打击豪格，又有拥立"先帝之子"之名，为皇子派所接受，还可以将幼主控制于股掌，当无冕之王，一箭三雕。

如上所述，第二个问题已做了部分回答，福临不是"诸王争立"的折中方案，而是"争立"的对象。那么，福临有没有继嗣的可能呢？

崇德改元，五宫并建。所谓五宫，系指：中宫孝端文皇后，关雎宫宸妃，永福宫庄妃，麟趾宫贵妃，衍庆宫淑妃。孝端文皇后、淑妃均无子，宸妃生八子（早殇），庄妃生九子福临，贵妃生十子博木博果尔。在太宗诸子中，五宫之子位在"贵宠之列"。宸妃之子曾立为皇嗣，而福临在五宫尚存的二子中居长，继承皇位是顺理成章的。而庄妃其人，名布木布泰，蒙古科尔沁贝勒博尔济吉特氏寨桑的次女，端庄秀美，聪颖机敏，13岁嫁给皇太极，曾佐助乃姑中宫孝端文皇后处理椒房大小事务，深受皇太极信任。以后又辅佐顺治、康熙二幼帝，是历史上一位有作为的女政治家。

在诸王大臣私相谋立时，庄妃立即"胁多尔衮入宫，立其子，以居摄饵之，遂定"。这段记载虽出自野史，但有很重要的史料价值。庄妃之所以能够"胁"多尔衮"立其子"，是有多方面原因的：（一）福临在五宫二子中居长，处于贵宠地位，无论多尔衮或豪格谁承继大统，都与"父死子继"或嫡、庶之分等封建宗法观念相悖逆。（二）庄妃和多尔衮既是叔嫂关系，庄妃之妹又是多尔衮的妃子，因此庄妃比他人更便于对多尔衮施加影响和压力。（三）崇德五宫的五大福晋都出自蒙古，而科尔沁部博尔济吉特氏姑侄就有三人，宸、庄二妃是同胞姊妹，中宫皇后是两人的姑母。在漠南蒙古诸部中，科尔沁部归附后金最早。"荷国恩独厚，列内扎萨克二十四部首"是清向外扩张和对明战争的重要同盟军和依靠力量，这也是庄妃立即敢于召见多尔衮"逼"他"立其子"的原因。

庄妃这么理直气壮地把福临提出来，除了福临具备继嗣的条件外，可能也代表了孝端文皇后的意见。而上文中"遂定"一词内涵丰富，事实上表明福临继统，多尔衮居摄的幕后交易已经成交。于是"太宗崩后五日，睿亲王多尔衮诣三官庙，召索尼议册立"。索尼曰："先帝有皇子在，必立其一，他非所知也。"这段记载，一方面说明多尔衮已同意立福临，另一方面两黄旗大臣不再坚持立豪格，而是笼统地提出诸皇子"必立其一"，这种态度的变化，说明庄妃事先已做了两黄旗的工作。为了保证册定新君会议顺利进行，多尔衮以与济尔哈朗共同摄政为条件，将镶蓝旗争取到自己一边。济尔哈朗是舒尔哈齐之子，无继嗣资格，拥立太宗诸子中的任何一个对他都是一样的，能当上摄政王当然求之不得。在太宗生前自将的两黄旗和多尔衮三兄弟亲掌的两白旗的支持下，福临继位就没有什么问题了。

从以上分析可知事情的真相是这样的：睿亲王多尔衮没有作为豪格的竞争对手参与皇位之争；所谓"诸王争立"，实际上主要是诸王争立太宗诸子；在这场斗争中，多尔衮取得了摄政王的地位而获得了胜利。而根据满族继嗣传统和五宫之子的贵宠地位，顺治即位不是什么折中方案，而是名正言顺的。清入关后，虽然建立了"立嫡以长"制度，但子以母贵的传统观念还在长期地影响着清一代公开或秘密的立嗣活动，这一点不应为史家所忽略。

# 孝庄皇太后下嫁多尔衮之谜

从清初以来，"太后下嫁多尔衮"这一传说就已见诸文人的记述，而后野史稗乘更是广为流传。学术界也是众说纷纭，莫衷一是，直至今天，仍既有肯定者、也有存疑者、否定者。可见，它已成为清初至今300多年来聚讼纷争不止的历史疑案。

清初，"太后下嫁多尔衮"一事，被后来人称为几大"清宫疑案"之首。这不是一个简单的传奇故事，而成了至今争论不休的历史疑案。

顺治朝有两个太后，一个是皇太极的中宫皇后博尔济吉特氏，世祖继位，尊为皇太后。该太后一生无子，只有二女，视福临为己生，她又是福临生母的亲姑，同出于科尔沁蒙古，不论是从科尔沁蒙古的利益还是大清国的利益，她对幼小的顺治都是百般呵护爱怜。多尔衮摄政时尽管一手遮天，但一直未敢对福临采取篡权夺位的举措，不能不说有这个太后的一份功劳。该太后死于顺治六年（1649）四月，年51岁，谥孝端，就是历史上所称的孝端文皇后。另一个太后即福临之生母永福宫庄妃，福临继位，尊为皇太后，史称孝庄文皇后。孝庄文皇后聪慧漂亮。传说在崇德年，她曾凭其美丽的姿容和伶牙利齿劝降了顽固的明蓟辽总督洪承畴。对福临在权贵们虎视眈眈于龙位的形势下能继承皇位，她是又喜又忧。喜的是儿为天子，为天下万民之主，不枉自己清宫10多年的苦熬。忧的是福临太小，实权被掌握在睿亲王多尔衮的手中，稍有不慎，她们孤儿寡母的命运不堪设想。因此她一方面教育福临凡事忍耐，国事全权委之于多尔衮，从不过问，以释其疑，一方面自己有意亲近多尔衮，以笼其情。

多尔衮，生于明万历四十年（1612），乃努尔哈赤第十四子，是个精明强干、文韬武略的全才。他从少年的时候起就随皇太极东征西讨，征察哈尔、朝鲜，攻明围锦州，在在有功。因此，封贝勒，封和硕睿亲王，封大将军，其地位在诸王之上。皇太极死后，他率清军大举

清·孝庄文皇后

入关，击败李自成，打击南明各政权，为大清朝打下了半壁江山，可谓功勋卓著。因此，封叔王摄政王，封皇叔父摄政王，封皇父摄政王，爵位日高，声望日隆。只是他居功自傲，威福自专，持权窥位的气势咄咄逼人。顺治曾说："睿王摄政，朕唯拱手以承祭祀。凡天下国家之事，朕既不预，亦未有向朕详陈者。"眼见多尔衮恃功自傲，想到渐渐长大的儿子福临可能会成为睿王下一个打击的目标，孝庄后怎能不胆战心惊！为了太宗的基业，为了亲子福临的皇位和生命，她决定委身事贼，下嫁多尔衮！亦有说太后下嫁系在多尔衮王妃博尔济吉特氏殒世之后，为范文程所穿针引线。多尔衮王妃死于顺治六年（1649）十二月，死后封为敬孝忠恭正宫之妃。若如此，则多尔衮晋封皇父摄政王之舆论在前，纳太后为妻在后。但也有野史称，是前明降臣钱谦益向多尔衮提出此主意的。当时多尔衮元妃去世，多尔衮郁郁寡欢。钱谦益就此向多尔衮说，"无非再娶，以慰悼亡"。就此即请皇太后下嫁多尔衮，使传言变现实，实至名归。这一提议很快就得到了多数大臣的支持，而福临也碍于多尔衮的权势勉强同意。就这样，太后正式下嫁多尔衮为妻。

以上是关于孝庄下嫁多尔衮故事的大致脉络。事实上从清初以来，关于这一传说就已见诸文人的记述，而后野史稗乘更是广为流传，且绘声绘色，十分具体。学术界也是众说纷纭，莫衷一是。早在20世纪30年代初，著名清史专家孟森就曾撰写过《清初三大疑案考实》，对此予以否定。直到目前，在清史学界仍既有肯定者，也有存疑者、否定者。可见，它已成为清初至今300多年来聚讼纷争不止的历史疑案。这件事关系到清初最高层的政治权力之争，又是一个涉及如何分析辨别有关史料的复杂的学术问题，因此，且慢将其视为奇闻轶事。此事最早引起史家注意的文字是张煌言曾作的《建夷宫词》，其中有："上寿觞为合卺婚，慈宁宫里喜迎门。春宫昨进新仪注，大礼躬逢太后婚。"还有记载说，福临当时曾有恩诏颁布天下，其中说："太后盛年寡居，春花秋月，悄然不怡。朕贵为天子，以天下养，乃独能养口体而不能养心志，使圣母之丧偶之故，日在愁烦抑郁之中，其何以教天下之孝？皇叔摄政王现方鳏居，其身份容貌，皆为中国第一人，太后颇愿行尊下嫁。朕仰体慈怀，敬谨遵行，一应典礼，着所司予办。"另外有人说曾见故宫所藏清礼部旧档中有顺治问关于

太后下嫁礼仪的请示报告。

　　持太后下嫁说的学者还提出其他的一些论据：（1）在顺治朝多尔衮公开以皇上的父亲自居，称号就叫"皇父摄政王"，而只有皇帝的母亲下嫁了，多尔衮才有可能被称为"皇父"。而多尔衮称谓变化的过程，恰恰反映了太后与多尔衮的婚姻由隐秘到公开的过程。（2）据《东华录》记载，诏告多尔衮罪状中有"自称皇父摄政王"，又"亲到皇宫内院"，这实际上暗指多尔衮迫使太后与之为婚。（3）按清朝早期丧葬制度，皇后、嫔妃最终都要与皇帝合葬。可是，孝庄竟葬在了遵化的清东陵风水墙外，而未与清太宗皇太极合葬于沈阳的昭陵。有人认为，这是孝庄因改嫁而无脸到阴间见皇太极的刻意安排。（4）满族作为北方少数民族，素有兄终弟及、弟娶兄妇的旧俗，即使有下嫁之事，也不足为奇。针对持"下嫁"说所提出的证据，孟森撰写了《太后下嫁考实》对此予以一一驳斥。孟森认为张煌言是前明故臣，对清朝素怀敌意，所作诗句多有诽谤诋毁之辞。而顺治称多尔衮为"皇父摄政王"，可以取古代国君称老臣为"仲父"、"尚父"之意。而孝庄不愿与皇太极合葬，乃因昭陵已葬有皇太极的孝端皇后。著名的清史学家郑天挺与孟森的看法亦大致相同。在其《多尔衮称皇父之臆测》一文中，他提出"多尔衮以亲王摄政称皇父……疑皇父之称与'叔王摄政王'、'叔王'同为清初亲贵之爵秩，而非伦常之通称"，因此这与下嫁无关。

　　但是，孟森之说遭到了胡适先生的诘难。胡指出，孟文"未能完全解释皇父之称的理由"，"终嫌皇父之称似不能视为仲父、尚父一例"。此后，仍不断有人肯定"太后下嫁"之说，作为清史专家的商鸿奎就曾在《清孝庄文皇后小议》中说："即使有此事，也只能把它当作是一种政治手段来看，值此明清争夺天下之际，能息止满洲内部矛盾斗争"，将其视作"是一种借新的联姻来扩大自己势力的机会"。1946年10月，近代学者刘文兴撰文《清初皇父摄政王多尔衮起居注跋》，其中写道，宣统元年（1909），他的父亲刘启瑞任内阁侍读学士，奉命收拾内阁大库档案，"得顺治时太后下嫁皇父摄政王诏"。世上若果真有这一诏书，无疑是太后下嫁最具权威的铁证。遗憾的是直到目前，并未发现和公布这一"太后下嫁摄政王诏"，因此，至今"太后下嫁"仍然是一个历史之谜。

# 顺治出家之谜

　　清史学界有关顺治的研究成果，较为一致的看法是顺治的确信佛、好佛，也有出家的念头，但正如史学大师陈垣先生所说："顺治出家之说，不尽无稽，不过出家未遂而已。"

关于"顺治出家"之说，最早见之于清初有"诗史"之称的吴梅村之《清凉寺赞佛诗》，此诗共四首，长达100多句。后来一些文人学者在诠释该诗时，认为诗句影射顺治爱妃董鄂氏之死导致其"出家"一事。如诗句中说："王母携双成，绿盖云中来"；"可怜千里草，萎落无颜色"，句中"千里草"——草下千里重叠，是个董字，"双城"乃用《汉武帝内传》王母侍女董双成的故事，实际上都是影射顺治爱妃董鄂氏。而"八极何茫茫，曰往清凉山"，清凉山指的就是佛教圣地五台山，意思是说顺治逊位出宫云游至五台山为僧。在蔡东藩的《清史演义》里写道："顺治帝经此惨事，亦看破世情，遂于次年正月，脱离尘世，只留重诏一张，传出宫中。"此外，还有《清稗类钞》、《清代野史大观》等书中均有关于顺治帝因董鄂妃去世而削发出家的故事。后来，康熙又多次陪奉母后游巡五台，遂更有顺治出家五台山、康熙来此寻父之说。据说清圣祖康熙亲政后，曾经以进香为名，多次到五台山看望顺治，希望顺治能回到宫中，但是顺治不为所动。康熙有诗哀悼："又到清凉境，巉岩卷复垂。芳心愧自省，瘦骨久鸣悲。膏语随芳节，寒霜惜大时。文殊色相在，惟愿鬼神知。"其中悲恸之情跃然纸上。又有传说康熙年间，两宫西狩，经过晋北，地方上无法准备御用器皿，却在五台山上找到了内廷器物，这似乎又是顺治出家的佐证。

针对上述各种顺治出家的传说，孟森在其《清初三大疑案考实》之二《世祖出家事实考》中，以大量翔实的史实考证，顺治虽然好佛，但其的确死于天花，并未离宫出家。

顺治笃于宗教信仰，最早是受到天主教的影响。顺治八年（1651），大学士范文程引见居住在北京的耶稣会教士、钦天监监正汤若望，这位传教士因学识高深很快获得了幼龄君主顺治的好感和敬仰，又因孝庄文太后曾认汤若望为"义父"，所以顺治尊称汤若望为"玛法"，即"爷爷"之意。汤若望利用讲授知识、谈论政务的机会，竭力向顺治灌输天主教教义，一定程度上影响了顺治的性格和思想。

顺治十四年（1657），可能是由于太监们的鼓励和怂恿，20岁的顺治召见佛教高僧慈璞聪，从此对佛教产生了浓厚的兴趣，而渐渐疏远了天主教。据有关佛教典籍，如《慈璞语录》、《续指月录·玉林琇传》、《玉林年谱》、《北游记》等记载，自是而后，南方高僧玉林琇、茚溪森、木陈忞、玄水杲先后应召至京，在宫中论经说法，大谈佛理。顺治曾封玉林琇为"国师"，并请玉林琇为自己起了法名"行痴"，号"行痴道人"。他在玉林琇等高僧面前自称弟子，以示尊敬。他曾说："愿老和尚勿以天子视朕，当如门弟子旋庵相待。"印章亦有"尘隐道人"、"痴道人"等称号。

顺治十七年（1660）八月，董鄂妃突然病死后，顺治

锁子锦盔甲　　上衣长73厘米，下裳长71厘米，盔高32厘米，径22厘米。此盔甲为顺治皇帝御用。清宫旧藏。

痛不欲生，万念俱灭。为哀悼董鄂妃，他五天不理朝政。没过多久，又亲自给礼部下了一道圣旨，特意采用追封的方法，给董鄂妃加封谥号"孝献庄和至德宣仁温惠端敬皇后"。董鄂妃死后，顺治的心也随之而去，正可谓："维将竟夜长开眼，报答平生未展眉。"然而即便是这样，仍然不能缓解顺治心头的悲戚，终于萌发了遁入空门的念头，他命茆溪森为其削发，决心出家。幸亏玉林琇抵京，闻知此事，命人取来柴薪，欲烧死他的弟子茆溪森，加之孝庄文太后竭力劝阻，才使顺治勉强答应重新蓄发留俗。

对此，著于康熙十九年的《续指月录·玉林琇传》说："玉林琇二次到京（时为顺治十七年，第一次到京为十五年），闻其徒茆溪森为上剃发，即使众聚薪烧森。上闻，遂许蓄发，乃止。"而《玉林年谱》则载："十月十五日，到皇城内西苑万善殿，世祖（顺治）就见丈室，相视而笑。"顺治再次申明想要出家的意愿，经玉林琇力劝，顺治才作罢。所谓"相视而笑"，则是因为一个光头皇帝见到一个光头和尚的缘故，因为顺治虽允蓄发，此时尚未长起，便觉可笑。在《汤若望回忆录》内有这样一段话："此后皇帝便把自己委托于僧徒之手，他亲手把他的头发削去，如果没有他理性深厚的母后和若望加以阻止时，他一定会充当了僧徒的。"以上几则史料表明，顺治十七年八至十月间，清帝顺治决意出家，并剃了头发，但出家未遂。

顺治十八年（1661）正月初七日，顺治因患天花病死在养心殿，距董妃之死仅半年。二月初二日，顺治梓官移至景山寿皇殿，停放百日之后，于四月十七日，由与顺治关系密切的高僧茆溪森主持，在寿皇殿前焚烧火化。第二年五月，顺治的"宝宫"——骨灰坛，由辅政大臣等护送，与董妃的"宝宫"（董妃于死后"三七"火化）一同葬入遵化清孝陵。

关于顺治火化，首先，《清圣祖实录》载：顺治十八年四月十七日，"上（指康熙）诣世祖章皇帝（即顺治）梓宫前，行百日致祭礼"。康熙元年正月初七日，"上诣世祖章皇帝宝宫前，行期所致祭礼"。"康熙二年四月辛酉，奉移世祖章皇帝宝宫往孝陵"。这里，康熙所祭者分别为"梓宫"和"宝宫"，从中可知宝宫所藏已非梓宫原来之尸体，而是尸体焚化后的骨灰。所谓宝宫，其实就是一个骨灰罐。《五灯全书》引"茆溪语录"，其中有"世祖遗诏召师，至景山寿皇殿秉炬"之语，即指茆溪森主持火化，他是四月十六日到京的。"茆溪语录"还有他当时为顺治秉炬的一偈是："释迦涅槃，人天齐语，先帝火化，更进一步，大众会么？寿皇殿前，官马大路。"

由此可断定，顺治死后火化毫无疑问，这也就证明了他未曾出家。至于清朝帝王中为何只有顺治火化，是因当时才入关十几年，仍遵循满族故土先祖火化之旧俗。抑或是因顺治好佛，而僧人圆寂后需火化，故清廷为这位"行痴"皇帝举行了佛法所崇的火葬葬仪，还是二者兼而有之，这里姑且不论。目前清史学界较为一致的看法是顺治确实信佛、好佛，也有出家的念头，但正如史学大师陈垣先生所说："顺治出家之说，不尽无稽，不过出家未遂而已。"

大清王朝历史之谜

# 顺治死因之谜

究竟是什么夺走了一代天子年轻的生命，也许永远无法得到确切的答案。人们只能依靠着史料中的零星记载，尽可能去还原那段历史本来的面目。从各种史料和迹象推断，顺治死于天花的可能性最大，但这依然不是最终的定论。

顺治十八年（1661）正月初六，夜里子时，深宫里传出了一个令人震惊的消息：年仅24岁的顺治皇帝在养心殿驾崩。就在顺治驾崩后的第三天，不满8岁的康熙登上了紫禁城金銮殿的宝座。皇宫中很快恢复了平静，但是让人们迷惑的是，24岁的顺治皇帝，一向身体强健，从未听说过有什么疾病缠身，为什么会突然不治而亡？

对于顺治皇帝的死亡，《清世祖实录》中的记载异常简短："丁巳，夜，子刻，上崩于养心殿。"为什么关乎生死的大事，以寥寥数字敷衍了事，甚至对死因只字未提？而顺治死因存在的种种疑点，可以通过对中国第一历史档案馆清宫档案的分析，解开这个困扰史学界多年的谜题。

作为记录顺治皇帝生平最权威的档案——《清世祖实录》中有一段关于顺治死前的最后记录。顺治患病是在顺治十八年（1661）正月初二，到初六顺治已经是病入膏肓。《清世祖实录》中用了200多字记载了顺治死前的活动，而描述他的死亡却仅有11个字，除时间、地点之外再也找不到任何线索，这究竟是为什么呢？不仅如此，清朝皇室家谱《玉牒》中也仅仅只是记录了顺治驾崩的时间，对于顺治皇帝的死因依然是避而不谈。

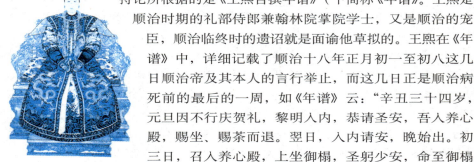

孟森在其《清初三大疑案考实》之二《世祖出家事实考》中，以大量翔实的史实考证，顺治死于天花。尤其是孟森持论所根据的是《王熙自撰年谱》（下简称《年谱》。王熙是顺治时期的礼部侍郎兼翰林院掌院学士，又是顺治的宠臣，顺治临终时的遗诏就是面谕他草拟的。王熙在《年谱》中，详细记载了顺治十八年正月初一至初八这几日顺治帝及其本人的言行举止，而这几日正是顺治病死前的最后的一周，如《年谱》云："辛丑三十四岁，元旦因不行庆贺礼，黎明入内，恭请圣安，吾入养心殿，赐坐、赐茶而退。翌日，入内请安，晚始出。初三日，召入养心殿，上坐御榻，圣躬少安，命至御榻前讲论移时"，"初六日，三鼓，奉召入养心殿，谕'朕

清·顺治皇后

患痘势将不起，尔可详听朕言，速撰诏书，即就榻前书写……'随勉强拭泪吞声，就御榻前书就诏书首段。随奏明恐过劳圣体，容臣奉过面谕，详细拟就进呈，遂出至乾清门下西园屏内撰拟，凡三次进览，三蒙钦定，日入时始完。至夜，圣驾宾天，血泣哀恸。初八日，又同内阁拟上章皇帝尊谥，又同内阁拟今上皇帝即位年号，又为辅政大臣撰誓文"。王熙《年谱》翔实逼真地记述了顺治死前几日的活动，明确记载顺治是染痘（天花）病终于养心殿。无独有偶，孟森又举出当时在宫中担任词臣的张宸在其《青琱集》中所记："辛丑正月，世祖章皇帝宾天，予守制禁中二十七日。先是初二日，上幸悯忠寺，观内珰吴良庸祝发。初四日，九卿大臣问安，始知上不豫。初五日，又问安，见宫殿各门所悬神对联尽去。一中贵向各大臣耳语，甚仓惶。初七日，释刑狱，诸囚狱一空。传谕民间毋炒豆，毋燃灯，毋泼水，始知上疾为出痘。"接着张宸又记述了顺治的整个治丧过程。王熙与张宸都是顺治病逝前后的亲身经历者、目睹者，都说顺治死于天花。

从种种史料和迹象推断，顺治患天花而去世，这似乎是最接近真相的答案。但令人费解的是顺治患病去世，应该属于正常死亡。然而清宫档案为什么对顺治的死因只字未提，讳莫如深，难道顺治死亡的背后还隐藏着什么不可告人的秘密？

中国社科院明清史研究专家王戎笙曾经发表了一篇关于顺治遗诏的学术论文，从而引发了历史学界对顺治死因的再度关注。《张氏医通》中这样描述天花的症状：痘疮成浆之时精神倦怠，神思昏沉，不省人事，呼之不应，自语呢喃，如邪祟状。从天花的病症推断，顺治临死时根本不可能神志清醒，他也就根本不可能亲自口授遗诏。那么，王熙在《年谱》中所记载的，顺治临死时口授遗诏，开列自己的十四条罪状，甚至在很短的时间内解决谁来继位和辅政大臣两大难题，这些事情又究竟该如何解释呢？会不会是顺治皇帝的死亡另有隐情呢？

1992年，厦门郑成功的后代郑万龄偶然发现手抄本《延平王起义实录》，这本书就是以日记的形式记载了郑成功的戎马生涯。该书中有一段记载：有人密报郑成功，高崎之战中，顺治皇帝在厦门思明港被炮击没，清军将领达素不敢对外公布这个消息。此外，手抄本上还有一段关于太师郑芝龙被害内幕的文字，其中再次提到顺治帝死因：太师郑芝龙降清后，屡次写信劝儿子郑成功投降都以失败告终，但顺治并未将他治罪。顺治被炮毙于厦门后，辅臣苏克萨哈与郑芝龙有仇，向康熙建议："郑成功可以用炮击死我们的先皇，皇上难道就不能处死他的父亲吗？"康熙采纳了他的意见，即位不久后，郑芝龙就被处死。

厦门文史专家洪卜仁认为，顺治是很有可能亲征的。而且清兵统帅达素之死，也存在着颇多疑点。《延平王起义实录》中称：顺治被炮毙后，达素畏罪自杀。在今人研究郑成功的另一部重要史料——《海上见闻录》中，也有类似的记载，十月清廷调达素回京问罪，达素在省吞金而死。如果这个记载属实，那么究竟是什么原因，逼迫达素选择了这条不归路？

清史专家何龄修仔细研究了厦门文史专家提供的种种史料，提出了质疑。在记录郑成功事迹的《先王实录》里没有这种说法。而且郑成功本人在出兵恢复台湾之前的讲话中，也只提到去年打败达素军队一事，并没有说打死了顺治。不仅如此，南明大臣张煌言在给永历皇帝的所有奏报中，也从来就没有过关于顺治被郑成功炮毙的片纸只言。显然当时并没有这样的说法。此外，清军与郑成功的部队激烈交战是在五月，那么顺治被炮毙的话，不能超过五月，因为五月以后已经没有战事了。但是到了顺治十八年正月，新皇帝才即位，这也就意味着皇位虚悬半年。从常识上讲，权力真空必将导致政治混乱，这种情况在极权统治的封建王朝根本不可能发生。

《延平王起义实录》带给专家们的，依然是一片茫然和疑惑。顺治是否御驾亲征来过厦门？又是不是真的死于郑成功的炮轰？除了一份家传的手抄本和一个遥远的传说，专家们再也找不到任何有力的佐证。而也就是在这个关键问题上，答案的迷失让顺治死于厦门的说法成为一个无法解开的谜。

究竟是什么夺走了一代天子年轻的生命，也许永远无法得到确切的答案。人们只能依靠着史料中的零星记载，尽可能去还原那段历史本来的面目。从各种史料和迹象推断，顺治死于天花的可能性最大，但这依然不是最终的定论。顺治神秘的死亡也许就在紫禁城的静默中永远被尘封了。然而，历史正是因为有了诸多难以猜测的谜题，才会显得如此耐人寻味。

# 康熙继位之谜

> 顺治帝失去爱妃，悲痛过度，匆匆地离开了人间。他临死时，皇宫里最要紧的事情当然是商量继位者的问题。当时，德国传教士汤若望的话起了重要的作用，他认为应该挑选生过天花有免疫力的皇子继位。顺治认为汤若望的意见很对，于是决定立玄烨为皇太子继承皇位。

爱新觉罗·玄烨，清世祖顺治帝的第三子。1661年，失去爱妃悲痛过度的顺治帝又得了天花，确诊不治后，马上召学士麻勒吉、王熙至养心殿，撰写遗诏，安排后事，其中最重要的一件事是选一个适当的继承人。正月初六子夜，顺治死，颁遗诏于天下。遗诏是这样的："太祖、太宗创垂基业，所关至重，元良储嗣，不可久虚。朕子玄烨，佟氏妃所生，年八岁，歧嶷颖慧，克承宗祧，兹立为皇太子，即遵典制持服二十七日，释服，即皇帝位。"在这个诏书中，还决定以内大臣索尼、苏克萨哈、遏必隆、鳌拜为辅政大臣，"保翊幼主，佐理政务"。初九日玄烨即位。那么，遗诏中为什么会定玄烨继位呢？

康熙皇帝被立为皇帝，完全与天花有关。

顺治帝共有八个儿子，其中有两个早已夭折，剩下的也都年岁幼小。最大的是次子福全，时年仅9岁，三子玄烨时年8岁。顺治帝生前在指定继承人人选上并没有一定的意向，临终时想想皇子们都很小，难以控制局面，遂想到了一位从兄弟，但是孝庄皇太后和各位亲王坚决反对，他们都认为应该从皇子中选择一位继承者。但皇子有四个，应该选谁呢？论长幼，当立皇二子福全；论嫡庶，四位皇子的出身差不多。但皇三子玄烨的母亲佟佳氏的地位似比其他三妃高一些，因为那三位妃子的父亲，史书均没有记录他们的名字和官职，

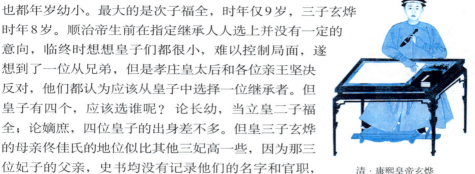

清·康熙皇帝玄烨

而佟佳氏之父佟图赖是辽沈旧人，多年从征后为开国功臣，并升任定南将军，汉军正蓝旗都统。孝庄皇太后最欢喜三皇子，而顺治认为福全年长，理应立他为帝。满洲亲王大臣中也有人认为玄烨母亲佟佳氏是汉军旗人，没有满族血统。在最后的争论中，顺治帝的母亲孝庄太后选择了玄烨而没有选择比玄烨稍长的福全。玄烨的被立，尽管与他自小表现出的品质和灵敏聪颖有关，但这并不是主要的，根本的原因是与天花有关。

当时备受顺治帝信任，并被其称为"玛法"的钦天监监正、德国传教士汤若望的观点发生了重要作用。他认为：应立已出过天花的玄烨为继承人，因他对天花已有终身免疫力，可免其再遭不幸，而福全没有得过天花，没有免疫力，得时时小心提防着这种可怕的病症，难免会像顺治帝一样出现悲剧。在当时，天花是一种非常可怕的传染疫病，如果有人染上天花，必须实行严格的隔离，连皇子和公主们都不例外，许多皇子和公主就是得了天花后不治而亡的。现在汤若望把这个问题提出来作为立嗣君的根据，为祖宗社稷着想，孝庄皇太后不能不认真考虑汤若望的意见。这一点，在顺治帝临死时得到了首肯，而孝庄太后也是十分赞同的，所以得过天花成了玄烨登上帝位的重要条件。

那么，玄烨是在什么时候得过天花的？

玄烨出生于顺治十一年（1654），当时北京城内天花泛滥成灾，满族王公亲贵吓得到处躲藏，连皇帝也不例外。为了避痘，出生不久的玄烨在内务府正白旗汉军包衣曹玺之妻孙氏的携带下前往皇宫西华门稍北的一座府第居住。孙氏是玄烨的保姆，就是后来写《红楼梦》的曹雪芹的曾祖母，数十年后的康熙对这一段经历仍记得十分清晰。康熙六十年（1721）曾颁谕说："今王大臣等，为朕御极六十年，奏请庆贺得礼。钦惟世祖章皇帝，因朕幼年时未经出痘，令保姆护视于紫禁城外，父母膝下未得一日承欢，此朕六十年来抱歉之处。"不过玄烨在这场天花流行中仍然未能幸免，但染天花后，多亏孙氏精心照料，不久即痊愈回宫。康熙自小就在祖母孝庄太后的照料下成长，所以他的祖母尤其喜欢他。

得过天花的康熙皇帝，脸上留下了不太显眼的痘痕，见过他的法国传教士白晋后来在给法王路易十四的报告中对康熙的长相有过详细描写，说他"威武

雄壮，身材匀称，而比普通人略高，五官端正"，"鼻尖稍圆，略带鹰钩状，虽然脸上有天花留下的痕迹，但并不影响他英俊的外表"。《俄国使团使华笔记》中有荷兰人伊兹勃兰特·伊台斯对康熙容貌的描述，也说康熙脸上有麻点："康熙与其同时代人路易十四一样，脸上有麻子。选择康熙作为他死于天花的父亲顺治皇帝的继承人，部分原因是康熙已生过天花，故可望长寿。"

决定让玄烨继位后，顺治帝仍有些不放心，所以他改变了辅政王摄政制度，采取了削弱宗室辅政王的权限，由自己谕定的非宗室亲信大臣辅政，所以他让索尼等四人为辅政大臣，由他们协助母后辅助小皇帝。

用今天科学的眼光来看，当时选择玄烨是完全正确的。

# 吴三桂投清之谜

吴三桂的一生，身经两朝，历事三主，朝秦暮楚，反复无常，完全是个地地道道的野心家、阴谋家，他的一切行动和策略都是为了卑鄙的小我。在他投降清朝这个重大问题上，尽管还存在很大争论，但视吴三桂为民族败类的定性还是比较清楚的。

"全家白骨成灰土，一代红妆照汗青"，这是清初著名诗人吴伟业所写七言古诗《圆圆曲》中的两句，不无讥讽地鞭笞了不顾民族大义、屈节投降的明山海关总兵、平西伯吴三桂，极耐人寻味。

吴三桂（1612—1678），字长白，高邮（今属江苏）人，后迁辽东（今辽宁辽阳），生于将门之家。父亲吴襄，武进士出身，崇祯初年，以守辽东有功官至锦州总兵。吴三桂自幼学习弓马，后来得中武举，又以父荫袭封都督指挥。他在军中先后任游击、副将等职，由于其父和舅父祖大寿都是高级军官，他又投在辽东方一藻和洪承畴的名下，并拜总监辽东兵马的大太监高起潜为"义父"，明末已是兵权在握的驻防山海关的辽东总兵，封平西伯。

崇祯十四年（1641）七月，明、清军队在松山和杏山展开决战，吴三桂中了皇太极的埋伏，差点儿做了俘虏，只身逃回山海关。崇祯闻之大怒，想对其严惩。多亏吴三桂疏通关系，才化险为夷，只受了降职三级的处分，仍旧带兵驻守宁远。

崇祯十七年（1644）三月十九日，李自成进入北京，腐朽的明王朝终于灭亡于农民战争的烈火之中。已封为平西伯的吴三桂因勤王不及，于三月二十二日退守山海关，开始了他一生中矛盾复杂而又富于戏剧性的历程。李自成知道吴三桂重兵在握，因此许以高官厚禄，并派人送去4万两犒师银，以解吴部的燃眉之急。七天之后，李自成派人携带吴襄的家书、封侯的敕书和大量银钱，去山海关招降吴三桂，劝他"审时度势，弃昏就明"，"（如果）及时早降，不失通侯之贷"。

面对急剧变化的形势，吴三桂心中十分矛盾，他原想观望一下再说，待看了父亲的家书之后，吴三桂面对农民军和清军两大势力，最终做出投降大顺农民军的决定。然而，四月五日，当吴三桂率军抵达永平以西的沙河驿时，途遇由京中逃出的吴府家人。于是，"忿而中改"，勒转马头，再次返回山海关。

对于吴三桂中途返回，民间向有两种说法。一种认为：吴三桂因其爱姜陈圆圆为大顺农民军将领刘宗敏掠去而怒改初衷。如《清史稿》记载说："三桂引兵西，至滦州，闻其妾陈为自成将刘宗敏掠去，怒，还击破自成所遣守关将。"《清史列传》记载说：三桂"悦歌女陈沅，以千金购之……至是，为贼将刘宗敏掠去。三桂闻之，作书绝父，驰归山海关"。明末诗人吴梅村更是特赋《圆圆曲》一首，笔调尤其尖锐。诗曰："顶湖当日弃人间，破敌收京下玉关。痛哭六军皆缟素，冲冠一怒为红颜。"从此，"冲冠一怒为红颜"脍炙人口，并似成了这一事件的定论。此外，《明史》、《平寇志》、《四王合传》，以及《庭闻录》等书均持此说。

另一种说法则认为：大顺农民军实行了追赃助饷政策，拷掠了吴三桂的父亲吴襄，导致了吴三桂的反悔。如张怡在《谀闻续笔》中说："贼得京师，召三桂。至永平，闻其父大将军襄为所系，索饷二十万，乃惊曰：'此诱我，剪所忌耳！'乃率兵还。"程源在《孤臣纪哭》中也说："逆闯急于降三桂，三桂父总兵吴襄住京城，贼逼襄书招之，襄不从，贼掠索之。三桂间京城，得状，乃以兵出关。"《甲申核真略》等史料记载，自成部下拷打吴襄，他只交了5000两银子，农民军嫌少，将其下了大牢，继续施以酷刑追逼。吴襄派家人傅海山送信给三桂，详述目前惨状，盼他快来解救。三桂算算行程日期，来不及救出父亲，况且母亲权氏、弟弟三辅等人也被自成拘捕，难有生还希望。前思后想，只能投降清军以报家仇。谈到降清原因，吴三桂自己也说："正值李自成作乱，考虑到不能两全其美，于是乞师本朝（清朝），以雪君父大仇。"

可以说，李自成对明朝官吏的刑掠和吴襄被逮，的确是吴三桂降李复叛、最终导致降清的重要原因，或根本的原因。但在当时这只是一个潜在的因素，而陈圆圆的被夺，则在吴三桂的这一转变中起了不可忽视的决定性作用，它诱发了潜在的原因，促成了转变的发生。

吴三桂决定投降关外的清军后，就以亡明孤臣的口气给多尔衮写信，言辞恳切地请他："灭流寇于宫廷，示大义于中国。"此时的多尔衮正在出师中原的路上，得知吴三桂乞师的请求，真是喜从天降，立即改道从山海关入关，并复信吴三桂许诺说："若率众来归，必封以故土，爵为藩王，国仇可报，身家可保。"

吴三桂尚未动作，李自成却已率兵东进。消息传

吴三桂

来，促使吴三桂坚定了决心，他亲自到威远城迎接多尔衮的兵马，并在清军兵营剃头结辫，走出了投降的第一步。当年四月二十二日下午，李自成农民军和吴三桂军在山海关外展开激战，双方打了一天多，没有分出高下。当两军正杀得难分难解之时，两万清兵突然从阵地左侧杀来，充作吴三桂的帮手。农民军寡不敌众，仓促败退西走，清军分为两路入关，不久即占领北京。这时，吴三桂及时打起了"复君父之仇"的旗号，在清和硕英亲王阿济格的麾下，充当了追剿李自成军的先锋官。三年之后，清廷又调回吴三桂，命他与八旗将领李国翰守卫汉中。吴三桂没有辜负清廷的期望，不仅剿灭了不少抗清义军的余部，而且还杀害了一些朱明后裔和遗臣。顺治十四年（1657），他又进军云贵，攻打南明桂王永历政权，十八年（1661）十二月，出师缅甸，追执桂王，次年初即在昆明绞杀了桂王父子，彻底灭亡了南明政权。可以说在大清入主中原的整个过程中，吴三桂起了重要而又独特的作用。尽管他在以后又扯旗造反，但他投降清朝的想法和行动有目共睹，是不能怀疑的。

纵观吴三桂的一生，身经两朝，历事三主，朝秦暮楚，反复无常，完全是个地地道道的野心家、阴谋家，他的一切行动和策略都是为了卑鄙的小我。在他投降清朝这个重大问题上，尽管还存在很大争论，但把吴三桂视为卖国者和民族败类，这一点是比较肯定的。正如杜甫诗句所言："尔曹身与名俱灭，不废江河万古流。"

# 史可法殉难之谜

扬州城破之后，有关史可法的下落成为一个千古不解之谜。当时人洪承畴就曾发问："果死耶？抑未死耶？"此后关于史可法去向的记载、传说颇多。

"数点梅花亡国泪，二分明月故臣心。"这是扬州史公祠里一副著名的对联。梅花、明月、亡国、故臣，这些苍凉悲切的词藻，使人油然想起300多年前以身殉国的那位民族英雄。史可法，字宪之，号道邻，明万历三十年（1602）生于河南祥符，即今开封。他的先人在明太祖时做过锦衣百户，官虽不高，却是皇帝近臣。祖父是万历间举人，做过知州，为官清廉。父亲没有什么功名，是个本分人。史可法的祖父曾说过："我家必昌！"可知家人对于史可法的出生是充满了期望的。然而在史可法出生之际，不仅家运不昌，国运更糟。崇祯十七年（1644）三月十八日，李自成率领农民军攻破北京，崇祯帝次日凌晨吊死在煤山的一棵槐树上。史可法一心想苦苦支撑的明王朝大厦，一夜之间哗啦啦倒塌下来。

顺治二年（1645）初，摄政王多尔衮命令豫亲王多铎，按原定计划，由西安掉转兵锋，直下东南，往取南京以消灭南明弘光政权。弘光政权是南方的明朝官僚勋贵，得悉北京沦陷、崇祯帝殉国的消息后，在南京拥立福王朱由崧政权，接续明朝正统，年号弘光。

史可法

是年七月，多尔衮致书南明"领袖名流"、东阁大学士、督师扬州的史可法，责怪其拥立福王称尊为非法，应立即削号归藩，则"永绥福禄"。并引诱说如"南州群彦翩然来仪"，即南明臣僚投降我清朝，则像对待降清的吴三桂那样，"列爵分土"。警告史可法"取舍从违，应早审定"，而"南国安危，在此一举"。这是劝降书，史可法虽然不为其所动，却仍然天真地幻想着能"坚同仇之谊，全始终之德，合师进讨，问罪秦中"。但同时也表示了忠心报国的态度："法处今日，鞠躬致命，克尽臣节。"

顺治二年（1645）正月，被清收买的明总兵许定国诱杀了明江北四镇将之一的兴平伯高杰。史可法痛失一位收复失地之志甚坚的抗敌将领，深感清兵会随时南下，必须加强河防。乃紧急调兵遣将，部署堵御事宜，不料行动神速的多铎已率兵杀来。多铎于二月初八日奉旨往取南京，分兵三路挺进，三月二十二日取归德（今商丘市南），二十九日下颍州（今阜阳）。

四月十九日，多铎大兵将扬州包围，为了活捉史可法，多铎下令诸军暂缓攻城。在此之前，多铎已遣使致函史可法，署称"豫王致书史老先生阁下"，史可法却将其书转呈朝廷。后多铎又接连五六次发出招降书，但史"皆不启，投之火中"。至此，多铎无奈之下，又令明降将李遇春持书前往扬州城下劝降。史可法怒斥其变节通敌。李遇春说："公忠义闻华夏，而不见信于朝，死何益也！"史可法大怒，令发箭射李。

多铎在屡屡招降失败后，知道史可法殉国之志不可移，于是加紧攻城。二十五日，扬州城破。随后的几天，因恨扬州兵民固守，抗命不服，多铎命清军大开杀戒，留下了屠戮扬州十日的历史记录。

扬州城破之后，有关史可法的下落成为一个千古不解之谜。当时人洪承畴就曾发问："果死耶？抑未死耶？"此后关于史可法去向的记载、传说颇多。

有的说，史可法于城破时出城逃生。具体出逃过程又各执一端。一为缒城出走，计六奇在《明季南略》中记曰：四月二十五日，清兵诈称明总兵黄蜚的援兵到，史可法令开西门放行，清兵进城，即攻击明军。史可法于城上见此状况，知无可挽回，即拔剑自刎，左右相救，遂与总兵刘肇基缒城潜去。二是跨骡出城，乾隆《江都志》载扬州故老所言：城被破时，史可法"跨白骡出南门"，为此还有人赋诗云："相公誓死犹饮泣，百二十骑城头立。瞬息城摧铁骑奔，青骡一去无踪迹。"

康熙年间孔尚任《桃花扇》，则认为史可法是沉江而死。史可法出城后，骑马渡河，因马蹶落水溺死。或说他出东门遇清兵堵截，自觉无望，即赴水自尽。

还有说清兵破扬州时，史可法便销声匿迹，不知所终。计六奇于顺治六年（1649）外出，途中坐船遇一嘉兴人，自称是当年扬州抗清失败后逃出来的，他说城破时史可法下落不明。

一般史家通过对清代的史料加以分析，认为史可法于扬州之役被俘遇害。《清实录》云："攻克扬州城，获其阁部史可法，斩于军前。"《明史》说，史可法自刎未遂，被部将拥至小东门，为清军抓获，史可法大呼："我史督师也。"遂遇难。还有史可法嗣子史德威著《维扬殉节纪略》记述道，扬州城陷时，史可法自刎未遂，为清军捕获。多铎对史可法"相待如宾，口呼先生"，并劝降说："为我收拾江南，当不惜重任也。"史可法答曰："我为天朝重臣，岂肯苟且偷生，作万世罪人哉！我头可断，身不可屈……城亡与亡，我意已决，即劈尸万段，甘之如饴。"于是被杀。此外，史可法于四月二十日左右写过五份遗书以及给其母亲、夫人、叔父、兄弟及致嗣子史德威的书中，都表示了"一死以报国，固其分也"的坚定态度。可见他早就抱定一死之心，说他得以逃生似不可信，且其部将刘肇基在扬州城陷前已中流矢而亡，不可能与史可法一同"缒城潜去"。

# 陈圆圆归宿之谜

"冲冠一怒为红颜"，清人吴梅村的《圆圆曲》向我们展示了一代奇女子陈圆圆的传奇经历。吴三桂降清后，陈圆圆随其征战南北，吴三桂被封平西王，后起兵反清失败，陈圆圆的下落就成一个不解之谜。

"冲冠一怒为红颜"，清人吴梅村的《圆圆曲》向我们展示了一代奇女子陈圆圆的传奇经历。作为明末清初名将吴三桂爱妾的陈圆圆，原籍苏州。蔡东藩著《清史演义》对其有这样的记载：圆圆姑娘，姓陈名沅，字畹芬，能诗能画，能善弹琴，因遭乱流落，为玉峰歌伎，艳帜高张，缠头价重。一日，陈沅艳名被崇祯宠妃父亲田畹所闻，便千金购艳，充入下陈，遂改名圆圆。吴三桂入京师时，曾与她有一面之缘，彼此企慕。后来，吴三桂便劫娶了她。而清代诗人吴伟业的《圆圆曲》中也有记载："家本苏姑浣花里，圆圆小字娇罗绮。相见初识田畹家，侯门歌舞出如花。许将戚里箜篌伎，等权将军油壁车。"1644年李自成占领北京，其部将刘宗敏霸占陈圆圆，三桂之父吴襄一家数十口被杀，吴三桂一怒之下，打开山海关大门，几十万清军长驱直入，推翻了仅建立

吴伟业

一个月的李自成大顺朝。吴三桂降清后，陈圆圆随其征战南北，吴三桂被封平西王，后因反清兵败，陈圆圆的下落就成一个不解之谜。

历史记载的一种说法认为陈圆圆在山海关之战后，就一直跟随吴三桂。当吴三桂被封为平西王时，陈圆圆得专房之宠。当清兵攻破昆明城时，吴三桂之孙吴世璠服毒自杀。而吴世璠妻与陈圆圆均是自缢而死，或说其绝食而死。孙旭的《平吴录》就说吴三桂叛乱失败时，"桂妻张氏失死，陈沅及伪后郭氏俱自缢，一云陈沅不食死"。《平滇始末》也说："陈娘娘（圆圆）、印太太及伪后郭氏，俱自缢。"至于死后有说陈圆圆葬于苏州，有说埋在上海，而更多的人却倾向于"陈圆圆魂归云南昆明"，但是持这几种说法者均拿不出可靠的证据，甚至仅仅只是一种臆测，从而使得陈氏归宿成为史学界一个难解之谜。

近年来，对于兵败后陈圆圆的归宿又有了新的解释，这主要是源于贵州省岑巩县水尾镇马家寨的一个惊人的发现——陈圆圆的墓就在马家寨吴氏群墓之中。

在马家寨狮子山下，有数百座排列整齐有序的坟墓，据专家考证，这就是吴三桂后代们的墓地，其中的始祖墓即为陈圆圆之墓。而墓碑上的日期说明此碑是清雍正六年所立，上面的碑文却令人费解："故先妣吴门聂氏之墓位席：孝男吴启华、媳涂氏立，孝孙男吴仕龙、吴仕杰，曾孙吴大经、吴大纯，孝玄孙吴朝达、吴朝选……皇清雍正六年岁次戊申仲冬月吉日立。"既然是陈圆圆墓，为何不写吴门陈氏，却写吴门聂氏？原来，这里隐藏着一段历史疑案。吴三桂死后，清王朝下旨，要灭吴三桂九族，陈圆圆便携吴氏家眷子孙潜逃。在军师马宝掩护下，溯水，沿支流龙鳌河而上，在思州龙鳌里鳌山寺隐避下来。直到康熙二十四年（1685）四月，陈圆圆的儿子吴启华才下山在一片原始森林的狮子山下定居。陈圆圆千辛万苦脱险，故墓写吴门聂氏主要是为了避风险和防人盗葬，而取"聂"字也隐藏很深的含义，是经过反复推敲的。据说，陈圆圆原名邢沅沅，6岁丧母后便寄养于姨爹陈家，改名陈沅沅。"陈"、"邢"皆有耳旁，双耳即为"聂"。

对于陈圆圆死葬狮子山，马家寨吴氏历代守口如瓶，为让后人不忘祖宗又不轻易暴露真情，吴氏采取了秘传之策，每代传一至二人，至今已传到第十二代，秘传内容为授予高邮吴氏家史、告知陈圆圆之墓等实情。由于马家寨吴氏的高度警觉，这些事一隐300多年，世人难寻蛛丝马迹。从1983年起，第十一、十二代秘传人吴永鹏、吴能江才吐露了隐情。

当年，为确保安全，陈圆圆于天安寺削发为尼，改名寂静，字玉庵。马宝则出家鳌山寺当和尚，寿终后两人归葬于马家寨旁狮子山下。马家寨是经吴启华（吴三桂之子）、吴仕杰（吴三桂之孙）开辟的，后来繁衍成为拥有231户共963人的大寨。有人要问，这个寨子虽名马家寨，却无一户姓马，全姓吴，这是为什么？其实这也是有奥秘的。一是掩人耳目，保护吴三桂子孙；二是纪念恩人马宝，而这就是陈圆圆的高明所在。

当年陈圆圆为何选择马家寨作为避难之所，一直是人们争论不休的问题。马家寨位于古思州，坐落于一丘陵盆地内。陈圆圆与马宝对思州的选择是经过深思熟虑的，有利条件有五：一是对思州印象深，康熙十二年（1673）吴三桂带兵北上，思州知府前往迎接，杀猪宰羊犒劳其官兵，是吴三桂的支持者（思州地方志有记载）；二是思州寺庙多，便于藏身；三是思州乃古苗夷之地，可避是非，安全保险；四是这里交通疏畅，信息快，行动方便；五是自然环境幽雅，有利于吴三桂子孙繁衍。

根据以上实地考察，陈圆圆晚年皈依思州天庵寺，死葬思州马家寨狮子山的传说是比较可信的。但是关于马家寨陈圆圆归宿地的疑点仍然还很多。

疑点之一，从历史披露的资料看，封建王朝驻屯军有其相应的活动范围，管理的事务也纷繁复杂，清政府思州治地驻屯军负责相应周边的防务，其势力很强大，它既是清政府戍守古思州的军队，又是清政府向外沿扩展势力的有生力量。现岑巩军屯这个地方与马家寨两地相距不足五华里，再结合封建王朝对"乱臣逆子"的待遇是"斩尽杀绝"、"斩草除根"来分析，如果马家寨居民是吴三桂后裔，无论如何隐瞒也逃不出军屯清军的耳目而遭无情追杀。马家寨居民是吴三桂之后说难以取信。

疑点之二，关于马宝的情况。据蒋良骐著《东华录》中记载，马宝在康熙二十年曾带兵活跃在遵义府、泸州、叙州，因受吴世璠密诏，撤兵援救昆明，都统希福、提督桑峨乘胜追击，于当年七月在乌木山将马宝所部歼灭殆尽。马宝只身逃跑，终未摆脱追捕，被迫投降，解送京师。不久后，"马宝伏诛"。从记载来看，马宝被清军俘虏，没有隐迹山林，更不可能在鳌山寺当和尚。

疑点之三，史料空白。从《清史稿》上看，对吴三桂葬地、陈圆圆魂归何处未作交代，再从现今出版的有关姓氏追根求源中《吴姓》一书看，对吴三桂的介绍只局限于其父、他本人及在衡阳建大周称帝和其孙即洪化皇帝吴世璠自杀等情节，吴氏家族也理不顺该支系族人经那场变故后到底有何变迁，是否被斩尽杀绝、是否有子孙后代流传下来。此外清初的笔记小说、稗史杂编都只谈陈圆圆随吴三桂到昆明后，两人的关系发生裂痕，最后离开王府，在归化寺出家。而马家寨的传说在史料中却没有只言片语。

由此，一代奇女香消玉殒，魂落何方还有待进一步证实。

# 董小宛与董鄂妃之谜

重新审视之后，董小宛的丈夫——冒辟疆在《影梅庵忆语》中详细追忆了自己和董小宛的相识：己卯初夏，他和董小宛第一次见面。己卯——也就是明崇祯十二年（1639），这一年董小宛16岁，而顺治才两岁。

王梦阮、沈瓶庵所著《红楼梦索隐》一文认为，顺治的皇贵妃董鄂氏就是明末清初著名文学家冒襄（字辟疆，号巢民）之妾、秦淮名妓董小宛。她是在豫亲王多铎率清兵南下江南时，被生掠至京，后来由顺治纳入宫中，享有专房之宠。对此，清史专家孟森专门进行了考证，并作了《董小宛考》一文进行辨伪。在孟文中指出：

> 董小宛死在顺治八年（1851）正月初二日，享年二十有八。盖生于明天启四年甲子……（崇德二年）正月三十戌时，世祖始生，而为小宛之十五岁……顺治八年辛卯正月二日小宛死，是年小宛为二十八岁，巢民为四十一岁，而清世祖则犹十四岁之童年，盖小宛之年长以倍，谓有入宫邀宠之理乎？当是时，江南军事久平，亦无由再有乱离掠夺之事。小宛死葬影梅庵坟墓俱在，越数年，陈其年偕巢民往吊有诗。迄今读清初诸家诗文集，于小宛之死，见而鞔之者有吴蘭次，闻而唁之者有龚芝麓，为耳目所及焉。

该文从诸多方面说明了董小宛根本不可能入宫而成为董鄂妃，尤其是二人的年龄相差甚远，一个14岁的皇帝把一个年长自己一倍的28岁的有夫之妇"纳之宫中，宠之专房"，听起来匪夷所思。仅此一点，即可攻破董鄂妃即董小宛一说的立论依据。此外，通过冒襄自撰《影梅庵忆语》的佐证，以及时人钱谦益、吴伟业、龚鼎孳、陈维崧等人的诗文，都可以证明董小宛死后葬于影梅庵，所以冒襄才写有《影梅庵忆语》抒发心中悲恸之情。被掠之事，无疑是好事者牵强附会。

我们联系《影梅庵忆语》和有关史料来考察，可以得出董小宛与董鄂妃二人之间可谓风马牛不相及。首先，从董小宛的生平经历来看，她嫁于冒辟疆为妾的时间是明崇祯十五年（1642）年末，时年19岁，冒辟疆32岁，而清世祖约四五岁。直到董小宛28岁因病去世前，她始终与冒辟疆不离不弃，《影梅庵忆语》就是两人9年间的弥笃爱情的见证。尤其是在顺治二年（1645）至六年（1649）间，冒辟疆大病数次，他说"余五年危疾者三，而所逢者皆死疾，惟余以不死待之。微姬力，恐未必能坚以不死也"，"余病常失性，时发暴怒，垢谇之至，色不少忤，越五年如一日"。可知这五年（1645—1649）间董小宛是在冒辟疆身边，又怎么可能如《红楼梦索隐》所说"乃以计全辟疆使归，身随王北行"呢？再说，董小宛死后十年之久的顺治十八年（1661），24岁的世祖才崩殂，一个14岁的小孩子如何纳小宛于宫中呢？正是由于董小宛三侍危疾，既"为诸家传状诗文所艳称"，董小宛又因此而积劳成疾，"星涴如蜡，弱骨如柴"，两年后死去，即葬影梅庵。

其次，从豫王多铎的挥师南下的经历来看，他根本不可能见到董小宛。多铎下江南是在顺治二年二月辛酉，五月破扬州城，六月入浙，十月癸巳班师回京。清史上有很明确的记载，当时顺治亲率诸王、贝勒及文武群臣到南苑迎接。自此之后直到顺治六年三月，多铎36岁因天花病死，多铎再未去过江南。多铎下江南的顺治二年，据《影梅庵忆语》记载，这年五月冒辟疆先因避乱奉父移家浙江盐官，后依靠盐官陈梁家，并在其所栖

金瓯永固杯　通高12.5厘米，口径8厘米，足高5厘米，金质镶珠宝。清宫旧藏。

居，此时董小宛就在冒辟疆身边。《忆语》中细致地描述了当时冒董二人的生活："乙酉客盐官，尝向诸友借书读之。凡有奇癖，命姬手抄。姬于事涉闺阁者，则另录一（帙）。归来与姬遍搜诸书，续成之，名曰《妆奁集》。"九月冒辟疆得病，至次年春天才逐渐痊愈；冬至后"冒阻渡江，犹不敢竟归家园，暂栖海陵"。从冬到春大致150多天时间，病才稍痊。在这150天中，小宛仅卷一破席，横陈榻旁，"寒则拥抱，热则披拂，痛则抚摩"。可见，这一期间，董小宛侍奉汤药，须臾未离开冒襄，她又怎么可能被早已回京的豫王多铎生掠而去呢？退一步说，即使这年她被多铎掳去，而此年顺治仅有虚龄7岁，又怎么可能把一个22岁的董小宛"纳之宫中，宠之专房"？

既然董小宛未曾进宫，那么明见于史且与顺治帝闹过轰轰烈烈爱情的董鄂妃又是谁呢？据《清史稿·后妃传》和《清史稿·世祖本纪》载：董鄂妃系内大臣兼一等子爵鄂硕之女，在尚未正式入宫中时，便被顺治赞为"性资敏慧，轨度端和，克佐壸仪"。顺治十二年（1655）八月入宫，时年18岁，次年十二月册封为皇贵妃，地位仅次于中宫。为此，顺治颁给贵妃的父母许多赏赐：金160两，银8000两，金茶筒1个，银茶筒1个，银盆1个，缎800匹，布1600匹，马16匹，鞍16副，甲胄6副。比起聘顺治朝博尔济吉特氏皇后姐妹时的礼物来，不知要超出多少倍。顺治十四年（1657），董鄂妃生一子，排行第四，顺治爱屋及乌，视如珍宝，可惜未及四月，顺治十五年（1658）正月二十四日即夭折而去，尚未命名。董鄂妃失去爱子，颇为悲伤。顺治也痛切于心，伤感非常。为了安慰董妃，纪念皇儿，顺治十五年（1658）三月，顺治颁谕追封这个无名的皇四子为和硕荣亲王。顺治十七年（1660）八月十九日董鄂妃因病死去，享年22岁，这使得顺治痛彻心扉。当日，宫中传谕亲王以下，满汉四品以上，公主王妃以下命妇等齐集景运门外哭灵，辍朝五日。次日，顺治宣谕礼部，追封皇贵妃董鄂氏为皇后，谥号是"孝献庄和至德宣仁温惠端敬皇后"。

正如孟森所言"世祖之于董鄂，事虽过中，不失为英主钟情佳话，弥可存也"。当时在北京的耶稣会教士汤若望在其《回忆录》中曾有生动的记述："皇帝陛为哀痛所攻，竟致寻死觅活，不顾一切，人们不得不昼夜看守着他，使他不得自杀。太监与宫中女官一共三十名，悉行赐死，免得皇妃在其他世界中缺乏服侍者。全国均需服丧，官吏一月，百姓三日。两座装饰得辉煌的宫殿，专供自远地僻壤所召来的僧徒作馆舍。按照满洲习俗，皇妃的尸体连同棺椁，并那两座宫殿，连同其中珍遗陈设，俱都被焚烧。"孟森还考证出，"世祖妃出董鄂氏者盖有三人"，鄂硕女儿董鄂妃先于世祖而死，另有一董鄂贞妃在世祖崩殂后"感恩遇之素深，克尽哀痛，遂而薨逝"；第三位为宁悫妃，世祖时号为庶妃，生子福全。世祖的这三位出自董鄂氏的妃子显然也与董小宛毫无关系。

由上可知，王梦阮、沈瓶庵提出的顺治皇帝与董小宛的爱情故事说完全是道听途说、子虚乌有的无稽之谈。但是300多年来人言人殊，聚讼纷纭，遂成为清初三大疑案之一。事实上，疑案不疑，如果把各种分散的史料加以系统的整理、分析，这个历史疑案就会露出它的真面目。

# 康熙与天花之谜

据《清宫档案揭秘》记载，清朝入关后十位皇帝中，有两位（顺治、同治）直接死于天花，另外还有两位（康熙、咸丰）虽然侥幸从天花的魔爪下捡回性命，脸上却永久性地留下了天花瘟神的特殊烙印——麻子。在这四位与天花有过直接接触的皇帝中，最具戏剧色彩的当属康熙大帝，那么康熙与天花到底有什么不解之缘呢？

顺治十八年（1661）正月初九日，顺治皇帝病逝后的第三天，一个不满8岁的小孩一身孝服坐在了紫禁城金銮殿的宝座中，成为新一代的少年天子，他就是康熙皇帝玄烨。隆重的登基大典有条不紊地进行着，此时，站在前面的文武大臣，依稀会发现小皇帝的脸上竟然有几粒稀疏的麻子。后人也许没有想到，正是因为这几粒麻子，小皇帝才能够坐上那张万人垂涎的龙椅。

顺治皇帝突然病逝时年龄不到24岁，因此对于接班人问题他并没有太多的考虑也是事属必然。据史书的记载，顺治帝思考后事的安排可能是从正月初二日开始的。因为那天一大早，当学士王熙到养心殿问安时，顺治帝把他留在身边，直到晚上才出宫，谈了些什么已不得而知。然而，第二天，他又主动召见王熙，并让他靠近自己的床边说话。王熙在日记中记到："是日，奉天诏面谕者关系重大，并前此屡有面奏，及奉谕询问密封奏折，俱不敢载。"王熙在自己的日记中都不敢把这些"关系重大"的内容记下来，可见君臣之间所谈论的内容除了继承人和其他重大人事安排，就是对自己政务得失的反思和对后事的担忧等。

顺治帝当时已有八个儿子，长子和四子已先后夭折。剩下的六个儿子是：9岁的二儿子福全、8岁的三儿子玄烨、5岁的五儿子常宁、3岁的六儿子奇授、2岁的七子隆禧和八儿子永干。有人说皇太后原本指望继承人能仍出于自己的科尔沁蒙古博尔济吉特氏，因此不仅连续给顺治帝册封了两位这个家族的皇后，另外还有四个博尔济吉特氏女子被册为妃子。不过，值得深思的却是，不仅两个皇后不为顺治帝所喜爱，连遭冷遇，且六位女子都没有为顺治帝生下一男半女。那么，皇太后如果确有这种打算，现在也只能全部落空了。皇帝既然没有嫡子（皇后所生之子），就只能在庶出诸子中选择。常宁以下诸子尚在襁褓中，嗷嗷待哺，显然岁数太小，只有福全和玄烨两个尚堪择取。长期以来顺治皇帝一直看好次子福全，认为其年稍长且贤，想立为太子。但玄烨聪明好学，早为皇太后所垂爱，福全虽长一岁，但却有一只眼睛失明，显然与九五之尊的位置不般配。因此皇太后选择了玄烨。双方意见相持不下，只好求助于第三者的仲裁。而这个第三者，就是在钦天监供职的西洋传教士汤若望。汤若望在宫中当差已经很有些年头，官至一品，而且因有一次将皇后博尔济吉特从死亡的边缘拉了回来，而深受皇太后的信任，顺治与他之间也保持着某种非同一般的亲密关系，曾尊称他为"玛法"，满语翻译过来就是"爷爷"之意。

这样，顺治最后接受了汤若望的劝促，舍去一位年龄较长的皇子，而封一位庶出的、不过8岁的皇子为帝位继承人。当时为促成这样一个决断所提出的理由是因为这位年龄较幼的太子，在髫龄时已出过天花，不会再受到这种病症的伤害。而那位年龄较长的皇子，却尚未曾出过天花，与其父皇一样时时都得小心着这种可怖的病症。汤若望的理由使顺治帝折服，自己即将被天花夺去生命，还有什么能比这个理由更能打动他呢？就这样，清朝入关后最高权力的第一次移交，竟是因为一位皇帝死于天花，一位不会再得天花的而成为择取依据。少年玄烨脸上的麻点顷刻间竟成了他得为帝王的资本，这是福气呢？还是祸患？

天花帮助康熙当上了皇帝，但康熙对天花并不存多少感激，相反，天花留给他更多的是噩梦与仇恨。

天花在中医中称"痘疮"。作为一种烈性传染病，它很早就已开始为害人类。据考古发现，古埃及法老拉美西斯五世（前1160）木乃伊上就已经出现了天花病菌。在中国，有明确的痘疮病理记载是从晋朝开始的。直到清初，天花依然被视为不治之症，令人谈痘色变。实际上，有清一代，天花曾多次泛滥，因此清史上曾有多起宫廷疑案与它有关。

康熙早年的生活就一直笼罩在天花的阴影之下。他出生没有多久，正赶上天花大流行。不得已之下，由其乳母抱出紫禁城，寄住在西华门外的一座宅邸（雍正时改为福佑寺）中"避痘"，可以说长期得不到父母之爱。两岁那年，他仍然没有躲过痘魔的侵害。好在，有乳母——正白旗汉军包衣曹玺之妻孙氏的悉心照料，康熙硬是从天花的魔掌中挣脱出来，只是脸上留下了不甚雅观的点点痕迹。这次与痘魔的"亲密接触"，给康熙幼小的心灵留下了永远无法消除的阴影。据《圣祖廷训格言》中记载，康熙在其晚年曾说："朕幼年时未经出痘，令保姆护视于紫禁城外，父母膝下未得一日承欢，此朕六十年来抱歉之处。"躲过天花的灾难之后，幼年康熙搬回了紫禁城，但天花的阴影仍时时笼罩在他的周围。由于天花连年爆发，深宫中也常常处在人人惶恐的状况之中。如果宫中有人得了水痘，父皇顺治等就会出宫"避痘"。如果城中有水痘病人，四周则用绳子围起来，谁也不准随便接近，即使是集恩宠于一身的皇子也不得四处走动。童年的活动天地因为天花的肆虐而被禁锢在很小的范围之内，这些惊恐与动荡的灰暗记忆填满了幼年康熙的梦魇。

然而，何其幸运的是：康熙很小就已出过天花，并且有幸存活下来，而且以后永远不用担心再会得上天花。于是，天花让康熙登上了多少人梦寐以求的金銮宝座。

康熙登基之后，幼年的惨淡经历使其深深明白天花对大清王朝的威胁。在总结了前人防痘经验的基础上，他开始由过去的被动防御而转为主动出击防治天花。在康熙的倡导推动之下，清朝天花防治开始走向科学化与系统化的道路。他在太医院专门设立了痘诊科，并在普天之下广征名医。北京城内还设有专门的"查痘章京"，负责八旗防痘事宜。可见，康熙将这件事情是当成一件大事来抓的。

清·康熙皇帝玄烨

康熙皇帝十分重视对传统隔离防痘方法的继承，并在实施中不断有所创新。最著名的一例就是避暑山庄的选择与蒙古各部落首领围班制度的建立。这件事得从顺治时代说起，由于天花的流行，清初很长一段时间蒙古草原各部入觐制度受到了严重的挑战。由于蒙古首领多为"生身"（即没有患过天花），为避免传染起见，顺治消极地多年不接见来京的外藩首领，后来又规定没有出痘的蒙古王公也不许入京觐见皇上。康熙初年，这个规定仍然存在。据史书记载：康熙对于一些元旦来朝的外藩蒙古首领们自称已出过痘一事，表示担忧。康熙十年（1671）十二月二十七日，他降谕理藩院："凡元旦来朝外藩王等，虽云已经出痘，朕犹虑之。伊等所云出痘，信耶？疑耶？"

康熙十六年（1677）出巡塞北的途中，在热河发现了一个理想的避暑地方，于是决定在此建立一个避暑避痘的行宫。随即，康熙皇帝规定：以后凡是没有出过痘的蒙、藏、回、维等上层贵族，想要觐见皇帝，可以在每年七月到热河，九月随皇帝入围场秋狩，同时觐见皇上。这真是一个绝妙的办法，因为天高气爽的秋天入觐，既避开了痘疫发作期，同时也达到了亲合少数民族各藩的目的。

幸运的是，康熙继位以后，多年的休养生息，使得北方连续性的天花爆发已开始减弱，而南方传统的种痘疫苗法也传到了北方。这种民间种痘法，最早起源于明朝隆庆年间（16世纪下半叶），被称为吹鼻种痘法。大致分为两种：一种方法叫旱苗法，即取天花者的痘痂研成细末，加上樟脑冰片等吹入种痘者鼻中；另一种方法叫水苗法，就是将患者的痘痂加入人乳或水，用棉签蘸上，塞入种痘者的鼻中。两种方法的原理事实上都是让种痘者轻度感染天花，发烧出疹，再经过精心护理，待病症消失，就具备了免疫力。

清初推广的传统种痘疫苗法，是当时世界上最为领先的预防天花的方法。据记载，康熙时期，俄罗斯曾派人专门到中国学习种痘法。后来这种方法经土耳其传入欧洲。1786年，在此基础上英国人詹纳发明了"詹纳法"，也就是后来的牛痘疫苗法。

# 苏麻喇姑身世之谜

　　对于苏麻喇姑，民间传说他是康熙的初恋，也是他一生唯一真正爱过的女人，包括历史正剧《康熙王朝》也把苏麻喇姑描绘成一个只比康熙大几岁的妙龄姑娘。还有一些报章认为历史上没有苏麻喇姑其人，甚至《康熙王朝》的作者二月河先生也说，正史上无此人，他是根据野史而编写的。其实，在《清史稿》、《宫中档康熙朝奏折》（台北故宫博物院）、《满文朱批奏折》都有对苏麻喇姑的记载。那么，历史上的苏麻喇姑究竟是怎样一个人物？我们可以通过清宫档案及私家著述的记载，去揭开其中扑朔迷离的谜幕。

　　清史研究表明，历史上的苏麻喇姑的确是一位颇具传奇色彩的人物。她是科尔沁左翼中旗人，蒙古族，出生在一个贫苦牧民之家，最初名字叫苏茉儿，或苏墨尔，来自蒙古语Somal，意思是毛制的长口袋。顺治晚期或康熙年间改称满名苏麻喇，意思是"半大口袋"。她病逝后，宫中上下都尊称她为苏麻喇姑。

　　由于苏麻喇姑天生美丽聪慧，远近皆知，被科尔沁贝勒府看中，让她进府当上了贝勒寨桑的二女儿本布泰的贴身侍女。本布泰不是别人，正是后来大名鼎鼎的孝庄文皇后。对于苏麻喇姑的具体出生年代，史书上并没有记载。但是，作为本布泰的贴身侍女，她的年纪应当与孝庄年纪相仿。由此推断，苏麻喇姑在1612年前后出生。

　　后金天命十年（1625），本布泰虽然只有13岁，但已出落得像一个大姑娘了，娇媚动人，令人怜爱。就在这一年，本布泰在其兄长吴克善的护送下，长途跋涉到了后金都城盛京，与后金汗努尔哈赤的第八子皇太极成婚，当时皇太极34岁。苏麻喇姑也随主人陪嫁到了盛京。

　　顺治元年（1644）清军入关，苏麻喇姑随已被尊为皇太后的孝庄入住金碧辉煌的紫禁城。此时的苏麻喇姑在孝庄的指导下学习满语、满文以及宫廷生活中必备的各种礼仪等知识，逐步具备了一定的文化素养与办事能力，以她过人的聪颖而受到主人的欣赏与信赖。皇太极执政时，她在孝庄后的推荐下，参加了"国初衣冠饰样"的制定，作为一名侍女，居然可以参与清开国时期这样一桩重要的工作，可见其颇受器重，因而逐渐引起朝野上下的关注。由于其出色的表现，她还奉孝庄皇太后之命，充当了幼年康熙帝的第一任满文老师。嘉庆年间，昭梿在他的《啸亭杂录》中记道："仁皇帝幼时，赖其（指苏麻喇姑）训迪，手教国书。"孩提时代的康熙，对于这位祖母派来的，可以说是代表祖母教自己念书的"侍女"自然十分尊敬。在记载中，他尊称苏麻喇姑为"额涅"（满语，即额娘、母亲之意），表明了他对苏麻喇姑的尊敬。终康熙一朝，也只有康熙的乳母瓜尔佳氏，才能与苏麻喇姑共享这一殊荣。苏麻喇姑比康熙年长三十七八岁，康熙尚在童年时，她已40岁左右了，显然不可能产生恋情。

康熙二十六年（1687），孝庄病逝。这给苏麻喇姑以巨大的精神打击，使她陷入了孤独、寂寞之中。她转而更加虔诚地笃信喇嘛教，《啸亭杂录》说她"性好佛法，暮年持素"，她"愿意多活几年，为主子叩头祈祷，以尽奴才的一点心意"（译自满文档案）。

孝庄去世后，康熙对苏麻喇姑的照顾可谓无微不至，为了排解她的悲伤和孤独，康熙皇帝决定把庶妃万琉哈氏（后来的定妃）所生的皇十二子胤祹交由苏麻喇姑抚养。胤祹当时只有2岁，按清宫惯例，只有嫔以上内庭主位才有资格抚养皇子。让苏麻喇姑抚养皇子，表明康熙帝对苏麻喇姑十分信任和重视。苏麻喇姑对于康熙帝的这一安排，当然感激非常，同时也感到责任重大。为了报答浩荡皇恩，她又重新振作起来，将其随后几年的全部精力倾注到了胤祹身上。

苏麻喇姑是位能干的女性，且阅历丰富，在她的言传身教下，胤祹成年后很有办事才能。康熙六十一年（1722）十一月，胤祹被任命为镶黄旗满洲都统，他是康熙诸子中担任八旗都统职位的第一个。他处事不偏不倚，善于同大多数皇子搞好关系。玄烨晚年时，诸皇子拉帮结伙，在成年的皇子中，没有参与的极少，胤祹便是其中之一。所以在雍正帝即位后，他不仅没有遭到打击、排挤，相反还被封为郡王。到了乾隆朝，胤祹晋封为和硕履亲王，授为议政大臣。乾隆二十八年（1763），胤祹以79岁高龄寿终正寝。胤祹能荣列藩封，参与政务，并高寿而终，与苏麻喇姑的精心培养、指点教诲有着直接的关系，因此他对苏麻喇姑的感情也明显比其他皇子深。

康熙四十四年（1705）八月二十七日，苏麻喇姑终于病倒在床，不思饮食。两天后，病情更加严重。御医诊断为痢疾，如不救治，将危及生命。皇子们一面抓紧向在外的康熙奏报苏麻喇姑的病情，一面令内务府总管开始准备后事。康熙四十四年九月初七日，苏麻喇姑的心脏停止了跳动，终年90多岁。

对于苏麻喇姑的逝世，皇宫里的人都很悲痛。出殡那一天，除留皇五子、皇十子照顾皇太后，皇十四子胤禵留在紫禁城外，其余成年皇子都参加了出殡仪式。苏麻喇姑灵柩停入殡宫后，皇子们都各自回府了，唯独皇十二子胤祹却提出要求说："姑妈自幼将我养育，我并未能报答即如此矣，我愿住守数日，百日内供饭，三七诵经。"按照惯例，为像苏麻喇姑这样仆人身份的人办丧事，没有皇子供饭、三七诵经的先例。康熙念及胤祹的感情，在奏折上批道："十二阿哥之言甚是，著依其所请。"

康熙得知噩耗，非常悲痛。指示："朕在十五日才能回

万寿字瓷瓶　康熙时期的寿礼。高77厘米，口径37.5厘米，足径28厘米。

到京城。所以，遗体再存放七天，等朕到家后再来定夺。"这表明他不仅想再看一眼苏麻喇姑的遗容，还要就死者后事的等级与规格亲自做出最后的决定。由此可以看出康熙帝与苏麻喇姑之间的眷眷深情。

为了回报苏麻喇姑对大清所做出的贡献，康熙皇帝决定按嫔礼为苏麻喇姑办理丧事。这对于奴仆出身的苏麻喇姑，可以说是旷典殊荣。苏麻喇姑生前与孝庄文皇后朝夕相伴60多年，度过了不平凡的岁月，死后当然也应该让她俩长依相伴。当时，孝庄的梓宫停放在遵化昌瑞山下的暂安奉殿内，康熙皇帝决定将苏麻喇姑的灵柩也停放于此。苏麻喇姑的灵柩是于康熙四十四年十月十三日移入暂安奉殿的，与其主人孝庄皇太后得以在泉壤相伴。

苏麻喇姑从一位出身贫寒的陪嫁侍女，历经清初太祖、太宗、世祖、圣祖四个朝代，最后成为举朝敬重之人。纵观历史，她是清代绝无仅有的一位特殊"侍女"，一位富有传奇色彩的女性。

# 雍正继位之谜

胤禛继承大统，史界和民间一直以来有不同的看法，迄无定论，成为清初三大疑案之一。一种看法认为胤禛在继位前作了长期的谋位准备，经过精心的谋划，抓住康熙生病静养与外界隔绝的时机，伪造遗诏而得以继承皇位；另一种看法是康熙遗言传位于胤禛，虽没有留下令人信服的材料，但从康熙帝生前比较看重他的情况看，传位于他也是完全有可能的。

一代英豪清康熙帝执政61年，于康熙六十一年（1722）驾崩。其后，第四皇子胤禛在激烈的皇位争夺中登上了皇帝的宝座，这就是历史上有名的雍正皇帝。但迄今为止，雍正究竟是如何登上皇位宝座的，是按遗诏之言合法登位，还是暗中篡改遗书而继位，仍然是众说纷纭，莫衷一是，仍然是一个谜。

据官书中记载，康熙六十一年十一月冬至前，胤禛奉命代祭祀南郊。当时，康熙患病住在畅春园疗养，但仍然能"静摄"政权，掌控一切。胤禛请求侍奉左右，但康熙因祭天是件大事，命他不得离开。到了十一月十三日，康熙的病情突然恶化，才不得不破例把胤禛召到畅春园来。而在胤禛未到之前，是七阿哥、十阿哥、十二阿哥以及理藩院尚书隆科多在御前侍候。这时，康熙向他们宣布说皇四子胤禛人品极好，肯定能够传承大统，继承皇位。此时，其他皇子都在外候旨，当胤禛来到康熙面前时，康熙告诉他病情的恶化，胤禛听后昏扑于地，痛不欲生。到了夜里戊时，康熙归天，隆科多正式宣布"遗诏"，胤禛继位，即为雍正帝。

从上面官文记载的情况来看，雍正的继位是合乎法理的。对此，清代的官书可以说是众书一词，口径统一。后世有人根据雍正的品格、才干、年龄和气质上的众多特点以及他在皇宫中深藏不露、暗自修炼多年的特征，以及康熙对雍正的认识和父子感情基础，当时诸子争储互斗的背景，还有康熙在死之前留下遗诏的在场人物、地点、时间以及情节等综合分析，雍正是根据康熙的"仓促之间一言而定大计"而继承皇位是可能的、可信的。

清·雍正皇帝胤禛

但是在众多的民间传说中，雍正继位却是非法的，是篡位夺权。

早在雍正帝在位时，社会上就盛传康熙是要将皇位传给皇十四子的。在他患病的最后几天，曾经下旨要十四皇子回到京城，但是胤禛的死党隆科多却隐瞒真情，篡改谕旨，在十四皇子还未到之前假传圣旨，宣布胤禛继位。这就是民间所谓的"矫诏篡旨说"的由来。另外一种说法是，康熙原来就有了手书，要把皇位传给十四阿哥，诏书藏于乾清宫正大光明匾之后。但是诏书遭到了胤禛及其死党的篡改，把传给十四阿哥的"十"改成了"于"字，这就是民间所谓的"盗改遗诏说"的来源。那么到底是谁盗改的遗诏，又有不同的说法：有的说是雍正本人亲自改的；有的说是康熙把遗诏写在隆科多的掌心，而隆科多将"十"字抹去了；还有人说是雍正所养的死党、武林高手把诏书偷出来之后再精心篡改的……

著名清史学者王钟翰先生，从对康熙皇帝之死及其四子胤禛继位的情况研究，提出了不同的看法。他认为，从康熙皇帝在其六十一年（1722）八九月份至热河行围，十月回宫的身体状况来看，其身体相当健康良好。当时，康熙只是患了感冒，胤禛多次亲自或派人请安，康熙的答复都是"朕体稍愈"。从这个情况来看，他的身体并没有什么大的病情，如果没有发生非常的事情，还没有到要"寿终正寝"的时候。然而康熙却在病情并未恶化的情况下突然死去，其中疑窦重重。从事变的发展迅速来看，很可能是因为胤禛相信了人们吹捧大阿哥可能继位的言论，感到得位无望，于是看准时机，与隆科多等勾结，控制了康熙与外界的联系，害死了康熙，篡改了诏书，篡夺了皇位。从康熙皇帝驾崩之后，仅由隆科多宣布口授遗诏的情况来看，也是大为让人生疑的。

还有人认为，康熙本来就是要在四皇子和十四皇子两人中选立皇储，而最终确定为四皇子胤禛，十四皇子被任命为抚远大将军，这也说明康熙确实把胤禛作为继位的候选人之一。胤禛在康熙四十八年（1709）封为亲王后，在皇子中的地位日益提高，先后二十二次参与祭祀活动，次数比其他的皇子都多。此外，康熙对胤禛的儿子弘历宠爱有加。由此可见，雍正是后来居上。也有人认为，康熙本想让十四子继承皇位，但在他临终时，十四皇子远在边疆，若将他召回再宣布诏书，恐发生皇位纠纷的变化，无奈之下就传于雍正。

总而言之，雍正继位有着种种让人难以理解的疑点。这些问题使一些历史学家耗费了很多的精力和时间，然而直到现在也没有能够得到很好的解释。可以说，雍正继位是否合法，仍然是个谜。这不仅是因为雍正在继位上有很多令人费解的问题，而且他继位后不久，就有很多难解的言行，尤其是大肆诛戮贬斥功臣、兄弟、文人等，这些连在一起，更是令人感到扑朔迷离。

# 雍正死因之谜

一代枭雄雍正的突然死亡，死因至今仍是未解之谜，但有三种主要的说法：其一是官书记载因病而亡，但对暴毙的异状未作解释，令人疑窦丛生；二为剑客所刺，未经证实；三为死于丹药中毒，也只是推论。雍正帝的死因被这些种种说法蒙上了层层的神秘面纱，变得更加扑朔迷离，让人难以看清其中的真相。

一代枭雄雍正帝，于雍正十三年（1735）八月二十三日清晨，突然暴毙在圆明园离宫中。当时官方宣称他是忽然发病身亡。作为第一手资料的《起居注册》中是这样记载的："八月二十一日，上不豫，仍办事如常。二十二日，上不豫。子宝亲王、和亲王终日守在身旁。戌时（午后七时至九时）皇上病情加重，急忙在寝宫发布遗诏给诸王、内大臣及大学士。龙驭上宾于二十三日子时（夜十一时至翌日一时）。由大学士宣读朱笔谕旨，着宝亲王继位。"但这并没有明确说明雍正的病情及死因。

与"官书不载"形成鲜明对比的是民间却流传着雍正之死的种种离奇曲折的故事，虽多为民间趣闻，甚至是以讹传讹，但其中也有不少颇具合理性、有说服力的因素，让严谨的史学家也不能贸然否决。其中遇刺而亡和中毒而亡即是流传很广的故事。

关于雍正死因，民间流传最广的说法是，雍正为吕四娘所杀。不仅广泛流传于民间，而且一些书籍中也有大量的记载，例如《满清外史》、《清宫遗闻》、《清宫十三朝》等，都记载说是吕留良的孙女吕四娘刺杀了皇帝。吕四娘何人？何故要刺杀雍正？说法又有二，或说吕四娘为侠女。雍正年少时酷爱击剑，爱结交天下剑客，与其为刎颈之交者就有十三人。登极伊始，就控制了海内武林高手，而唯独某僧不听其使唤，隐藏到山野之中，行踪飘忽，难以缉获。一日，雍正终于得知该僧藏身处，于是命其结义兄弟三人，改扮伪装前去缉拿，同时布精兵包围。该僧见到来的三个人，只是笑了笑说："你们是受主子的命令来捕获我的，我命该绝。你们的主子气数还尚旺，我现在不能跟你们强争。但是，你们主子多行不义，屡屡以私

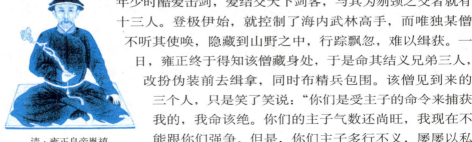

清·雍正皇帝胤禛

恨杀人，今天我虽然要死了，你们和你们的主子也必然不能幸免。一个月后，必然有人为我报仇，你们等着吧。"说完这些话，该僧即伏剑自杀了。三个人携带着该僧的首级回去复命，并将他们听到的也报告了雍正。雍正非常害怕，寝食不宁，加强了防卫。但一个月后，却还是让吕四娘用飞剑削去了脑袋。吕四娘就是该僧的徒弟。又一说是吕四娘是吕留良之孙女。吕留良系清前期有名的文人，雍正六年（1728）吕留良因曾静案被牵涉，被雍正从墓中挖出戮尸。十年（1732）十二月，吕留良子葆中、毅中被处死。其亲人也被严加处置，孙辈发配边疆为奴。传说吕四娘逃脱，潜藏深山，拜师习剑，练得飞檐走壁、飞剑杀人的本领，后潜入宫内，以宫女身份混入皇宫侍奉皇上，伺机行刺。雍正十三年（1735）某夜，潜入圆明园斩掉了雍正脑袋，报了她的灭家之仇。还有人传说除吕四娘外，还有一位名为鱼娘的女子做帮手。即使下笔谨严的学者，在提到世宗雍正之死时，也会提及这些传闻。

但也有人认为这种行刺之说纯属谣言，不值得相信。首先，吕案发生后，其家人皆受罚，无漏网之鱼。其次，吕四娘根本不可能混进宫。虽然曾经也有过罪犯眷属特别是15岁以下女子，被收入宫为奴，像株连在吕案中的严鸿逵、黄补奋等，其妻妾子女即服侍于功臣家，然而吕氏的孙辈都在宁古塔成为奴隶，犯大罪的人犯多是这样下场。所以，吕四娘不可能混入宫中。另外，紫禁城内明令整肃，从雍正继位的第二年起，在本已经是戒备森严、连飞鸟都难进入的宫廷护卫下，又设护军营，专职保护皇帝的安全。在这种情况下，很难想象一个女子，即使她是一个武艺高超的人，能穿过昼夜巡逻和森严戒备，轻易地进入深宫刺杀皇帝。其实，在满清时期，因满汉民族矛盾等，试图刺杀皇帝的人大有人在，并且一直都在积极行动，寻找机会，但都没成功。因而，雍正遇刺身亡的说法一直是受到质疑的。

还有人认为雍正既不是遇刺身亡，也不是寿终正寝，而是长期服丹药中巨毒而亡。雍正在皇子时代就直接或间接地与道士有交往，突出的一件事是他相信武夷山道士给他算的命。那时，诸皇子明争暗斗，纷纷图谋储位。雍正迷信天命，在政治厮杀中总想预知自己的前程。炼丹是道教企求不死成仙的基本修炼方法，历史上炼丹家往往就是道家，故此人们也把道教称作丹道。历代幻想长生不老的帝王大多迷恋仙丹之药。

据说，雍正晚年由于纵欲，染上沉疴，长期食用丹药。他曾密诏地方督抚大员为他推荐名医方士，寻长生不老之药。雍正还罗织了一帮道士为他炼丹药，晚年便靠食丹药养生，结果中毒而死。从一些史料记载看，雍正确实嗜仙道而服食丹药。在历史上，嗜食丹药而求治病或求长寿的皇帝不为少数，死在其上的皇帝也不乏其人。从已经解密的清朝宫中的档案等资料中也得出了同样的结论。雍正生前，在宫中曾蓄养了一些所谓的僧道异能之士，为雍正炼丹制药，雍正对这些僧道异能之士礼遇有加。在他驾崩后的第三天，也就是八月二十五日，嗣主乾隆即突然下令驱逐所有的炼丹道士出宫。新君刚登基，又因为雍正是突然驾崩，乾隆一定有很多重大而紧急的事要做处理，而在这时却紧急驱逐道士，这种做法确有奇异之处，不能不让人生疑。尽管乾隆在驱逐道士中说其父对僧道虽优待，但却未听其一言，未服其一药，这显然是在为其父辩解，不能令人信服。否则又怎会突然下逐客令？ 他虽又辩解说这几个道士早就该受驱逐，但为何雍正能容忍他们在宫中？ 乾隆如果为的是崇正道，黜异端，就应该彻底加以排斥，然而他却沾沾自喜地称自己是"崇敬佛法……朕为第一"。他还善待超盛和元日两僧，让他们来京做官。驱逐道士的当日，乾隆另将了一道谕旨，谕令内监、宫女等，告诫他们不许妄行传说国事，"恐皇太后闻之心烦"，"凡外间闲话，无故向内廷传说者，即为背法之人"，要"定行正法"。此事也值得注意，"中毒身亡"论者认为此事必与雍正横死有关，否则，为何太后见外间闲话会心烦。

雍正帝的死因被这种种说法蒙上了层层的神秘面纱，让人难以看清其中的真相。

# 年羹尧、隆科多被诛之谜

年羹尧、隆科多在康熙朝时已经是重臣，他们在胤禛继承大统中起了极其重要的作用。雍正帝起初也对他们是委以重位，信任有加。然而，是他们忘乎所以放纵自己，还是雍正在谋位后灭口，使他们先后被害，成为了几百年来的不解之谜。

年羹尧、隆科多为何被杀，一直以来众说纷纭，成为清史上一个颇有兴味之谜。

提起年羹尧，人们就会想起血淋淋的血滴子。因为在传说中，年羹尧总是用血滴子残酷地杀死其对头，在为雍正除掉许多对手之后，年羹尧也没有得到好下场，最终为雍正所杀。但雍正为什么要杀掉年羹尧等呢？ 人们众说纷纭，莫衷一是。

年羹尧，字亮工，康熙三十九年（1700）进士。为人聪敏、豁达，善辞令，办事能力亦极强。中进士之后，选翰林院庶吉士，他是外戚贵族中少有的从科举入仕而飞黄腾达的出类拔萃人物。雍正帝即位后，被视为外戚藩邸近人，议叙平定准噶尔阿喇布坦侵掠西藏之乱有功，封他为三等公，世袭替，加太保衔。雍正元年（1723）六月，青海和硕特蒙古亲王罗卜藏丹津迫众背叛，八月，雍正授年羹尧为抚远大将军前往平叛，十月叙功，晋他为二等公。雍正二年（1724）三月，青海叛乱全部平定，又晋升为一等公。同年十月，帝召年进京觐见，赐他双眼孔雀翎、四团龙补服、黄带、紫辔及金币，奖励其用兵之功。在雍正争夺皇位时，年羹尧利用自己的精明才干，时时向主子出谋献策，奔波游说，深受青睐。更使主子高兴的是，年氏将自己的亲妹妹献给了他，以示忠诚。那时，主仆二人曾发誓，死生不相背负，从此交情更加深厚。君有情，臣有意，再加上年氏的才能，官阶越升越高，不到十年升为四川巡抚，接着，又升为总督，独掌军政大权，成为雍正心腹。雍正甚至说出所谓"千古君臣知遇榜样"的话。

但是，年氏受到雍正的宠幸是在雍正二年以前，具体说也就是七月中旬平定青海叛乱以前。之后，雍正便使出浑身解数开始置年氏于死地。雍正为什么转变得如此之快？年氏的死因究竟是如何呢？年羹尧成败之速，异于寻常，对于其死因的这种说法，人们到现在还是难辨真假，难怪被史学家列为"雍正八案"的首案。

一些人认为这与雍正夺嫡有关，借故杀知情者。不仅是稗官野史，连一向严谨的史学家、学者孟森等都持此说。据说康熙临终时指定十四子嗣位，四子胤禛串通年羹尧、隆科多矫诏篡位。其时十四子在四川为抚远大将军，原可挥兵争位，然受制于川督年羹尧，遂无能为力。新君立后，为酬年羹尧等拥立之功，大加恩赏，然这不过是"迷汤"，实则对这些知情者已存杀心，最后终杀之。

有些人不同意此说。认为雍正初年羹尧受宠，并非雍正先笼络而后杀之的理由，而是皇帝对他效忠辅佐的奖励。雍正继位时，他还在川平乱，并未参与，何以得知内情？故上说不能成立。《清史稿》、《清代七百名人传》等作者，都认为年羹尧是恃功自傲以致被杀。《清史稿》载："羹尧才气凌厉，恃上眷遇，师出屡有功，骄傲……令总督李维钧、巡抚范时捷跪道送迎。""公卿跪接于广宁门外，年策马过，毫不动容。"且年羹尧残暴对待部下，任人唯亲，引起公愤，也为雍正所不容，故被杀。雍正接见他时，他在御前箕踞，无人臣礼。年羹尧还结党营私，其门下趋附奔走者有如蜂蚁。雍正六年（1728）四月，雍正解除了年羹尧抚远大将军之职，调其赴浙江任杭州将军。至同年九月尽革其一切职衔。同年底，议政大臣、刑部衙门上奏年羹尧九十二款大罪：大逆之罪五、欺君之罪九、狂悖之罪十三、专擅之罪六……。雍正痛心疾首地说年羹尧所犯之罪，即就廷臣所议九十二条之内，"尔应服极刑及立斩者共三十余条，朕览之不禁堕泪。朕统驭万方，必赏罚分明，方足以治天下，若如尔之悖逆不臣至此，而朕枉法宽宥，则何彰国家之宪典，服天下之人心乎？"遂令其自裁。

更有一说，认为年羹尧死是因为他欲自立为皇帝。乾隆时学者萧奭在《永宪录》中提到：年羹尧与静一道人、占卜邹鲁都曾商谈过做皇帝的事。陈捷在《年羹尧死因探微》一文中亦持此说，认为"羹尧妄想做皇帝，最难令人忍受，所以难逃死"。而《清代轶闻》一书则记载了年羹尧失宠被夺兵权后，"当其幕客有劝其叛者，年默然久之，夜观天象，浩然长叹曰：不谐矣。始改就臣节"。进而认为这说明年确有称帝之心，只因"事不谐"，方作罢就"臣节"而已。到了近现代，各说众多，或认为年被杀乃"鸟尽弓藏"之必然现象；或说是主奴

康熙御制威远将军炮　　此炮为铜制，重280公斤，使用铁弹重15公斤。

间有旧怨在先，羹尧又恃功骄傲在后，使君主生疑、畏、厌、怒之心，等等。以上诸说，至今未统一，还请读者自辨吧！

隆科多，雍正帝尊为国舅，佟佳氏，汉军镶黄旗人，一等公领侍卫内大臣佟国维之第三子，顺治孝康章皇后之内侄，康熙孝静仁皇后之弟。隆科多在康熙朝从一等侍卫升为步军统领、理藩院尚书。由于他是康熙的内弟，两人相处最为亲密。康熙六十一年（1722）十一月十三日戌时，康熙帝驾崩于畅春园时，隆科多正侍奉在御榻前，是他拨开诸皇子拼命争夺皇位的迷雾，传授遗诏于胤禛，又是他以提督九门戍卫京师之军力保卫雍正平稳顺利承袭大统。由此殊功他荣膺雍正朝初期辅政大臣之一，袭父爵一等公。此后又任吏部尚书、保和殿大学士、加太保衔，仍兼步军统领和理藩院尚书等职，深得雍正帝的信赖与倚重，又充纂修《圣祖实录》、《大清会典》等书总裁官。雍正二年（1724），雍正又赏赐国舅双眼花翎、四团龙补服、黄带、紫辔等只有亲王、郡王才得以享用的赐品。隆科多已成为朝野上下的显赫人物。雍正帝曾一度称赞他谓："此人真圣祖皇帝忠臣，朕之功臣，国家良臣，真正一超群拔类之稀有大臣也。"

但是，隆科多不久即失宠，有人说是因为他参与了雍正的篡位，故而被杀人灭口；也有说是因为他后期结党营私、胡作非为所致。隆科多屡屡升迁后，依仗是雍正帝舅父，为官后期揽权纳贿，擅作威福并愈演愈烈。雍正帝对其一面训诫，一面予以降调。雍正三年（1725）七月，因其庇护年羹尧而削其太保衔。雍正四年（1726）正月，因隆科多索取揆叙家人古玩等物及白银14万两，又收取赵世显、满保、张其仁等人金800两、银4.22万两而革去吏部尚书职。翌年春，更胆大包天在宅中私藏玉牒，而被革去世袭一等公爵位。隆科多肆行不法，居功自傲，不把皇帝放在眼里，自比为诸葛亮白帝城受命，把胤禛喻为阿斗。数事并举，终于惹恼了皇帝，雍正五年（1727）十月初五，帝令将其逮捕，于畅春园外造屋三间，永远禁锢，公布其重罪四十一款：大不敬之罪五、欺罔之罪四、紊乱朝政之罪三、奸党之罪六、不法之罪七、贪婪之罪十六……

总之，隆科多与雍正恩怨关系文献不详，疑窦丛生。或说隆败异乎寻常，与帮助"夺嫡"有关，"鸟尽弓藏"乃必然现象；或说世宗雍正朝无专横之臣，隆恃功骄傲，故为极端专制皇帝所不容，咎由自取。所说各有所据，不无理由，至今无定论，使之成为了一个难解之谜。

# 《大义觉迷录》之谜

雍正帝因为意想不到的案件，又意外地涉及他的继统谋位以及宫中秘闻的事，异想天开地用史无前例的方法编了此书。其初衷为辟谣，结果适得其反，反而成了自我暴露，让人信以为真。此奇书实系千古未有，个中情节仍是一谜。

雍正六年（1728）有一宗发生在西安的案件，却惊动了清宫中的雍正帝，使他坐卧不安、颇费心思，最后竟编出一本《大义觉迷录》的奇书来，这就是曾静投书案。

用文字杀人，虽非清朝皇帝的发明，倒也是清帝的"专利"，尤以雍、乾父子为最。雍正初年对读书人的打击和迫害，激起士人的强烈义愤。于是，许多中下层知识分子不愿做官，在广大民众中制造反清舆论，挑起清军入关以来的反抗情绪，曾静便是这些知识分子的代表者之一。

曾静是湖南的一名秀才，他不愿再参加科举而在乡村教书，人称他"蒲潭先生"，他在自己的学生中不断揭露清军入关及统治汉人的罪行，并在群众中散布反清言论，著书立说阐发自己的主张。他写的《知新录》、《知几录》两书集中揭露雍正的"十大罪"，即谋父、逼母、弑兄、屠弟、贪财、好杀、酗酒、淫色、诛忠、任控等，说他是少见的暴君。阐述"华夷之分"理论，让大家起来反抗满族统治，光复汉业。他深刻揭露满汉地主对广大劳动人民的残酷剥削，号召人们起来反抗剥削压迫。最终，发展到举义造反的行动。

曾静根据社会上较为广泛的舆论，认为岳钟琪是可以策动反清的领袖，于是在雍正六年九月，派遣自己的学生张熙带着他给岳钟琪的书信和《生员应诏书》到西安去策动其举义。

岳钟琪对清廷可谓忠心不二，压根就不想造反，他能得到如今的高位，其谋略智慧绝非一般人可及。当曾静向他投书时，他想的是如何应对处理才能既不让雍正因此怀疑他，又能把谋反者一网打尽。岳钟琪通过诡计骗取了张熙的信任，获得了有关实情后，随即向雍正做了奏报。由于张熙已被骗说出了内中情节，曾静无法再隐瞒实情，交代了他们与浙江吕留良、吕的弟子严鸿达、严鸥达等人的联系。由于案情重大，牵连数省，湖南一方无从审理，于是将此案调入北京，由雍正亲自指挥刑部审案。

曾静案查来查去，查出来了都是些陈年旧账。雍正只得宣布说，曾静怀着不臣之心，听了允禩、允禟等人的奴才们散布的谎言，便借以搬弄，蛊惑人心，诬蔑圣上。接着再查就到了吕留良案。曾静对吕留良十分钦佩，认为吕留良有皇帝之才，只是无皇帝之命罢了。认为吕氏学说的中心旨在"华夷之辨"，其研究、宣传华夷之别就是想要做皇帝，但终于未得机会。吕留良早在顺治十年（1653）就中了秀才，后不再猎取功名，而是招徒讲学，著书立说，名气很大。康熙十八年（1679）开博学鸿词科，官员推荐他，他坚决不就，以后又多次推举其出仕，都被他严词拒绝，后终于削发当了和尚。尽管他避居山林之中，可他的影响和他的弟子们却还存留在大江南北。人们争相读他的书，传播他的思想，做吕氏的徒子徒孙。沿海大埠、穷乡僻壤，有志之士无不风闻而趋。人们崇拜他，不仅在于他的学识渊博，尤在于他反对清朝的骨气和思想。他的思想中"华夷之别"非常坚固。他认为清朝政府夺了华夏的江山，天地倒位，让人们坚持汉民族的立场，绝不可为夷狄政权服务。在他的语言和文字之中，也从未承认过清政府是合法的政权。

雍正认为，打击吕留良、严鸿逵等可不是一杀二流三抄家的事，而是要驳倒他们的"华夷之别"的思想，在广大知识分子中清除其影响。于是，他把吕、曾的著作、言论公布出来，让官员写文章反驳，同时他自己动手写论文，驳斥"华夷之别"论。最后，雍正颇费了一番思考，决定了"出奇料理"之策。雍正想借此将康熙崩逝以来种种流言飞语作一次总的清算，并将有关曾静案之谕旨，及曾静口供等编成《大义觉迷录》一书，刊行全国，让读书士子和乡间小民共知之。因为他最伤心之处是"天下有人如此论朕"，他说看了曾静的《新知录》"惊讶落泪"，是天下有人对他的"冤枉"，他要借此机缘"洗刷冤情"。

《大义觉迷录》堪称封建专制时代由皇帝钦编并刊布天下的第一大奇书。维持独裁统治的一大要诀是神秘莫测，秦始皇"行所幸，有言其处者，罪此"，可谓得其三昧。对待政治谣言，最高明的办法是不张扬其事，日久自会烟消云散。否则，难免自生事端，搞得沸沸扬扬，天下尽人皆知，还会被人指为欲盖弥彰，愈抹愈黑。雍正则不以为然，他坚信自己私德清白，"可以对上天，可以对皇考，可以共白于天下之亿万臣民"。

雍正七年（1729）十月初六，有关大臣请诛曾静、张熙。雍正则以二人僻处乡壤，偶为流言所惑，并非"造谣"之人为由，特宽二人罪。次日，命免罪释放，并云："朕治天下，不以私喜而赏一人，不以私怒而罚一人。"把曾静、张熙免罪释放的同时，许诺以后皇帝子子孙孙，永远不得因此事加罪他们。雍正在上谕中还表扬曾、张二人，说他们不仅无罪，反而有功，因为不是曾静投书，造谣诬蔑他的人就追查不出，他的冤枉就不得昭雪。之后，雍正命地方大员领曾静到苏浙各地宣讲，把张熙带到湖南、陕西各地宣讲。以他们的现身说法，宣传雍正至仁至孝和勤政爱民等各种功德；宣传世人说雍正的坏话，都是阿其那、塞思黑的奴才们的恶意攻击；宣传自己为流言所惑，看错了英明君主，表示忏悔等。一时间竟闹得朝廷内外、全国上下无人不知道雍正之"十大罪"状，真可谓适得其反。

而在吕留良案子的处理上，雍正采取了完全不同的手法。虽也是把官员们的批判文章辑录成书，刊刻颁发给世人。同时让各省学官广泛征求文人们对吕留良案中人的处置意见，做好处罚名士、文人的充分准备。经过两年的工作，到雍正十年（1732）对案犯作出处理：把吕留良、严鸿逵、吕葆中（吕留良之子）戮尸斩首示众，另一子吕毅中及严鸿逵弟子沈在宽处决。吕、严两家其余人等一律流放边陲给旗人为奴。其他有牵连的，包括他们的学生、朋友、刊刻吕氏书者、藏书查出者、知情不报者、处理不力者皆从重治罪。

雍正对吕、曾案的处理是大出寻常的"出奇料理"，他对自己的如此处理曾表示出沾沾自喜。本来对他极为不利的宣传，他敢于拿在公众中敞开讨论，又能让犯罪者自己出来做反面教员，使自己由被动变为主动。这种出乎常人思维的做法，使当时的一些大臣为之瞠舌，真可谓第一大奇事。

# 曹雪芹家族败落之谜

曹雪芹家族的败落原因，红学界主要有两种观点。一种是"政治原因"，如周汝昌先生在《曹雪芹》中所提："好端端的曹家为什么于雍正五六年之际被抄呢"，是因为雍正皇帝的"政治打击"，曹家的败落是"横罹逆祸"。一种是"经济原因"，主要认为是在江宁织造任上"亏空"引起抄家而败落。

鲁迅先生是第一个深刻思索《红楼梦》的成因及曹雪芹身世之大学者，当20世纪20年代之初，胡适、俞平伯认为曹家的败落不过是"坐吃山空"的"自然趋势"时，他却说不然，并明白指出："不知何因，似遭巨变。"那么到底曹家遭遇了什么打击，以至于一蹶不振呢？曹雪芹家族的败落原因，红学界主要有两种观点。一种是"政治原因"，如周汝昌先生在《曹雪芹》中所提："好端端的曹家为什么于雍正五六年之际被抄呢"，是因为雍正皇帝的"政治打击"，曹家的败落是"横罹逆祸"。一种是"经济原因"，主要认为是在江宁织造任上"亏空"引起抄家而败落。

持"经济原因"说的将曹家衰败的历史加以研究，他们梳理了这样一张衰败的因果图。

史载曹雪芹的祖父曹寅喜好文艺，又爱好藏书，精通诗词、戏曲和书法，其深厚的文化教养和广泛的文化活动，营造了曹家的文化艺术氛围。此时的曹家，呈现出空前的繁荣。然而，就在这繁华的背后，已是潜伏危机，由于曹寅的日用排场，应酬送礼，特别是康熙四次南巡的接驾，等等，在经济上给曹家造成了巨额的亏空，甚至可以说，曹寅已经给曹家种下了衰败的祸根。

康熙四十八年（1709）十二月初六，两江总督噶礼参奏曹寅，密报康熙说，

金编钟　清乾隆。高27厘米，口径20.6厘米，重423243克。清宫旧藏。

曹寅和李煦亏欠两淮盐课银300万两，请求公开弹劾他。康熙把曹寅看成是"家人"（因其母为康熙的乳母），噶礼要求公开弹劾曹寅，康熙当然不会批准。但事关重大，康熙不得不私下谆谆告诫曹寅和他的大舅子李煦，必须设法补上亏空。面对茫茫债海曹寅于康熙五十一年（1712）七月一病不起，死在扬州。

曹寅死后，康熙为保全曹家的江南家产，特命曹寅之子曹颙继任江宁织造；两年后曹颙病故，康熙又亲自主持将曹寅的四侄曹頫过继过来，接任了江宁织造的职务。同时康熙又让曹寅的大舅子苏州织造李煦代管两淮盐差一年，用所得的银子补齐曹寅生前的亏空。从以上事实来看，康熙对于曹氏家族可算仁至义尽。

但是雍正上台以后，接连颁布谕旨，开始在全国上下大张旗鼓地清查钱粮，追补亏空。仅雍正元年，被革职抄家的各级官吏就达数十人，曹家的姻亲苏州织造李煦，就是因亏空获罪，而被革职抄家。但一开始雍正并没有把曹家与李煦一起治罪，而是允许他将亏空分三年还完。

雍正四年（1726），曹頫负责操办的缎匹衣料质量"粗糙轻薄"，受到罚俸一年的处分。不久，雍正穿的石青缎褂褪色，经查又是江宁织造的产品，结果又罚掉曹頫一年的俸禄。曹頫一次又一次地失职，导致了雍正的不满和失望。但是雍正并没有就此将曹頫问罪，而将他召回北京当面考察和训诫。雍正五年（1727）五月传旨，命苏州织造高斌不必回京，他所督运的缎匹由曹頫送来。不料曹頫在督运织造缎匹的途中，又在山东长清县等处勒索费用，骚扰驿站。此时雍正已经忍无可忍，于十二月初四下令将曹頫等交由内务府和吏部严查。

次年二月，新上任的江宁织造隋赫德将曹頫江南家产人口查明接收，曹頫在京城的家产人口，也由内务府全部查封。六月，骚扰山东驿站案审结，判曹頫赔银443两2钱，由内务府负责催讨，并将曹頫戴上木枷示众。雍正六年（1728）初夏，曹雪芹随同祖母、母亲等全家老少，由南京回到北京，住在崇文门外的曹家旧宅时，开始了穷困潦倒的悲凉生活。

而持"政治原因"说的则有几种看法：

第一种认为：曹家与雍正的政敌允禩、允禵有染。雍正六年，曹家终于败落，直接的原因之一，是查出曹雪芹的父亲曹頫替雍正的政敌允禩藏匿了寄放在他家的一对"本身连座共高五尺六寸"的金狮子。允禵等人在雍正一朝明明已经失势，逾制私铸的金狮子则是一种标志着夺权野心的东西，曹頫为什么肯替其藏匿？除了种种复杂因素之外，一个很重要的因素，恐怕就是那时的权力斗争波谲云诡、前景一时不甚明朗，曹頫自然想在表面忠诚于当今最高统治者的同时，再向一个或几个方面投注政治资本，这样一旦政局发生突变，便不至于跟着倾覆，甚至可以收取高额政治利益。

第二种则认为，曹家与康熙朝两次被废的太子关系非同一般，引起了雍正的猜忌。据史料考证，康熙为了身后皇位继承的大计，费了不可计量的心血，但是也带来了难以对人倾诉的烦恼和痛苦。康熙起初在诸皇子中暗地观察考验，选中了次子胤礽，并于康熙十四年明诏以示天下，立胤礽为皇太子，是为"储君"，即预定嗣位人。

康熙朝一开始局势十分复杂险恶，在剪除权臣鳌拜一事上，胤礽的外叔祖索额图于此有功。而索额图精于鉴定古青铜器，喜招聚文士文人，与曹家的关系非常密切。当时索额图官至大学士（宰相级），又以皇太子的外祖、监护人自居，富贵荣华势倾朝野，胤礽受他的影响很大。在其叔祖的"百般疼爱"之下，助长了其渐趋骄纵的性情和行为。但索额图后来逐步失去了康熙的信任，先是由于"撤藩"的大计，后即关系到胤礽的废、立的"国脉"问题了。

康熙在平定了"三藩"之叛及征讨厄鲁特部噶尔丹之乱时，都是令太子留守京师处理政事，而太子也表现得颇为称职，材器不凡。但皇帝回京后即听到胤礽的许多不良行径，结交坏人，肆行暴戾——这里面有事实，也必然包含有嫉者一派的谗言诬谤。事情发展到康熙四十七年（1708）九月，康熙帝于极端痛怒中召集百官大臣，令太子跪聆父皇揭其罪状，明令废黜他继承人的资格。康熙在废太子诏里清楚指出："朕知胤礽禀性奢侈，著伊乳母之夫凌普（一写灵普）为内务府总管，俾伊便于取用。孰意凌普更为贪婪，至使包衣下人无不怒憾。"

而凌普又是何人呢？据说当年年幼失母的太子胤礽需要一位嬷嬷，由她负责将小太子带养、抚育、教导，直到长大成人。说不清胤礽的嬷嬷是何姓氏，只知她是凌普的妻子。凌普是满语译音记字，也写作灵普，他是"嬷嬷爹"，汉语只好叫"乳公"（实与乳母无关，乳母只管喂奶一事）。康熙四十四年（1705）至四十七年，当时作为内务府总管的凌普先后派人从曹、李两织造府取了8.5万余两银子。从这可以明白两代嬷嬷家族之间的关系是紧密相联的。

雍正40多岁才继承皇位，他深知曹家是太子一"党"，皇家的一切内幕机密他们都了如指掌，怕泄露了自己的"天机"，所以必须找个借口"治"他们——"你们这些人混账贯（原文如此，应作'惯'）"，这是雍正亲手"批示"曹頫的话！看看这句，就可以"参悟"了吧？

以上草草叙明了雍正何以嫉恨曹家，但"曲终"还有"余音"：到乾隆登位后，胤礽之子名弘皙，联合了皇室中对雍正夺位、残害骨肉怀有"世仇者"，竟组成了"影子政府"，并要乘乾隆在塞外秋猎时刺杀之，为乾隆察觉，铁腕制服了这场史家罕及的大政变。而曹雪芹一家的再次被抄，彻底沦亡，正是又被弘皙大案株连的惨痛结局。

看来，对于曹雪芹家族衰败的原因，仍然是众说纷纭，莫衷一是，这有待红学、曹学专家们进一步的努力。

# 乾隆身世之谜

　　乾隆皇帝弘历是大清朝时期一位重要的帝王。而关于他的身世却历来充满传奇色彩，众说纷纭，莫衷一是。尽管多是民间传闻，甚至是以讹传讹，虽不能信以为真，但至今也不能不说是一件悬案。

　　乾隆皇帝不仅是我国一个家喻户晓、充满传奇色彩的历史人物，而且由于几位外国传教士的介绍，也是清代风靡世界的中国皇帝。他是清王朝的第六代君主，如果从清入关后算起，则为第四位皇帝。他生于康熙五十年（1711）八月十三日，是雍正帝的第四子。其生母在后宫中地位并不高，正因为此，民间广泛流传着乾隆系民间汉女所生。看过金庸小说《书剑恩仇录》或是看过相关的电影、电视剧的人，也都一定会对书中的一个说法很好奇，因为书中说乾隆是陈家洛之兄，是汉人之子。其实，小说中的说法并非无中生有，空穴来风，是有一定来历的。

　　不仅是现在，而且在清末，上自官僚士绅，下迄妇孺百姓，几乎人人皆知这么一个传说，清初的某个皇帝是浙江海宁陈家的儿子。这个皇帝是谁呢？有人便说是乾隆皇帝弘历。这一传说也见于一些私家所写的稗官野史之中。《清朝野史大观》卷一《南宗之与海宁陈氏》一文就有这样的记叙：雍正帝胤禛当皇子时，与海宁陈氏很好，两家来往频繁。这一年恰巧两家在同月同日生子。只是胤禛家为女孩，陈家为男孩。胤禛命人抱来看看，却偷偷把孩子换了。陈家发现孩子被换，大惊失色。但迫于对方权势，不敢追究，也不敢声张。不久康熙去世，传皇位于胤禛。胤禛即位后，陈氏一门数人也都官至显要。以后乾隆帝即位，对陈氏更是礼遇有加。乾隆六次南巡江浙，其中四次都到过海宁陈家，最后一次临走时步至中门，对陈氏说："以后若非皇帝亲临，这门不要轻易打开。"从此这座门就再也没被打开过了。持上述观点之人还提出另外一些证据，海宁陈氏的宅堂中有两方皇帝亲笔书写的匾额，一方题为"爱日堂"，一方题为"春辉堂"。"爱日"一词，是从汉辞赋家扬雄《孝至》一文"孝子爱日"中来的，后世把儿子奉侍父母之日叫作"爱日"。"春晖"一词是从唐代孟郊《游子吟》"谁言寸草心，报得三春晖"的诗句中来的。后人常以春晖来比喻母爱。这两方匾额的题词内容都有儿子尊敬孝顺父母的意思。后来，与海宁陈氏的儿子相交换的那个女孩便在

清·乾隆皇帝弘历

海宁陈家成长，到了婚嫁年龄便嫁与江苏常熟蒋氏，蒋氏专门为她筑了一座小楼，后世称之为"公主楼"。这些史料更让人坚信乾隆是汉人之子。而且，据史学家们统计，乾隆皇帝继位之后先后六次南巡，其中四次都到了浙江省海宁，而且都住在康熙朝大学士陈元龙之家的别墅"隅园"。还破格将建海塘工程"动正项钱粮办理其事"，如果说是乾隆帝对故乡的特别关爱，也当不算为过。而且他还把经常住的"隅园"改为"安澜园"，好像是自己家的园子似的。

然而，也有人提出了反对的意见。雍正帝有皇子10个，公主6个。乾隆是其第四子，推及情理他根本没有把别人的孩子换来当自己孩子而继承皇位的必要性。这是较有说服力而且是合乎情理的论证。其次，从清代皇帝与海宁陈氏的关系来看，纯是君臣友谊，陈氏是清初的名门望族，在康熙、雍正、乾隆三朝，陈家历代都仕途通达，身居高位，名震一时。雍正初年，为了满足钱塘江下游经济发展与人民生活的需要，大修钱塘江。但雍正帝忙于政务，而且海潮冲刷堤岸的危害还未到十分严重的程度，因此未亲自前往。乾隆继位后，对这项工程非常重视，数次南巡，有四次来到海宁勘测。那么既然到海宁，总得有个合适的住所，而陈氏可以说是三朝宰辅，其家园是海宁名胜，亭台楼榭，花木扶疏，自然就成为乾隆的"行宫"。陈家的园子本叫"隅园"，后乾隆把它改为"安澜园"。"安澜"即水波不兴的意思。由此也可以看出，乾隆临视海宁，是为了巡视钱塘江的工程，而不是为了探视父母。至于那两块匾额，居历史学家的考证，清国史馆编撰的《陈元龙传》中说：康熙三十九年（1700）四月，康熙在便殿召见群臣时说："你们家中各有堂名，不妨当场写给朕。朕写出来赐予你们。"陈元龙奏称其父年逾八十，故拟"爱日堂"三字，于是康熙便亲笔御书"爱日堂"赐于陈氏。《海宁州志》也提到，康熙五十四年（1715）六月，因陈元龙弟陈维坤的妻子黄氏寡居四十一年，康熙便御书"节孝"两字赐之，又以"春晖堂"匾额赐之。这就是说，两匾额的题词，是康熙帝根据臣下的请示而书写的，与孝敬父母的意思根本没有任何的联系。因此，说乾隆是汉人之子是无稽之谈，是难以确信的。

# 乾隆伪造"元传国玺"之谜

按古代制度，帝王得国一般要取得"传国玺"，方才能成为名正言顺的"真命天子"。清皇太极从察哈尔林丹汉手中得到了"传国玺"。然而，此"元传国玺"后来却失踪了，传说乾隆帝又不为人知地伪造了"元传国玺"。

按古代制度，帝王得国一般要取得"传国玺"，方可以成为名正言顺的"真命天子"，不然即使得到天下也会被讥笑为"白板天子"。这项传国玺制度始于

金交龙钮大清嗣天子宝　清乾隆。高9厘米，长9厘米，宽9厘米。清宫旧藏。

西汉，而"传国玺"始于秦。相传，秦始皇用"和氏璧"镌制宝玺，玺由丞相李斯以大篆书之，王孙寿刻制，字体呈"鱼龙凤鸟之状"，玺文曰："受命于天，既寿永昌。"此玺于前206年西汉高祖刘邦兴兵攻入秦都咸阳时，从秦王子婴手中得到。从此，这颗至宝便成为历代强梁争相攫取的目标。西汉末年王莽篡位，"传国玺"被之窃取。王莽失败，传国玺归东汉光武帝刘秀。三国时期，"传国玺"被曹氏据有。三国归晋，"传国玺"落入司马氏手中。南北朝末年，"传国玺"被隋文帝杨坚夺去。隋末农民大起义，此玺又被唐高祖李渊拥有。五代，石敬瑭之乱中潞王李从珂在宣武楼自焚，"传国玺"与之一起毁掉。至此，汉"传国玺"消失。然而，此后的许多朝代都宣布有"传国玺"出现。诸如，后晋高祖石敬瑭于天福三年"敕制皇帝受命宝"，此宝后归入契丹，辽代末年传至延禧，金辽交战被延禧丢失于桑干河。宋绍圣三年，咸阳农民段义耕地得宝玺，玺"色绿如兰，温润而泽"，玺文与李斯篆体合，饰以龙凤鱼鸟。宋嘉定十四年又得玉玺，其文曰"受命于天，既寿永昌"。至元三十一年御史崔中丞得玉玺于故臣之家……

清皇太极从察哈尔林丹汗手中所得"传国玺"确有其事、其物。不过，皇太极获得的"传国玺"，有人称其是秦始皇的"元传国玺"，也有人称它是后晋石敬瑭制的伪玺。皇太极极力夸大获得这个"制诰之宝"的目的无非出于政治需要。沈阳故宫曾藏有的"制诰之宝"，并非皇太极所得之原物，而是乾隆伪作的赝品。

天聪九年（1635）清太宗皇太极征服蒙古察哈尔林丹汗获"元传国玺"，赢得满汉王臣及蒙古各部的一致拥戴，于翌年改国号大金为大清，成为"跨踞满洲、蒙古的大国皇帝"。这件事在清代历史上具有划时代意义。"元传国玺"在清初历史上意义重大、影响广泛，然而，此玺下落早已不明，甚至连它的印迹也未见有人确指，至今所知不过是文献史料对它的描述，这不能不说是史界一大憾事。

不过据传说盛京凤凰楼曾经藏有所谓"元传国玺"制诰之宝。凤凰楼是盛京皇宫内寝的门户，坐落在清宁宫高台之上，是一座单檐歇山式二层楼阁。此楼在清初大概是供皇帝、后妃登临玩赏之处。乾隆八年（1743）高宗东巡盛京不久，决定将此楼作为恭贮历朝《实录》、圣容、行乐图以及御用"十宝"的永久场所。太宗御宝在清入关后存于北京交泰殿，乾隆十一年（1746）改在凤凰楼存放。

乾隆十一年初，高宗至交泰殿阅视宝玺，见其中有些宝玺已"历年既久，记载失真"，有的宝玺则宝文"重复"不再使用。而且，从宝玺的数目来说也与《大清会典》记载不符。如《大清会典》称，本朝"御玺二十有九"，其中，"宫内收贮者六"，"内库收贮者二十有三"。而交泰殿实际收藏竟有39颗之多。大大超过《会典》定制，高宗为此重新做了厘正。他依据《周易·大衍》：天数二十有五的理论，把宝玺的数目亦确定为25颗。余下的14颗，以其中的10颗因宝文与25宝文重复，认定是清初太宗使用之玺，将其依旧送回盛京，贮列于凤凰楼。

凤凰楼藏有"元传国玺"之事在清代影响很广，如清朝末年出任盛京旗务处总办兼盛京内务府总管的金梁曾不止一次地说过，"凤凰楼所藏御宝，相传即太宗得之'元传国玺'"。

不过，此事也存在若干令人疑惑之处。其一，如果"元传国玺"存在，为何乾隆十一年送十宝到凤凰楼不将其一并送来，而要拖到数十年后？其二，乾隆本人性格风雅，酷嗜翰墨，凡其所经无不留题。他曾经四次东巡盛京，每次都要登临凤凰楼，而且写过七首吟咏此楼风物的诗词，内容方方面面，而对凤凰楼藏有"元传国玺"这件重大的历史掌故却只字不提。

"元传国玺"印迹确认之后，这个谜题也迎刃而解。现将凤凰楼制诰之宝与"元传国玺"印迹加以对照，答案自明。

其一，两玺字迹有别。以"制"字为例。前者（凤凰楼制诰之宝）字体的出角为九十度标准直角，后者（"元传国玺"）出角呈弧形。而且二者在笔画的粗细、字体的结构比例方面也互相不一致。其他三字诰、之、宝也存在同样的差别。

其二，边缘粗细有别。前者边缘的宽度为1.2厘米，后者边缘仅宽0.8厘米。

其三，印玺大小有别。前者大小为14.5厘米方直，后者大小为12.5厘米方直。

其四，刻工精拙有别。前者字迹刻工粗糙，有刀锋，笔画硬而不匀，显系拙工之作。后者刀法细腻、均匀，字迹古朴庄重。

总之，凤凰楼制诰之宝显然是件作伪的赝品。乾隆皇帝对"元传国玺"的作伪出于如下原因。其一，太宗所获之原玺已经不存在。据中国第一历史档案馆公布的《顺治五年许尔安诰命》，这件诰命使用的印玺仍然是"元传国玺"制诰之宝。而此后颁发的诰命改用满汉合璧制诰之宝。其次，太宗征察哈尔林丹汗得元传国玺，而建国大清之事事载典谟，是清开国史之大事。太宗御用旧宝不可缺少此宝，否则，不仅有悖史实，也是对祖宗的不恭，而且也无法向后世交代。

乾隆伪作"元传国玺"一案隐秘很深，以至从未显露任何破绽。不过，当事情真相大白于世后，重读他的《交泰殿二十五宝序》关于太宗获"元传国玺"一段话时令人有新的领悟。如乾隆说："古有得前代符宝君臣动色矜耀侈为瑞现者。我太宗文皇帝时获蒙古所传国玺。容而纳之，初不籍以为受命之符。由今思之，文皇帝之臣服华夏、重统万世，在德耶？在宝耶？不待智者而知之矣。"这段话显然有悖史实。其目的有两点，一为美饰祖宗，二为其作伪开脱责任埋下伏笔。

凤凰楼制诰之宝于光绪初年与其他宝玺一起被转移到敬典阁。光绪二十六年（1900）沙皇俄国侵略军进逼盛京，盛京将军增祺在朝廷授意下，把包括凤凰楼制诰之宝在内的太宗"十宝"、历代圣容、行乐图、御刀以及金条等物，转移至热河行宫，从而导致这件伪"元传国玺"至今下落不明，如果尚存，可能收藏在北京故宫。

# 香妃身世之谜

有关香妃的传奇故事，经过世人多年的讲述以及发挥，绘声绘色地加以渲染，并在民间广为流传。在清朝的野史中，香妃是一个极富传奇色彩的女子。然而，真实情况至今不明，仍是一谜。

在满清宫掖之中，皇帝拥有满、蒙、汉等族美人以组成皇后、皇贵妃、贵妃、妃、嫔、贵人、答应、常在等八个级位，乾隆后宫40多个佳丽中又添进回部之妃，她就是荣（容）妃，即民间广泛流传的所谓香妃。据说她艳丽多姿，美貌绝伦，身有奇香，所穿衣服洗涤之后，连水都是芬香扑鼻。可这位端庄的维族女，却被一些文人墨客涉猎为传奇对象，肆无忌惮地进行歪曲，绘声绘色地加以渲染，以致面目全非，无稽至极。有关香妃的传奇故事，经过多年的讲述以及世人的发挥，渐渐地完整了，并在民间广为流传。就在香妃传说被传得沸沸扬扬时，著名的史学专家孟森教授于1937年经过考查，得出香妃就是乾隆皇帝的容妃的结论。但因为出示的证据不够充分，与传说中的香妃形象有很大的差别，因此人们对此事也是半信半疑。直到1979年10月，遵化清东陵文物保管人员偶然找到了容妃的地宫，其中出土一批残碎物品。考证这批物品，并和传世的史料相对照，可以证实孟森教授所说的"香妃就是容妃"的结论是正确的。

然而，现实中的香妃是怎样的呢？

雍正十二年（1734）九月十五日，容妃出生于新疆伊斯兰教白山派教祖玛木特素甫的后裔家里，世代居住在叶尔羌，其族称和卓（亦称霍卓），因此称为和卓氏。由于对容妃童年、少年时代没有详细的记载，因此关于她在这一阶段的情况世人并不了解。史书记载，和卓家族经受了种种灾难。她的父亲阿里和卓曾带着家人在伊犁流浪，为准噶尔汗开垦荒地、放牧。容妃来到这个世间的时候，她的家族正处于苦难之中，她就在别人的屋檐下度过了童年和少年时期。

就在容妃16岁那年，准噶尔部落爆发了争夺汗位

明黄缎绣五彩金龙盔甲　清乾隆。上衣长76厘米，下裳长70厘米，盔高31.5厘米，径21厘米。清宫旧藏。

的内讧。乾隆帝派部队到准噶尔，把内讧问题解决之后，南疆又由于失去教主统领，内部即将爆发战争。乾隆帝决定用宗教维持民心，让和卓家继承教主地位，这样情况才算有所缓和。容妃一家虽然还是住在伊犁，但与霍集占共同管理穆斯林，地位提高了。这一年容妃21岁。她与霍集占事实上是远亲也就是堂兄妹，并不是传说中的香妃和霍集占是夫妻。

和卓家族重建家园后，霍集占煽动他的哥哥博罗尼都背叛清廷。兄弟两称大小和卓，传檄南疆各城主，发起了所谓的"圣战"。一时间，南疆硝烟滚滚，大有席卷中原之势。乾隆二十三年（1758），乾隆下令伊犁将军率兵抵达南疆，由于急于攻城而冒险前进，差一点就全军覆没，多亏容妃叔父额色伊、哥哥图尔都包抄霍集占的后路，伊犁将军兆惠才得以逃脱。乾隆二十四年（1759）八月，平定了南疆叛乱，战报到京师，乾隆非常高兴，让有功人员进京觐见。乾隆二十五年（1760）二月初，容妃来到京城，和叔叔、哥哥在新建的回子营中生活。乾隆在接见和卓家族时见到了容妃。不晓得是因为容妃长得太迷人了，还是因为有政治目的，总之，乾隆帝在见过容妃后就决定将她接入宫中。攀上皇亲，对和卓家族自然是一件大大的喜事。二月初四这一天，容妃穿着回部服装，跨进了庄严神秘的紫禁城内宫。乾隆帝破例封她为贵人，她成为乾隆帝唯一的一位回部妃子。这年，容妃27岁，而乾隆刚好进入"知天命"之年。按照汉族的习俗，27岁的容妃显然已经过了风华正茂的年龄，但由于和卓氏遍体生香，乾隆立即封她为贵人。这一年六月，福建巡抚吴士功进献的荔枝树结了荔枝，这种南方生长的果树在北方结果，甚为少见。乾隆为了讨好这位回族新娘，将荔枝赏给她吃。乾隆二十七年（1762）五月，乾隆升和贵人为容嫔，同年晋升容嫔的哥哥为辅国公。乾隆三十一年（1766），那拉皇后去世，乾隆很想升和卓氏为皇后，但因为历朝没有回部女子做皇后的，怕太后和大臣们的反对，乾隆通过多多的赏赐来提高她的地位。乾隆三十六年（1771），乾隆游历泰山，又赏和卓氏回子饽饽等50多种食物。乾隆四十三年（1778），乾隆帝东巡时，同往的六位妃子当中，容妃即已经名列第二。以后，在圆明园宴饮中，容妃已经被升居西边头桌首位，在乾清宫内的万寿大宴时，容妃已经升为东边第一桌第二位。后来乾隆帝还为容妃在皇宫居住处筑宝月楼让她居住，还写了许多宝月楼的诗，表达对容妃的宠爱和"安西系远情"即维护祖国统一和民族团结的情怀。从乾隆五十二年十月开始，史书上就有了有关容妃的事迹。不过非常令人遗憾，这些记载并不是容妃身体健康、安然无恙之类的记载，而是说她病中的。乾隆五十三年（1788），容妃病逝，乾隆痛哭不已。死后以妃礼入葬。因她是信仰伊斯兰教的，因而在她的棺木上特地刻上了《古兰经》的经文。清朝皇帝的妃子本来是满、蒙、汉族都有，但乾隆有后妃36人，只有一名回妃。《中国野史大观》上记载香妃在宫中身藏匕首，最后遭到太后的赐死，与事实不符。容妃死后葬在遵化的清东陵也是确实无疑的。传奇性的故事并不是也不能真正地代替历史，那么关于香妃的传说是什么人编造的呢？编造这一传奇故事的用意何在？这些仍然是未解之谜。

# 清乾隆帝南巡之谜

清高宗乾隆是清帝国鼎盛时代的一位有为之君，是中国历史上实际执政时间最长的皇帝，他继承其祖先康熙、雍正的基业并将之发扬光大。在其执政的60多年间，曾先后六次下江南巡视，把南巡作为加强专制统治和发展经济的一个重要措施。乾隆是民间传闻最多、被文艺作品演绎最多的皇帝，他的六下江南被影视剧津津乐道，戏说成分十分浓烈。

乾隆帝曾经六下江南，这是他一生各种巡幸活动中最为引人注目和津津乐道的话题，也是他本人当初最为欣慰而在事后又深表忏悔的一桩大事。乾隆南巡从1751年开始，至1784年结束，历时33年。其中前四次带了皇太后、皇后和众多妃嫔，兴师动众，随同的王公大臣、章京侍卫官员等达2500多人，巡幸的船队有1000多艘，首尾相接，旌旗招展。每次南巡前，都有周详的计划，派出官员勘察沿途道路，修桥铺路，修葺行宫。各色人等及船只都要预先回避，沿途各处派兵守护。巡幸所经过30里外的地方文武官员都要着朝服前来接驾，一切供应极尽铺张豪华。乾隆花费了大量的精力组织这样的南巡，其目的是什么？

有人认为，六下江南的目的是"艳羡江南，乘兴南游"。难道真和电视连续剧中戏说的相一致？乾隆是太平之君，习于骄奢，而当时的江宁、扬州、苏州、杭州等城市相当繁华，经济发达，而且江南风景优美，江南名胜甲天下，乾隆是以闲情逸致去"眺览山川之佳秀，民物之丰美"。如果详细看一下乾隆六次南巡所走的道路，发现他都是沿运河南下，经扬州、镇江、常州、苏州、再到达杭州，然后折回，绕道江宁，他喜欢的地方往往是江南最富裕的地方、人杰地灵。如果纯是为了国家大事进行南巡，他也不会带了皇太后、皇后一起下江南了。在第四次南巡结束后，他对东南地区的大臣说，圣母年纪已经很大，而到江浙要经历数千里路程，住宿也很麻烦，"非所以适颐养也"。南巡对皇太后来说是颐养天年，那么对乾隆来说是领略风光也完全讲得过去。实际上当时的一些大臣也是这样认为的，如当时有人上谏疏，希望皇帝明年不要巡幸索约勒，因为"索约勒非江浙胜地可观"。标榜自己主要是为了工作而去南巡的乾隆大为恼怒，批驳说："你的这句话十分荒诞。且南巡之举，难道只是为了游览山水这样一件娱

乾隆皇帝射猎图

乐活动？上年朕沿途巡视，主要是为了解民间疾苦，疏泄河道，今年农业大丰收，你难道看不到吗？"

另有传闻，说乾隆到江南是为了查清自己的身世。乾隆南巡往往到达杭州后回转，实是他只想到海宁去。从第三次南巡起，后四次巡视乾隆均住到海宁陈元龙的儿子陈邦直的家里，升堂详问家世。传说乾隆是海宁陈氏所生，雍正帝将自己生的女儿与陈氏家的儿子对调了一下，男孩就是后来的乾隆帝。这一说法多少有点牵强，虽在民间大有市场，但与史实有较大出入。询问了陈氏祖先的情况，就怀疑起询问者是被询问者的后裔，这样的推理前提和结论之间是没有必然联系的。

大部分人认为，乾隆南巡的目的其实不是单一的，他六下江南的活动，除游览名胜外，还着眼于社会政治、经济等国家大事。乾隆十四年（1749）十月五日，乾隆正式决定要巡幸江南，然后他谈了一番要巡幸江南的理由，主要有：要了解江南军事、政治、河务、海防情形及闾阎疾苦；心慕圣祖康熙南巡受到百姓夹道欢呼的盛况，他也要领略一番受万民欢呼拥戴的风光；奉皇太后游览江南秀丽山川，睹丰美民物。

从乾隆南巡的实际来看，他主要是着眼于安定社会、笼络官绅、维系民心。他南巡时，蠲免了江苏、安徽等省积欠的地丁钱粮数千万两。他关心文教，选拔人才，量授官职，特命增加江浙地区府州县学岁试文章录取名额，对巡幸各地现任及退休的官员普遍加恩。为了安定社会、笼络汉族士商，他还察访吏治民情，惩办贪官污吏，督察黄淮河务，兴工修筑海塘，赈济灾民，整饬军旅，等等。

从乾隆南巡的主要活动看，其治国谋略还是用了许多心思的，施政措施的确也缓和了朝廷与江南汉族士人之间的局部社会矛盾。不过六次南巡所花费的开支达2000多万两，靡费之大、时间之长、动用人力之多都开创了新的纪录，可以认为南巡在清王朝开了政治腐败的先河，这大概是乾隆自己也没有意识到的。


# 和珅受宠之谜


据说和珅"少贫无籍"，科举仕途坎坷。然而，从乾隆四十年（1775）算起，至乾隆四十五年，仅仅五年时间，竟有十次升迁，真正可以算得上火箭式的升迁轨迹。至于他为何受到万千恩宠却有不同的说法，但都只是推测，至今尚无定论，成为未解之谜。


中国自古以来，有作为的明君屈指可数，乾隆帝是其中较为突出的一个，但令人奇怪的是，在这样的一个贤君身边，竟时刻跟随着一个奸臣，这个奸臣

金释迦牟尼像　清乾隆。
通高96厘米，重38400克。
清宫旧藏。

就是和珅。然而为什么这样的奸臣会受到乾隆的无比宠幸呢？

在清朝官方的记载中，和珅起自贫寒。所谓"少贫无籍，为文生员"。然而，从乾隆四十年（1775）十一月起，和珅蒙受乾隆皇帝赏识青云直上，在官场上出现一系列令人眼花缭乱的升迁：

乾隆四十年十月迁乾清门侍卫；十一月，升和珅为御前侍卫，并授他为正蓝旗副都统。乾隆四十一年（1776）正月，授和珅户部右侍郎；三月，命和珅在军机处上行走；四月，授和珅内务府总管大臣，为皇帝理财；十一月，命其充任国史馆副总裁，赏戴一品朝冠；十二月，令和珅总管内务府三旗事务，并赐其享受紫禁城内骑马（一般官员要在65岁以上，经个人申请并得到批准才可享受这一待遇，而和珅此时年仅26岁）。乾隆四十二年（1777），命和珅兼任吏部右侍郎。乾隆四十三年（1778），和珅又兼步军统领，监督崇文门税务。乾隆四十五年（1780）是和珅最春风得意的一年。这一年，他口衔帝命赴云南查办总督李侍尧贪污案，晋户部尚书兼议政大臣，同时兼御前大臣，补镶蓝旗满洲都统，授正白旗领侍卫内大臣，充《四库全书》馆正总裁，兼办理藩院尚书事务。同年五月二十日，乾隆又特下谕旨："尚书和珅之子赐名丰绅殷德，指为十公主之额驸，赏戴红绒结顶、双眼孔雀翎，穿金线花褂，待年及岁时，再派结发大臣，举行指婚礼。"

从乾隆四十年算起，至乾隆四十五年，仅仅五年时间，竟有十次升迁，真正可以算得上火箭式的升迁轨迹。

和珅受乾隆长久宠爱，民间和宫廷有许多传说。其一说是与和珅的长相和身世有关。据记载，在乾隆帝还是宝亲王的时候，曾钟情于马佳氏，而这位马佳氏正是雍正皇帝喜爱的妃子。宝亲王时年17岁，情窦初开，常在没人的时候和马佳氏调笑。一天，不知为何，马佳氏误撞宝亲王的眉际，被皇后看见，皇后以马佳氏调戏皇子为名，下令将马佳氏在月华门处死。宝亲王听后，流着泪到月华门前，此时的马佳氏已经奄奄一息了，宝亲王便放声痛哭道："是我害了你。"说罢又咬破自己的指头，滴一点血在马佳氏的脖子上，并说："我今世不能救你，来世以红痣相认。"这时，马佳氏流了两行热泪便魂归西天了。宝亲王又仔细端详了马佳氏的脸颈，并吩咐宫女好好地葬了马佳氏。后来日子久了，这件事就渐渐地淡忘了。有关此事又有另一说法，说是乾隆还是皇子时的一天，他偶入后宫，看见一妃子正在梳妆，那如云的秀发，婀娜的身姿，把情窦初开的乾隆看得怦然心动。他忽然迅速地从妃子的身后用自己的两手捂住了她的眼睛，同她闹着玩，妃子不知道是太子弘历，大为惊慌，就拿着梳子向后打去。正好打中了乾隆的额头，乾隆负痛才松手而去，可额头上留下了一道伤痕。第二天乾隆进宫向母后请安时，额上的伤痕被母后发现，母后再三追问，乾隆只得如实回答。雍正皇后听后"大怒"，怀疑是妃子调戏太子，"立赐妃死"。乾隆懊悔万分，迅速赶往妃子的住处，到那里后看见妃子已经上吊，气息马上就要断绝了。乾隆立即用手指在妃子娇嫩的脖颈上按了一个红印指痕，并哭着说是我害死了你，如魂魄有灵，二十年后再来相聚，当以此为凭。

二十年后的一日，已成为乾隆皇帝的弘历驾临圆明园，偶然遇到和珅，见他唇红齿白，恍惚间觉得似曾相识，回宫后仍念念不忘，便反复回忆少年之事，忽然忆起和珅的外貌与已故妃子十分相似，便立刻秘召和珅入宫，又发现和珅的脖颈也是白嫩如豆腐一般，而且上面朱红的指痕宛然尤在，乾隆不禁暗自吃惊，确认和珅定是妃子的后身。据说和珅酷似马佳氏，尤其是颈上有一颗鲜红的血痣。因此，和珅被乾隆认为是马佳氏再世，开始受到万千的宠爱。御书房是乾隆与和珅休息的地方，和珅能做出百般的妩媚样子，使乾隆更加相信和珅就是第二个马佳氏。而且，据考证，和珅所居住的王府中有一条地道可以直接通往皇宫，据说和珅每次就是通过这条地道，直接到达皇宫与乾隆幽会的。笃信佛教、信奉生死轮回的乾隆从此以后便在和珅身上广施恩德，来报答"妃子"。这也就是说，由于当年的皇子弘历因对自己所爱的人爱莫能助而负情于她，而几十年后皇权在握能呼风唤雨的时候到来之后，把这种负疚的心情倾泻到长相与当年的妃子酷似的和珅身上来，或许是以此来弥补当年的愧疚，并求得心理上的平衡。在乾隆皇帝这种微妙心理的支配下，和珅平步青云，终于成为一人之下、万人之上的乾隆朝第一权臣。佛教轮回说似乎奠定了和珅的前途。

也有人据"宠妃转世"说进而认为和珅获宠很可能是因为乾隆与他有同性恋所致。因为和珅本身长相俊美，又酷似当年乾隆所喜爱而调戏过的妃子，同时乾隆又是一个出了名的风流天子，因此二人之间或有同性恋亦未可知。不管怎样，"美人转世"之说，"君臣同性恋"之说，等等，都不足以解释乾隆皇帝与和珅关系为何如此亲密。而这几种传说之所以广为流传，也足以反映出人们对和珅骤然得宠的困惑，试图解开和珅发迹之谜。

还有人认为这些与和珅对乾隆"言必称臣，必曰奴才，随旨使令，殆同皂隶"，善于揣度乾隆的心思有关。

据《朝鲜李朝实录》的记载：和珅在贵为大学士之后，也像当年做御前侍卫那样恭谨用命，"皇帝若有咳唾之时，和珅以溺器进之"。比起那些正人君子的大臣来，和珅连仆役下人的活都能干，皇帝怎么能不喜欢这样的奴才呢？有人认为，是因为有名的"乾隆下江南"就是和珅鼓动而成的。一次，主仆二人说起江南秀丽风光，繁华都市，乾隆帝道："朕也想重游江南。但顾虑南北迢迢，劳民伤财，朕所以未决。"和珅道："圣祖皇帝六次南巡，非但未招致民怨，反而被颂为圣君，可见自古巡览就是服典。但凡圣君，道本相似，何况国库殷实，金银充足，区区巡游不会耗费多少库银。"和珅这一席话，正好逢迎了乾隆仿效先祖、学尧舜的喜好，乾隆遂降旨预备南巡。和珅亲自为皇上监督龙舟等南巡的设施等，华丽奢侈之极，库银由和珅流水一般挥霍掉了。而和珅却因此更加得到乾隆的宠幸，被升为侍郎。这种观点认为，和珅论文论武，都没有什么才能，只是因为他善玩心理战术，逢迎皇上开心，才受到乾隆的恩宠。和珅以各种各样的名目和理由进行搜刮，所以乾隆不愁没有银子花，而和珅也被更加地宠爱。

事实的真相究竟如何？和珅到底由于什么原因而受到万千的恩宠？这些君臣之间的故事只能留给后人评说了。

# 纪晓岚与和珅结怨之谜

纪晓岚是中国历史上著名的一代文宗，他以真才实学和幽默风趣机敏的言谈传世，而和珅也凭借其口齿伶俐、办事机敏、善于应变的能力著称。两人同为乾隆的宠臣，然而却积怨至深，何故？

和珅生于乾隆十五年（1750），为满洲正红旗人，凭借其口齿伶俐、办事机敏、善于应变的能力以及他儒雅的外表深得乾隆皇帝的宠爱，仅在乾隆四十一年（1776）之中，他连续升官，平步青云，独擅朝政二十年。纪晓岚生于雍正二年（1724）六月二十五日，是中国历史上著名的一代文宗。纪晓岚以其真才实学和幽默风趣机敏的言谈博得乾隆皇帝的喜爱。这样的两个人本来互不相干，却积怨至深，何故？历史上对其有着不同的解释说法，主要有如下几种说法：

一为"竹苞"说。

有一年，和珅恰好改建府第，营造花园。和珅有意炫耀，在花园中建造楼台亭阁、假山溪水、奇花异草，应有尽有。为装点门面，又求名人题字题词，汇集名家书法。纪晓岚文才当时已名满京华，和珅自然也想到了他，请他为凉亭题匾额。

讽刺和珅的机会到了，但纪晓岚不动声色，热情接待和珅，并感谢他对自己的垂青。郑重其事地为花园的凉亭题写了"竹苞"两个大字。

有一天，乾隆皇帝想起了和珅刚盖好的新宅，于是萌发了要去看一看的念头，便来到和珅的新宅。乾隆皇帝在庭院里参观，忽然走到凉亭前站下，乾隆望着那块"竹苞"匾额，微笑着问道：

"和爱卿，此匾额是谁题写的？"

"回皇上，是纪大人所赠。"和珅回答。

乾隆大笑起来，他笑完之后停了一会儿，说："是呀，只有纪昀才能用这种方法和手段来嘲笑你……"

纪晓岚

　　和珅心里一惊，茫然地问道："请圣上明示，奴才确实不理解'竹苞'二字如何解释。"

　　乾隆又笑着说："这块匾的字，你应该拆开来讲，竹字拆为个个，苞字拆开为草包，意思是说和珅家的人，个个是草包，哈哈哈，这个纪昀啊。"自此以后，和珅这个专会奉承的权臣跟纪晓岚结下了怨。

　　一说为"河深"说。

　　有次乾隆出行，由和珅、纪晓岚等人相陪，乘船沿运河南行，后来到一处河道众多的河口。在一条小河的入口处，两块岩石被水浪冲成许多小穴，人们叫它"浪窝"，但那时人们缺乏常识，在民间广泛流传着一种说法，说那些浪窝是乌龟的寄居之所，说得通俗一些就是"王八窝"。乾隆在船上看这里浪窝很多，有些奇怪，便问身边的纪晓岚：

　　"这两岸的坑穴，是些何物？"

　　纪晓岚正想为皇上解释，和珅却在一旁答道：

　　"圣上，这是纪学士的老家呀！"

　　这是和珅戏弄纪晓岚，将那些"王八窝"说成是纪晓岚的老家，也就是骂纪晓岚是王八。然而乾隆不知道民间有关的传说，没有听出这层意思，见和珅多言，又是答非所问，便让和珅别乱说。而纪晓岚很清楚和珅的意思，便对乾隆皇帝说：

　　"启禀万岁，这穴窝密集的地方，便是河深的地方。"

　　乾隆还不明其意，问："何以见得？""河深"与"和珅"二字音同。纪晓岚又接着说："此段河水暗绿，波大浪多，惊涛拍岸，形成诸多浪窝，自然是河深的地方。"乾隆觉得言之有理，但和珅却吃了个哑巴亏，怀恨在心，至此，和珅与纪晓岚便结下怨恨。

　　和珅虽也不乏机智、幽默与才学，但他深知自己在这方面不是纪晓岚等人的对手，因此在一些舞文弄墨或比试学问的场合，和珅则多是以包羞忍辱、甘拜下风的尴尬局面收场。和珅随驾泰山，因卖弄不成而现丑是有关这方面民间流传的又一个故事。

　　乾隆乙酉年是乾隆登基三十周年，时值风调雨顺，天下太平，乾隆皇帝高兴万分。他想，古代有作为的帝王如秦始皇、汉武帝等，都举行过封禅大典，用以显示自己统治英明，天下太平，江山稳固，也因此为后人所称颂。他乾隆皇帝也取得了这样的成就，而且统治的疆域远远大于秦皇汉武之时，为何不可以搞一次封禅大典呢？所以这年初秋，便率领文武大臣到泰山行封禅大典。

　　所谓封禅，是皇帝主持的最隆重的祀天大典。筑坛于泰山之顶以报天功，称为"封"，于泰山下小山除土以报地之功，称为"禅"。由于此礼极其神圣，各个朝代并不常举行。据说上古有72位君王曾禅，秦以来也只有秦始皇、汉武帝、东汉光武帝、唐高宗、唐玄宗、宋真宗等少数几个君主举行过。不少君主也曾憧憬于封禅之功，但未能实现，毕竟不是任何一位帝王都有资格和能力封禅的，稍有天变、灾荒，就可破坏必须具备的社会祥和、帝王圣明这一条件。乾隆封禅的队伍进得济南府后，歇息二日，饱览这里的湖光水色。济南城内泉水众多，家家流水，户户垂杨，碧波荡漾，风景秀丽。皇上住在大明湖西侧的花园，这是济南第一庭园，古木苍翠，曲水虹桥，幽静典雅。乾隆皇帝这天游兴很浓，便叫纪晓岚、和珅伴驾游湖。

君臣三人乘小船到了湖心历下亭。历下亭建于北魏，朱梁画栋，壮丽轩昂，纪晓岚随皇上在历下亭里，欣赏周围的景色。只见宽阔的湖面上，阔大的荷叶随风摆动。岸边绿柳婆娑，楼台亭阁，掩映其间。四周景物倒映在湖水里，看得清清楚楚，不禁为这里的景色陶醉了。

忽然间，乾隆皇帝问道："这个亭子历史悠久，风景佳绝，可曾有文人骚客所做诗文？"和珅想讨好皇上，马上应声说："有……"

乾隆皇帝和纪晓岚等着听他的下文，谁知和珅张口结舌，说到这里没有下词了，眼睛眨巴了半天，也没有想起一句诗来。

纪晓岚却答道："臣早年读《杜工部诗集》，记得杜甫有诗题为《陪李北海宴历下亭》，其中有两句，曰：海右此亭古，济南名士多。""好！好！"乾隆皇帝连声称赞，和珅在旁羞得满脸通红。

济南是有名的"泉城"，泉水众多，金代曾立泉碑，列举了72处有名的泉水，其中最吸引人的当数趵突泉、黑虎泉和珍珠泉了。趵突泉主泉分为三股，喷高三尺有余，状如三堆白雪。黑虎泉从三个石雕的虎头中喷出，如三股瀑布，水声喧腾，如虎啸风吼。珍珠泉清碧如翠，当中冒出一串串白色气泡，像喷出万颗珍珠，千姿百态，让人赏心悦目。乾隆君臣游历于湖光水色之间，兴致盎然，一边观赏，一边品评。

乾隆皇帝问起二位侍臣："常说济南有四大名泉，朕今日看了三泉，尚有一泉，叫什么名字？"

纪晓岚答道："如果微臣记得不错的话，那就是金线泉了。"

"对，对！"乾隆皇帝点着头，"你可曾到过那里？"

"臣尚未去过。只是初到之日，臣向府尹要来一部济南府志，看了上面的记载。"纪晓岚答道。

"好，好！你勤勉上进，实属可嘉。"乾隆皇帝夸赞道。

和珅在一旁听着心里酸溜溜的，自己肚里的墨水，自然比不过翰林出身的纪晓岚，但让他生气的是这个纪才子也太不留情面了，你只要说声记不起来了，不就完事了吗？免得在皇上面前显着你们都有学问，就我和珅无知浅薄，如此等等。

纪晓岚的嬉笑怒骂融于他的文字当中，使得和珅因此对纪晓岚怀恨在心，也常常寻找其他的机会予以报复。

# 嘉庆继位之谜

乾隆长寿，多妻多子，嘉庆排行第十五，很长的一段时间里，他在人们的心目中是一个不显眼的十五阿哥。而他却在日后登上皇帝宝座，得以承继祖辈叱咤风云的事业，却是人们始料不及的。关于他的继位也有不同的说法。

乾隆二十五年 (1760) 十月初六日凌晨，清王室的又一位皇子诞生于御园之天地一家春，他就是后来受禅嗣位、对清代历史有一定影响的嘉庆帝。

在乾隆诸子中，嘉庆排行第十五，很长的一段时间里，他在人们的心目中是一个不显眼的十五阿哥。他在日后登上皇帝宝座，得以承继祖辈叱咤风云的事业，却是人们始料不及的。

首先是行次问题，这对于承继帝位是至关重要的。乾隆共有十七个儿子，而嘉庆却排在第十五位。这个行次，无论怎么算都是靠后的，如果按照汉族历代王朝传统的建储法，凭这一行次要想登上皇帝的宝座，其希望实在是微乎其微，除非是发生了某种特殊的事变。当然，满族有满族自己的规矩，清王室在承继帝位问题上，并没有完全遵循汉族王朝的框框套套，事实上清太宗皇太极、清世祖福临、清圣祖玄烨、清世宗胤禛、清高宗弘历的继位，都不是由于居长、居嫡所致。但也不能因此得出结论说，居长居嫡在清代帝位继承上无关紧要，只不过是清王室并没有把这个问题绝对化而已。其中也有实力的问题，如皇太极虽说是努尔哈赤的第八子，却凭一人独掌两黄旗的雄厚实力，压倒其兄代善、莽古尔泰等而继承汗位；有两强相争，第三者得利的，如年仅6岁的皇九子福临，在皇太极死后，由于多尔衮和豪格两强相争不下，才得以被拥戴为帝；有直接参与争夺的，如康熙的第四子胤禛的继位；也有某种偶然性因素起作用的，如玄烨之受祖母孝庄皇太后的喜爱，弘历则因几位兄长或早逝、或品行不端而得获帝位。

现在再回过来看看嘉庆的处境。在他出生之前，乾隆已经有过十四个皇子，但说来也怪，这些天之骄子并没有获得上天的特别眷佑，其中大部分是"天命不济"，十四位兄长竟有八位过早夭折，卒年大的只有二十五六岁，小的仅有几个月，这种情况对于嘉庆是"祸"是"福"关系甚大。又因为乾隆立嫡的观念，较之乃祖康熙更是有过之而无不及，所以有关嫡子的情况，就显得更为重要了。

清·嘉庆皇帝颙琰

乾隆嫡子有二。其一是皇次子、嫡长子永琏，生于雍正八年（1730）六月，生母是当时的嫡福晋、其后的孝贤纯皇后富察氏。据说这位正宫娘娘为人贤淑，性尚恭俭，"平居以通草绒花为饰，不御珠翠。岁时以鹿羔绒毵为荷包进上，仿先世关外遗制，示不忘本"。所以乾隆对她甚是宠爱，再加上喜得嫡子，于是母子二人在宫中所处的地位，除乾隆生母孝圣皇太后外，其他任何人都是无法与之相比的。只是由于他没有福气，只活了9岁，在乾隆三年（1738）十月病死了。乾隆的第二个嫡子，是皇七子，生于乾隆十一年（1776）四月，只活了一年零八个月，于乾隆十二年（1747）十二月因出痘去世。两位嫡子的早逝，使乾隆立嫡的愿望受到了沉重的打击。乾隆十三年（1748），皇后富察氏去世，使乾隆的立嫡想法完全绝望了。

嘉庆先后有八位兄长早逝，对于他日后的嗣位，无疑是关系甚大。嘉庆出世时，按顺序虽说"升"到了第七位，但其嗣承大位的希望，仍是微乎其微的。事态将如何发展，就得半靠机遇、半靠自我奋斗了。

嘉庆在初时之所以不大显眼，还有另外一个重要因素，就是生母后台不太硬。在封建时代，一般来说是"母凭子贵"，但反过来说，母亲的地位及影响有时也对儿子的命运和前途起着决定性作用，这在宫廷生活中是屡见不鲜的。他的生母魏佳氏，既无特殊的本领，又无任何特殊的背景。她的父亲清泰，只是个不入传的内管领，其家本属汉军，其后才入满洲旗。魏佳氏入宫后，也只是个很一般的贵人，直到乾隆十年（1745）才封为令妃，这与同时期众多的后妃相比，显然是低格的。嘉庆在长达36年的皇子生活中，从来未有提督师旅、征战四方，因而谈不上有什么战功；也从未督官临民、治理政务，自然也谈不上有什么政绩；就连乾隆十分频繁地巡游天下，除每年例行的秋狝木兰外，嘉庆侍随的机会也屈指可数。所以无论从哪一个角度看，皇子时代的嘉庆，确实是一位不大显眼的十五阿哥。

清朝前期的皇帝，在继位之前都有不同的经历，大体上有以下几种类型：

一是清太宗皇太极，他过的是戎马生涯，无论在称帝前还是在称帝后，都在统帅八旗，奋战疆场。他的皇子时代，可说是除了战斗还是战斗，这是当时的历史条件所决定的。

二是世祖福临和圣祖玄烨，他们都是幼年承继大统。福临即位时年仅6岁，玄烨即位时也只有8岁，所以他们的皇子生涯，既短促又简单，他们的才干与智慧，都是在做了皇帝之后才表现出来的。

三是世宗胤禛，他的皇子时代特别长，直到45岁才得以继承帝位。其活动内容也相当广泛，有学习生活、随帝巡视、参与军政决策、督师从征、审理案件等，但更多的是直接参与争夺帝位的斗争。而所有这些活动，对于日后称帝都是很有帮助的。

四就是高宗弘历了。他的皇子时代，与上述诸帝大不相同，基本上是过着书斋生活，嘉庆帝和高宗弘历的经历很相似。30多年的书斋生活，虽说是漫长的，但对他来说却是十分有益的。嘉庆相当聪敏，就拿读经来说，6岁入学，

13岁即通五经，这就很不简单了。难怪乾隆在他通经后的第二年，即乾隆三十八年（1773），就密建家法，把他内定为皇储，又是祀天，又是祭祖，祈求皇天保佑这位刚满14岁的嗣君。可以这样说，嘉庆之得以嗣承大位，很大程度是他自己克勤力学、涵濡德义的结果。是皇子，就有嗣位的希望，不过要把希望变成现实，还得半靠机遇、半靠自我奋斗。

嘉庆的奋斗并不像乃祖雍正。他不要权谋，不靠残酷的争夺，而是靠自己的品行、德性和学识，在自然的静态中，慢慢地赢得了父皇乾隆的赏识。此外还得靠更多的机遇，而这种机遇，他也是有的。嘉庆得以嗣位，除了他自身的条件外，其外部条件，特别是诸兄弟情况的变化，实在是太重要了，也是太富传奇性了。他是在乾隆三十八年被秘密箴名、内定为储君的，当年他只有14岁。直到乾隆六十年（1795）九月，才被公开宣布册立为皇太子，而这时的嘉庆已是36岁。这段令人寻味而又捉摸不定的时间，也实在是够长的了。

乾隆六十年九月初三日，乾隆帝御临勤政殿，召皇子、皇孙、王公大臣等人见，宣示恩命，正式册立皇十五子、嘉亲王为皇太子。定于明年（1796）正月元旦举行授受大典，禅位于他，改元为嘉庆元年。嘉庆对此既有点预感，又确实有点意外，其表现是既惊俱，又欣喜。

嘉庆从准备在"昧余书室"中"了此身事"，到静悄悄地成了乾隆内定的储君；又从内定储君成为公开的皇太子，成为即将受禅嗣位的嘉庆帝，经历了很多的曲折，以至于有很多人对此存有怀疑。

# 嘉庆遇刺之谜

历代王朝在位的皇帝，在警戒森严的宫禁内遭遇刺客行刺的实属少见，清王朝的嘉庆皇帝却遇上了。是嘉庆皇帝为人施政的不善，还是另有缘故？是一次意外的个人行为，还是一次有组织、有预谋的行动？仍是一个值得探讨的历史之谜。

嘉庆八年（1803）闰二月二十日，嘉庆帝谒陵返京，正准备进宫斋戒，乘轿经神武门，将要进入顺贞门时，突然西厢房南山墙后有一刺客陈德一跃而出，持小刀冲向嘉庆所乘小轿。当刺客冲至近前时，御轿已过顺贞门，刺客的行动慢了半拍，而嘉庆帝本人并没有看到陈德行刺的具体情况，所以这次行刺对嘉庆帝来说，可以说是有惊无险。他是在进了顺贞门后听到外面人声喧杂，吓了一跳，忙派内差出问御前大臣，才知有人行刺拒捕，吓出了一身冷汗。

原来刺客陈德带着年仅15岁的长子陈禄儿预先进入东华门，穿过东西牌楼，从西夹道绕至神武门内。行刺时，守卫在神武门、顺贞门之间东西两侧的侍卫等多达100人，他们大多被陈德这一突然而来的袭击惊呆了，一时不知所措，竟无人敢上前拦阻捉拿，只有近侍御前大臣定亲王绵恩首先奋力将陈德推却，袖袍被刺破。最终陈德终因寡不敌众，力竭被擒。陈德长子陈禄儿，虽然当时也在场，但想不到发生了这种事，只在旁哭叫不已，事后竟能逃回家，随即被捕。由此可见当时警卫的松懈、混乱。

这一事件对清宫来说是非常惊人的。乾隆二十

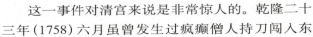

三年（1758）六月虽曾发生过疯癫僧人持刀闯入东华门的案件，但未对皇帝构成威胁。这次竟致危及轿前，欲刺杀皇帝，令嘉庆帝十分后怕和愤怒，他立即下令军机大臣会同刑部日夜严审。被擒人陈德经过酷刑审问，所供情节，出乎意料之外。

行刺者陈德，47岁，从整个经历看是个地道的城市贫民。陈德之父陈良、母曹氏曾典与镶黄旗人松年家为奴。乾隆六十年（1795）至嘉庆二年（1797），跟随镶黄旗包衣常索在内务府服役，帮助办送诚妃刘佳氏碗盏什物以及赴园、进宫时移载物件车辆等杂务。由此经常出入宫禁，熟悉宫内路径和各门情况。后来，陈德因个人的悲惨境遇而受到刺激，加上近几年时常胡思乱想，五次求签、两次做梦将来有"朝廷福分"。可见，由于生活的困苦巨变，神经已不甚正常，最终感到"实在穷苦难过，要寻死路"。"又想自寻短见，无人知道，岂不枉自死了"，当他闰二月十六日看到街上垫道，闻知嘉庆帝将于二十日进宫，于是把心一横"起意惊驾"，心想"犯了惊驾之罪，必将我乱刀剁死，图个爽快，也死个明白"，于是干出了行刺嘉庆帝的大案。

看来，陈德熟悉宫内外情形，准备很充分，但他跃出时慢了半拍，至嘉庆帝轿进了顺贞门才赶上来。但是，案件最后处理时，对是"起意惊驾"还是"蓄谋行刺"就不会区分得那么清楚了。在皇帝专制的封建时代，就是"惊驾"也是按"大逆"罪论死。陈德为了发泄民生痛苦的无奈，自己求死，连两个未成年的孩子陈禄儿、陈对儿也被绞死。民不聊生，嘉庆帝虽然为此自省失德，但封建社会此时腐败的政局以其个人意志又能转变多少呢？

至此，案情已经清楚了。但嘉庆帝不相信，随于次日添派满汉大学士、六部尚书会审。为了对付陈德一人，嘉庆帝竟把整个官僚机器都启用了，这是过去对付任何一个犯人所没有过的，所有的刑具也都用上了，然而，陈德的个人口供没有任何的变化。嘉庆帝一看，不可能会有什么进展了，如果硬要说是有人策划指使，反而会自乱阵脚，造成内部混乱，随即传旨将陈德处以极刑。

至于陈德为何要"起意惊驾"，还是行刺皇帝，从会审结论及嘉庆帝的批复看，均已倾向于纯属个人所为。但后来有关"受人指使"之说持续不断。至

清·嘉庆皇帝颙琰

于主谋者，一说是官员所为，一说是天理教早期策划的一次冒险行为。

陈案仅过一月，嘉庆帝便接到官员诚存的奏折称："在陈家内拾有匿名揭帖一纸，内称兴德保父子曾与逆犯陈德有过来往勾结等情。"但嘉庆帝并不相信揭贴所控，怀疑兴德保父子会有"党逆"之事，而认为诬告陷害之风会"累及无辜"，"必欲将控告之人究出惩治"。令传讯兴德保父子时不以犯人对待，应详讯与兴德保素有仇怨之人。

至于说陈德的行刺系天理教所策划，则为后来野史记载，如《清代外史》之叙《颙琰之遇刺》。萧一山所撰《清代通史》采信此说。而关文发教授在《嘉庆帝》一书中认为"此说只不过是一种附会，实难置信"。他举出陈德在嘉庆八年是在北京，根本没有去过山东金乡崔世俊家。林清是嘉庆十一年（1806）五月开始加入荣华会，崔世俊是在嘉庆九年（1804）加入离坎卦教的。嘉庆八年（1803）闰二月陈德"起意惊驾"时他们都还不是天理教徒，根本就不存在一个所谓"林清党"，陈德又怎能成为"林清党"的一员，而去执行"林清党"所策划的行刺嘉庆的使命呢？山东巡抚同兴如"确已究明了陈德系'林清党'"，是不敢"擅自以事属既往，善不入奏，而甘冒犯欺君大罪的风险"的。

但关文发教授所据为供词，嘉庆八年陈德是否去山东金乡，供者根本不知也是可能的。崔世俊当时没有正式入教，但参与秘密活动也不能排除。限于史料，说陈德行刺嘉庆帝为"千秋疑案"似不为过。

# 天理教攻打紫禁城之谜

清王朝在经历了所谓的"康乾盛治"之后迅速衰败，封建社会自身的种种劣根性暴露无遗。人民生活困苦，社会经济凋敝，封建社会的衰落不以人的意志为转移。天理教徒冲入皇宫，这是"汉唐宋明未有之事"，敲响了清王朝走向灭亡的丧钟。

嘉庆十八年（1813）九月十五日，北京城里发生了由天理教首领林清指挥的农民起义军攻打皇宫的大事件。这是对清统治者入主中原以来最大的，也是最沉重的一次打击，动摇了清朝的统治基础。

"康乾盛世"是清王朝的最繁荣时期，从嘉庆开始，清朝统治每况愈下，一代不如一代。正如《红楼梦》里所描写的那样："忽喇喇似大厦倾，昏惨惨似灯将尽。"社会危机日益加深，农民起义不断发生。天理教攻打皇宫，是农民群众在阶级斗争的舞台上演出的一幕威武雄壮的悲剧。

天理教又名八卦教，是白莲教的一个支派，活动在河北、山东、山西、河南一带，按照八卦图，分为八区组织教徒。信奉天理教的群众主要是贫苦农民，在北京近郊加入天理教者，除农民以外，也有奴仆、雇工、小贩、贫苦旗人、朝廷杂役，甚至下层太监，等等，群众基础极为广泛。天理教的主要组织者是河南的李文成和河北的林清等人。

嘉庆十七年（1812）十二月，李文成到河北黄村，密约明年九月李文成先在河南滑县发动起义，河南、山东、河北同时揭旗造反，共向京师进军；林清在北京城内起义，与李文成率领的义军里应外合，直捣北京皇宫，推翻清朝统治。滑县李文成起义提前发动，由于清兵的堵截拦阻，队伍未能迅速北上，而林清在北京对滑县之变一无所知，消息断绝，仍按原计划部署进行。九月十四日，200名教徒身藏武器，乔装打扮成商贩模样，潜入北京城内，与城里的教徒包括一些下层官吏和太监取得了联络。九月十五日，义军手持白旗，腰缠白布，兵分两路，向紫禁城进发。一路由祝现、屈五率领，直奔东华门；一路由李五、宋进才率领，扑向西华门。东华门一路虽有太监刘金、刘得才（两人均为天理教徒）接应，但因事机不密，被护军发觉，只有10余人进入东华门，其余逃散。西华门一路在太监杨进忠（天理教徒）的导引下，80余人顺利进入西华门。义军全部入宫后，杀死看守，关闭了西华门，一路冲入尚衣监、文颖馆，会集于隆宗门外（大门已关），同皇宫护卫军展开了激烈的战斗。皇宫墙高门坚，起义军搭人梯攀登城墙，弓箭手发箭掩护，飞箭如雨，"隆宗门"匾额上至今仍留着起义军所发的箭镞痕迹。这时形势非常危急，有的起义军已经冲到了皇帝的寝宫"养心殿"前，王公贵族、皇子、格格（公主）、后妃等无不抱头乱窜，狂呼怪叫，宫里一片混乱。直到这时，正在上书房读书的皇次子旻宁才接到义军闯入宫中的报告。旻宁急命内监速取鸟枪、腰刀，匆匆出门临敌。只见义军战士手执白旗，正由门外廊房攀上高墙，试图进入养心殿门内。旻宁见状，忙在养心殿阶下举枪射击，连续击毙两名义军战士。另有一种说法，说宫内太监与天理教义军相通，递给旻宁的枪弹并不是实弹，旻宁举枪射击，没有命中，发现鸟枪中装的是空弹，慌急之中，取下衣服上的铜扣，充作子弹击出，才将义军战士击毙。其余义军只好退下，不再翻墙。这时，闻讯赶来的清军陆续云集，大内才得以暂时安定。旻宁又果断地采取如下几项紧急措施：一、急草奏章，飞报远在围场的嘉庆皇帝，奏报事变情形。二、严命关闭禁城四门，令各路官军入宫"捕贼"。三、至储秀宫安抚皇母，嘱绵恺小心守护。四、亲自率领兵丁前往西长街、西厂一带访查。五、派谙达侍卫在储秀宫、东长街布置，以防不测。

狩猎用火枪

由于李文成率领的起义大军被清军阻击而未能按期赶到北京，所以攻打皇宫的天理教徒形成孤军奋战的不利局面。经过半天的激烈战斗，到了傍晚，起义军因为外援不期，敌我力量悬殊，被迫退出皇宫，攻打皇宫的斗争以失败告终。这次进入皇宫的天理教徒，英勇作战，打死宫廷侍卫护军40多名，打伤60多名。教徒牺牲21人，被俘41人。十七日在黄村等候消息的林清也被清军逮捕，同太监刘得才等7人一起被处凌迟极刑。

天理教攻打皇宫的时候，嘉庆皇帝正在热河行宫避暑，原来打算九月中旬在返京途中赴东陵谒祭，所以九月一日命皇太子、皇三子先还京城。嘉庆帝得到天理教攻打皇宫的报告以后，取消了赴东陵谒祭的安排，匆匆回京。十六日到京，十七日下了"罪己诏"，并且亲自处理善后事宜，凡有可疑的太监，有的被杀头，有的被拘禁，以亡羊补牢。皇次子旻宁因击败起义军立下大功，晋封智亲王。

河北起义军攻打皇宫失败以后，清政府全力镇压河南滑县李文成领导的起义军。嘉庆帝撤了镇压不力的直隶总督温承惠的职，改派陕甘总督那彦成为钦差大臣，统率直、鲁、豫清军开赴滑县，又命陕西提督杨遇春赴河北协剿，还调黑龙江、吉林的马队助战。调兵遣将，全面围剿义军，至十月中旬，滑县被四面包围。李文成率军突围，清军紧追不放，李文成因颈疾行动不便被清军阻截。起义军同清军展开了肉搏战，杀得清军血肉横飞。最后因寡不敌众，起义军首领刘国明壮烈牺牲，李文成也"举火自焚"。

李文成领导的天理教在中原地区的反清起义，尤其是河北的天理教群众攻打皇宫事件，是清统治者200多年来受到的最大的一次打击。嘉庆皇帝惊呼，这是"汉唐宋明未有之事"，"从来未有事，竟出大清朝"。

# 道光继位之谜

嘉庆二十五年，嘉庆皇帝壮年突然猝死。由此，关于道光继位的问题，官方的《清实录》与非官方史料记载存在着很大差异，有嘉庆帝死前就已宣示传位诏的说法，有太后懿旨传位的说法。总之，真相颇不明朗。

关于道光继位的问题，官方的《清实录》与非官方史料记载存在着很大差异，真相颇不明朗。

据清实录所载，嘉庆二十五年（1820）七月二十四日，"上至热河，圣躬不豫。诏城隍庙拈香"。二十五日白天，"上不豫。皇次子智亲王旻宁、皇四子端亲王绵忻，朝夕待侧。上仍治事如常"。但到了傍晚时分，突然"上疾大渐"，以至于"戌刻，上崩于避暑山庄行殿寝宫"。在嘉庆帝"如常"、"大渐"和"山崩"之间，《清仁宗实录》与《清宣宗实录》都记载道："召御前大臣赛尚阿……宣示御书嘉庆四年四月初十卯时立皇太子旻宁。"

然而《清宣宗实录》所不同于《清仁宗实录》的是它多出了一条记载，即七月二十九新君旻宁收到了孝和皇太后从北京寄来的一道懿旨："我大行皇帝……今升遐，嗣位尤为重大，皇次子智亲王仁孝聪睿……但仓促之间，大行皇帝未及明谕。为此特降懿旨，传谕留京王大臣驰寄皇次子，即正尊位，以慰大行皇帝在天之灵，以顺天下臣民之望。"这样，便产生了一个疑问，既然嘉庆帝死前就已当众宣布传位遗诏，而且实录中有二十六日"军机大臣等传知在京王公百官"等语，太后又为何史无前例地以懿旨的形式命嗣君继位，《清仁宗实录》与《清宣宗实录》的矛盾与出入，令人起疑。

嘉庆从"不豫"到驾崩，仅有四十八小时；而其从"大渐"到驾崩，仅在三四个小时之内。这一点无论是实录，还是包氏碑文及《清史稿·禧恩传》所说的"变出仓促"、"事出仓促"，都毫无置疑地证明了嘉庆帝是猝然而亡。故传闻中有关他被雷电劈死之说，虽无从证实，似乎也印证了突发性这一特点。与嘉庆帝一生的身体"素健"相比，他的死实在来得过于突然，实在是出乎包括他本人在内的所有人的意料，以至于死后梓宫还尚"无合制良材"。可见，嘉庆帝并未想过身后事，而突然的暴逝也没有给予他从容述写遗诏的时间，这一点道光帝本人也承认所谓"遗诏"为枢臣代拟；而且从包氏碑文及《清史稿·禧恩传》的相互佐证来看，嘉庆帝甚至连传位密诏所放何处都未及交代。

与嘉庆帝以前的诸帝相比，顺治帝在他死前已将部分遗诏内容过目，康熙帝和雍正帝的遗诏是在辞世五年前就已拟好基本内容，而乾隆帝更有训政三年的时间来从容考虑他的遗诏，及至嘉庆帝遗诏，纯属军机大臣代笔，这一点实录亦毫不讳言，从而也给道光初年留下了所谓的"遗诏风波"。关于秘密立储的传位诏，雍正帝在创立此制度后，将密诏一式两份，一份暗存自己身边，一份明存大内乾清宫正大光明匾后。他死后，两份密诏先后找到启封。嘉庆帝本人得以继统的传位诏是由众臣恭取于正大光明匾后，由乾隆帝亲自主持宣示的。嘉庆帝亲政后，于嘉庆四年（1799）四月初十日密写传位诏书，立皇二子旻宁为皇太子，但这份密诏似乎从未置于正大光明匾后，而是二十余年随身携带。嘉庆帝本人对传位诏的置所守口如瓶，但他所没有想到的是会来不及交代而猝然辞世。

正因为先帝没有交代后事，特别是传位诏书放在何处，影响了新君的迅速入统，造成了皇位的一时真空，所以"从官多失措"。军机大臣托津、戴均元"督内臣拣御筐十数事"，仍无所收获。时间很快进入了七月二十六日，亲贵重臣一方面派人驰报京师，一方面召开紧急会议商量举措。《清宣宗实录》上记载有：二十六日"命内务府大臣和世泰带领首领太监人等驰驿前赴圆明园"。及"是日，军机大臣等传知在京王公百官"。这一则是宣示先帝猝崩的噩耗，一则也是告知承德尚未找到继位诏的情况，要求在大内及圆明园里找寻传位诏。

同时，国不可一日无君，亲贵重臣也为暂时的皇位空虚召开了紧急会议。睿亲王淳颖之子禧恩"以内廷扈从，建议宣宗有定乱功，当继位"。尽管以前有种种迹象表明旻宁极有可能就是嘉庆帝生前嘱意的继承人，禧恩的"建议"不无道理，而且他指出了旻宁的重要功绩，即嘉庆十八年（1813）九月的紫禁城定乱之功。

清·道光皇帝旻宁

紫禁城之乱是指嘉庆十八年九月发生的天理教农民大起义，在京城近郊的直隶、山东、河南等地，攻城略地，闹得天翻地覆。由林清率领的北路义军竟然图谋京城，攻入紫禁城内，直接震撼了清廷的统治，史书称之为"禁门之变"。因为这年是癸酉年，又称为"癸酉之变"。九月十九日，嘉庆回京。见顺利"平叛"，龙心大悦，盛赞旻宁有胆有识，忠孝兼备，可嘉之处，达到了"笔木能宣"的程度。遂发恩旨，封旻宁为智亲王，每年增加俸银一万二千两，并命名旻宁所用鸟枪为"威烈"。从此， 旻宁的地位已与其他皇子明显地拉开了距离。

但在没有找到足以作为法律依据的传位密诏以前，多数大臣未与妄加推断，作为中枢臣首的托津、戴均元更显得镇定与谨慎。史载"枢臣托津、戴等犹豫。禧恩之论，众不能夺"。这时，颇具戏剧性的一幕发生了。一名内侍从身上取出一个上锁的小金盒，没有钥匙。托津当众用力拧断金锁，打开金盒，里面正是嘉庆帝密书的传诏书。于是一切问题迎刃而解。托津、戴均元、禧恩等"奉今上即大位"，"随瑞邸成礼"。这也正如《清史稿·禧恩传》上所载的"会得秘匮朱谕，乃偕诸臣奉宣宗即位"。

传位密诏的发现，使旻宁名正言顺地成为了新君，消除了承德诸臣由于皇位空虚而产生的"皇遽"。七月二十七日，旻宁的新君身份"谕内阁，朕继承大统，母后应尊为皇太后"。同时，又谕："著派吉伦泰带领太监二名驰驿回京至圆明园。著苏楞额、阿克当阿传知总管太监，奏明皇太后。"令吉伦泰面叩请安，这是承德方面第二次派人"驰驿回京"，这次显然是告知北京，传位诏已找到，旻宁已顺利承统。而从时间上计算，此时的北京刚刚收到来自承德的第一份驰报，开始于大内和圆明园里查寻密诏。经过一天的紧张查寻，在京的大臣们一无所获。孝和皇太后此时果断地决断，认定皇二子旻宁就是先帝的继承人，并为此专门以懿旨的形式令留京王公大臣飞速驰寄承德的旻宁，令其"即正尊位，以慰大行皇帝在天之灵，以顺天下臣民之望"。

综上所述，嘉庆帝猝死无疑，道光帝的入统有惊无险。《清实录》关于嘉庆帝死前就已宣示传位诏的说法终属虚构。戴均元墓志铭与《清史稿·禧恩传》相互佐证，可以为信，并与实录中关于太后懿旨的记载吻合起来，为我们揭示出了嘉庆猝死、道光继位的真相。

# 孝全皇后"暴死"之谜

当清宫大内还沉浸在春节的欢庆气氛之中时，突然传出孝全成皇后患病"暴死"的消息。正当春风得意、年仅33岁的孝全皇后为何会突然患病身亡呢？就此有几种不同的说法，孰是孰非，内有隐情。

道光二十年（1840）正月初六，清宫大内还沉浸在春节的欢庆气氛之中，突然传出皇后患病的消息，道光帝陪同皇太后前往看视。五天后，即十一日夜二点左右，皇后崩，道光亲自前往看视。八点左右，道光又陪同皇太后前往祭奠。道光帝当即传谕，派惠亲王绵愉、总管内务府大臣裕诚、礼部尚书李照、工部尚书寥鸿呈总理丧仪。

这就是正史中有关孝全皇后之死的基本文字内容。至于为何得病，得的什么病，不得而知。

道光前后共封过三位皇后，第一位是孝穆成皇后，是道光为皇子时的嘉庆元年（1796）被册封为嫡福晋，死于嘉庆十三年（1808）正月，其皇后名分是道光即位后追封的。第二位是孝慎成皇后，在孝穆成皇后死后被嘉庆册封为道光的继嫡福晋，道光即位后立为皇后，于道光十三年（1833）四月去世。

孝全成皇后是道光的第三位皇后，道光初年入宫。小时候，其父顾龄任职苏州，其聪明、贤惠堪称一时之冠。入宫后，曾经仿照民间的七巧板，将木片削成若干方块，排成"六合同春"四字，作为宫中新年的玩具，为皇宫的深宅大院增添了喜庆气氛。直到咸丰初年，京外还有人仿其遗制，以致被《清宫词》誉为："惠质兰心并世无，垂髫曾记住姑苏。谱成六合同春字，绝胜斑玑织锦图。"所以，由于美貌聪慧、心灵手巧，孝全皇后初入宫时，就跳越过了答应、常在、贵人三个等级，被册封为妃；以后在短短的14年间，又迈上其余五个台阶，达到了一个宫中女人昼思夜想的巅峰地位——皇后，其升迁速度是相当快的。孝全的晋封之快，几乎可以肯定地说明，她在道光那里得到了特殊的宠幸。

既然如此，正当春风得意，年仅33岁的孝全为何突然患病身亡呢？对此，正史并无明载。然而，我们通过其他史料，还是可以找到解答这一问题的某些线索的。

道光二十年（1840）时，道光帝已年近60岁。在这之前，就已开始考虑皇位继承人的问题，当时的合

清·道光孝全成皇后

适人选一是孝全皇后所生的皇四子，一是静皇贵妃所生的皇六子。这年，就四皇子和六皇子而言，年龄大致相当，身体发育均属正常，四皇子以敦厚见长，六皇子则以聪颖取胜，两人各有所长，不分伯仲；就孝全皇后和静皇贵妃而言，前者为皇后，自然位居第一，后者为皇贵妃，地位仅在皇后之下，排名第二，两者虽有差距，但差距不大，难分优劣。

据说，道光帝在两位皇子中，究竟确定谁为继承人，一直举棋不定。在封建时代，皇宫内嫔妃的地位常常依赖于皇子的地位，正所谓"母以子贵"。孝全皇后当然明白这一点，她知道，只有让自己的儿子成为皇太子，继而登上皇位，自己的地位才能巩固。所以，孝全皇后担心六皇子一旦登上皇位，其生母就会扶摇直上，那她的地位也就难保了。可是，事情的发展偏偏违反意愿。道光二十年（1840），孝全皇后听到传闻，说道光帝欲立六皇子为皇储。她实在不愿意接受这样的事实：皇后的儿子不能立为皇储，偏偏要立一个妃子的儿子。听到这个传闻后，孝全皇后饭吃不下，水喝不进，越想越恼火，在寝宫憋了三天，最后想了个破釜沉舟的毒计。

一天，孝全皇后在自己的宫内摆了一桌美味佳肴，请皇子们都来品尝。孝全皇后欲在皇子们进食时，毒死其他皇子，便在鱼中下了鸩毒。当皇子们坐在桌前准备动筷的时候，孝全皇后把四皇子叫了出来。

"我儿，一会儿吃饭时，不要吃鱼。"

"为什么？"

"那鱼是做给六阿哥吃的。"

"那为什么我不能吃？"

"不为什么，不让你吃，你就别吃。"

"不，你不告诉我，我就吃。"四皇子耍起了性子。孝全皇后没有办法，就把实情告诉了皇子。四皇子听罢，睁大了眼睛好半天没说出话来。要知道，他们从小一起长大，现在又同在上书房学文习武，兄弟几个是蛮有感情的，现在怎么能看着他们被毒死呢？

皇子们开始进餐时有说有笑地品尝着，一会说"这个香"，一会儿说"那个鲜"，吃得津津有味。当六皇子伸过筷子夹鱼时，筷子还没碰到鱼上，桌下就挨了一脚，直疼得"哎哟"了一声。隔了一会儿，十一皇子来夹鱼时，桌下也挨了一脚。这两脚使他们都悟出了门道，结果谁也没再吃这道鱼，孝全皇后的阴谋也就没有能够得逞。

当时孝和太后还活着。太后听到了此事大怒，立刻下令赐孝全皇后自裁。道光帝听说后，急忙从前宫回来，替孝全皇后求情。无奈皇宫里家法森严，太后又执法如山，道光帝无计可施。孝全皇后徘徊良久，最后不得不自缢而死。史书对此多有隐秘，只曰"暴崩"。

也有说是孝和太后故意毒害而死的。

道光十六年（1836），孝和皇太后六十大寿，皇宫内隆重庆祝。道光帝率王公大臣、皇后钮祜禄氏率六宫妃嫔分别向皇太后祝寿。皇后钮祜禄氏为讨皇太后的喜欢，写了不少诗词，颂扬皇太后福如东海，寿比南山。皇太后的六十大寿庆典之后，一天，道光帝到皇太后处请安，无事闲话，说到了皇后的聪明才智，谁知皇太后流露出无限惋惜的神情。道光帝感到非常惊异，向皇太后追问原因。

太后说："女子以德为重，德厚才能载福。如果只凭一点才艺，怕不是福相。"其实，太后这些话，本来也是随便谈到的，并没怎么介意。不料，这些话后来传到皇后耳中，钮祜禄氏非常不高兴。她心里犯开了嘀咕，慢慢地感情上和皇太后产生了隔阂，行动上也就有了表现，每次给皇太后请安时，言语中总有些刺激性的话。时间长了，矛盾越来越大。道光帝和皇后的感情本来非常好，皇太后每次的责备，道光帝又都讲给皇后听。皇后越来越生气，见了皇太后也就顶撞得更厉害。一些嫔妃知道了这件事，出于对皇后的妒嫉，也到皇后面前说皇后的坏话。这样，皇太后与皇后之间的关系更加紧张。

道光十九年（1839）腊月，北风狂吹，寒气逼人。一天，皇后外出，患了感冒，有几天未到皇太后处请安。谁知，皇太后亲自来到皇后处探视，问寒问暖，格外亲热。皇后感到自己过去做得不对，心里很不是滋味。转眼到了道光二十年（1840）正月，皇后的病已基本好了，便到皇太后处问安。皇太后很高兴，拉着皇后的手问这问那，十分亲热。以往的矛盾似乎冰解了。过了一天，皇太后派两名太监特意给皇后送来一瓶名酒品尝。皇后很高兴，当着太监的面就斟了一杯，一饮而尽，还对太监说味很甘美，多谢皇太后。但是，就在这天夜里，皇后去世了。上面这个故事是否真实，已经查无实据，无法证实了。

# 咸丰继位之谜

据说道光就由谁来继承大统的问题上，在四子和六子之间曾多有犹豫。道光驾崩后，枢臣们公启锦匣宣示御书，四子继位，即为咸丰帝。然而，咸丰能继位是多方面的原因，有咸丰师父的精巧设计、有咸丰的忠厚等，也有至今未解的因素。

道光十一年（1831）六月初九，时已夜半，圆明园内湛静斋全贵妃钮祜禄氏的寝宫内，忽然传出几声婴儿的啼哭声，道光帝的第四位皇子降生了。

消息传到养心殿，年近半百的道光帝喜出望外，当即含泪赐名奕𬣳。道光帝的喜悦欢欣不是没有理由的。此前道光帝本来已有三个皇子。次子奕纲、三子奕继早亡，皇长子奕纬，最受道光帝的宠爱，长至13岁，已经落落成人。一日，奕纬的师傅太史强逼其背诵经书，告诉他："好好读书，将来好当皇帝。"奕纬终究是个孩子，不耐烦地顶撞道："我将来做了皇上，先杀了你。"此事为道光帝所知，当即召见大阿哥奕纬。奕纬刚刚跪下请安，道光就气愤地踢了他一脚，正好伤及下部，没过几天就死了。三位皇子的相继死去，使年近半百的道光帝悲痛万分，对于皇朝未来的继统大事隐怀不祥之兆。唯一令道光帝稍感欣慰的是，皇长子过世时，全贵妃钮祜禄氏和祥贵人均已身怀六甲，如能生得男婴，亦堪来日大用。

清·咸丰皇帝奕詝

在道光的群妃当中，全贵妃钮祜禄氏最受宠爱，她年方23岁，年轻貌美，体态轻盈，楚楚动人。其父是承恩公颐龄，曾仕宦苏州，钮祜禄氏随父同行，备受江南山水浸染熏陶，聪慧绝伦。道光初年入宫，后因得宠连连晋封，成为后宫中红极一时的人物。但聪明的全贵妃清楚地意识到，仅凭自己的姿色取得道光的宠爱只是暂时的，要想永久确立自己的地位，非走"母以子贵"这条路不可。当她得知几乎与其同时祥贵妃也怀上胎妊这一消息时，全贵妃面部的笑容顿时消失，急命小太监偷偷查阅宫中召幸皇妃密档。小太监偷查密档后，旋即密报全贵人，祥贵人的胎妊比她早有月余，全贵妃大失所望，她知道皇位的继承在顺序上前列是占有一定优势的。想到这里，全贵妃早生皇子的念头越发强烈了。

一天，宫中御医又来给全贵妃诊察胎儿，全贵妃见左右无人，便小声问道："不知这腹中是女是男？"因全贵妃平素在宫中颇会笼络人心，与这御医熟识。因此，御医顺口答道："当然是真龙天子。"全贵妃听罢，大喜，急忙又问："此胎儿可否早降生月余？"御医听罢，大惊失色，跪地叩头，连说："使不得！使不得！"次日，全贵妃又特召御医入密室，对御医说道："我想让皇子早点降生，来日若能得继大统，我必重赏，你究竟有何办法？"御医答道："奴才并无妙法，只有从今日起服用奴才祖传的保胎速生药，便可提前降生，只是……"全贵妃明白御医的意思，笑着连声说道："那就不是你的责任了，自然不必多虑。"于是，从这日起，全贵妃每日遵医嘱服下保胎速生药物，经过一番"苦斗"，终于生下了皇四子，道光帝备加喜爱。

清代以前，在皇位继承问题上实行的基本上是嫡长子继承制，即在诸多皇子中，立嫡不立长，在嫡系子孙中立长不立贤。这种制度的建立及实行，尽管保证了政权的平稳交接，但也带来了一个明显的弊端：嫡长子在诸皇子中并不都是才智出众者，一些智力低下、昏庸无能之辈在这种制度的庇护下登上了皇帝宝座，有的给当朝的统治留下了深深的祸患。

清朝建立后，为避免上述弊端，有意废除了这一制度。清朝入关前两代继位的君主，太宗皇太极和世祖福临，既不是长子也不是明立的太子。入关后，也未预立太子。常常是皇帝临终时，在皇子中诏命一位贤能者嗣位。雍正帝继位后，为防止诸子争立，各树朋党，互相残害，建立了秘密建储制度，即由在位的皇帝对全体皇子作长期的观察考验，选定之后，以朱笔书名，密定为储，藏之于匣，悬置于乾清宫最高处"正大光明"匾额之后。当皇帝病危时，当众开启，册立皇太子。

秘密建储制度的创立，虽然避免了皇子之间的猜疑丛生，但储位之争依然存在。咸丰皇帝继位前同其弟之间的争夺，就表现得十分激烈。

道光皇帝是于道光二十六年（1846）开始考虑立储的。在有竞争实力、有条件参加竞争的四皇子和六皇子之间，究竟选哪一个为皇储，道光皇帝还犹豫未决。为了考察他们的品行与能力，一年春天，道光皇帝命诸皇子去南苑狩猎。六皇子平时爱舞刀弄枪，骑射技术高超。而四皇子临行时，去上书房向其师傅杜受田讨计。杜受田对道光帝的心理做过揣摩，面对即将开始的围猎较量，杜受田给了四皇子一个锦囊妙计。

到了南苑围场，皇子们带领自己手下的人分别开始了围猎。六皇子果然身手不凡，只一会儿工夫，就猎获几只鹿和野兔。而四皇子却默坐在一旁，其手下人也在身边垂手侍立。日落时分，皇子几人带着各自的战利品，回到宫中向父皇禀报战绩，并献上猎物。皇子中独四皇子一无所献，道光皇帝不解，问其缘故，四皇子答道："儿窃以为现在正是动物繁衍孕育下一代的时候，我不忍心在这个时候杀死它们，并且我也不愿意以骑马射猎这些小的技艺，与兄弟们争个高下。"本来，道光皇帝看到四皇子一无所获，心里有些不高兴，但听到这番话，顿时眉开眼笑，连声说道："我儿果然有君子的气度。"

经过这场围猎较量，道光皇帝初步有了意向：立四皇子为储。

道光皇帝是个办事优柔寡断的人。虽然南苑狩猎已经决定把皇位传给四皇子，但不久，他的心里又不平衡起来，因为他毕竟非常喜欢六皇子。道光皇帝看到六皇子读书能得大旨，曾亲自为其书斋题写了"乐道书屋"四字匾额，这是其他皇子都没有得到的。道光为了奖励六皇子的武功，特赐给他一柄金桃皮鞘白虹刀，准许他永远佩带，这也是其他皇子所没有享受到的殊荣。

由于对六皇子的偏爱，道光皇帝决定再给他一次机会，考察一下他们的品行。一天，道光皇帝将两个盒子放到两个皇子面前。这两个盒子，一个是金的，一个是木的。金盒上雕满了姿态各异的龙，龙体闪烁着光芒；木盒上刻着麒麟，也被漆得黑亮。道光皇帝指着两个盒子说："这两个盒子，我儿各选一个。"听了这话兄弟俩互相看了一眼，四皇子平静地说："六弟先选吧！"六皇子听了这话，也不谦让，伸手将金盒抓在手里。

从这件小事看，道光皇帝感到，还是四子仁义慈厚，六子固然聪明，可是人品不如其兄，于是下决心把皇位传给四子。

道光帝在立储锦匣中，破例在一匣中放了两道谕旨，这充分反映了道光帝在立储问题上的矛盾心理，以及封建朝廷在权力交接中斗争的复杂性。尽管传闻种种，莫衷一是，但四子毕竟登上皇位。道光三十年（1850）正月二十六日，在太和殿举行了登基大典，次年改年咸丰，历史又翻过了一页。

# 咸丰客死之谜

在中国的历史长河中，贵为天子的皇帝客死他乡的实属少见，而被英法殖民者赶出京城的咸丰却客死他乡。有的说是与随行的肃顺等人企图挟天子以令诸侯企图谋权有关；有的却说是咸丰对英法侵略者的仇恨和怀疑而不愿回京，致使他客死承德。

英法联军的刺刀把咸丰一步步逼向回天无力的苦难深渊时，以太平天国为首的反清烈火也越烧越旺。太平军的三河大捷，使湘军元气大伤，所谓"敢战之才，明达足智之士，亦凋丧殆尽"。咸丰闻讯，面如死灰。他感到脚下的大地在旋转，感到自己极力支撑的"天"，真是要摇摇欲坠了。他不禁多次征询身边的谋士、翰林院编修郭嵩焘说："汝看天下大局，尚有转机否？天下大局，宜如何处理？"

面对着土崩瓦解的半壁江山，咸丰的意志和他的健康状况一样急转直下，迅速崩溃。他自知回天无力，早年英姿勃发、扭转乾坤的锐气已无影无踪。在西方资本主义大潮的冲击下，中国古老的封建主义大堤又一次崩溃了。面对着洪水猛兽般的西方列强，也曾愤恨，也曾抗争过的咸丰皇帝终于失败了。他成为华夏五千年历史上，第一个被西方人赶出皇宫的中国帝王。而咸丰所谓的"秋弥木兰"，是被英、法联军的大炮从圆明园给轰出来的，其间狼狈、惶恐之状，与列祖列宗的秋弥大典不可同日而语。

咸丰十年（1860）八月初八，咸丰一行仓皇出逃后，如惊弓之鸟，日夜兼行，因御膳及行李帐篷等俱未齐备，当天，咸丰皇帝仅吃了两个鸡蛋，第二天也仅和后妃宫眷们分食几碗小米粥。往日如花似玉的后妃宫眷们，如今落难荒郊，一个个惶恐忧愁，容颜憔悴。咸丰看着这支逃难的队伍，回头南望京城，不禁以泪洗面，痛不欲生。他深感愧对祖宗，更不知此生此世还能否回到金碧辉煌的紫禁城……

营建了一个半世纪的圆明园，是世界上最大的建筑式与风景式交融的"离宫型皇家园林"。她既有北国之古风，江南之秀韵，更兼备中西庭园合璧的风采。其中，不仅有无数的殿阁楼台、桥廊水榭，而且珍藏着数不尽的孤本秘籍、名人字画、鼎彝礼器、金珠珍品、铜铁古玩等中华至宝。她曾是历朝清帝避喧听政、颐享天年的场所，也是咸丰皇帝诞生的摇篮，还有"九州清曼"的"同道堂"更是道光皇帝书名定位、托付社稷江山的地方。联军焚掠圆明园的噩耗传到热河后，一种无以言状的愤恨使咸丰帝几乎站立不住，他似乎觉得自己竭力支撑的这个"天"已然塌下来了，亡国一样的奇耻大辱吞噬着他的心灵，虚

东珠朝珠　周长139厘米，为咸丰御用。清宫旧藏。

弱已极的年轻皇帝经不住这突然的打击，立时口吐鲜血，旧病复发。

有些文书中往往把咸丰拒不回京的原因，归咎于肃顺等人阻挠，以便他们挟天子以令诸侯，并以娱情声色来诱惑年轻的皇帝乐不思蜀。其实问题绝不是这样简单。

自幼熟读历代典籍的咸丰并不是不知道，圣驾久离京城的危险性，也不是一心贪恋山庄的风景和女色。作为一国之主，他何尝不想及早回銮，以定人心。但咸丰对洋人的猜忌实在是太深了，尤其是对英、法侵略者有着不共戴天的仇恨。所以尽管在战场上他失败了，被迫接受城下之盟，但他始终不愿意放下万乘之尊的架子，与外使同居一城，更无法接受一个远方蛮夷的所谓"国书"。在这种心理障碍之下，当留京的王公大臣等恳请他早日还宫，以定人心时，咸丰直言相告：虽然英、法退兵，但各国夷蛮尚有驻京者，亲递国书一节，既未与该夷言明，难保不因朕回京，再来饶舌。诸事既未妥协，假使率意回銮，夷人又来挟制，朕必将去而复返，于事体诸多不协，但恐京师人心震动，更有甚于八月初八日之举。最后咸丰决定，本年暂缓回京，候夷务大定，再将回。最后又特意加一句，本年回京之举，王公大臣等不准再行奏请。干脆把留京的王公大臣们的嘴给堵住了。咸丰的决定，不仅得到随行王大臣肃顺等人的积极支持，也为他们左右皇帝、排除异己创造了条件。

热河避暑山庄原有离宫200余所，完好无损者尚有70余所，又多藏梨园行头，其精致华美甚至胜于京师南府。和约签订以后，肃顺等人为宽慰病弱烦闷的咸丰皇帝，知他酷爱京剧，便召升平署（宫廷戏班）人员分批到热河承差。几乎隔两三天即演一次戏，每次戏目、角色均由朱笔决定，有时上午已花唱，仍"传旨今日晌午，还要清唱"。除观剧外，避暑山庄距围场不远，咸丰又时常游猎打围。然而，深秋塞外，水冷风寒，已病入膏肓的咸丰皇帝，怎能与当年盘马弯弓、纵横驰骋的康熙大帝相比。所以，第二年初春，咸丰的病情再一次反复。原来，咸丰十一年（1861）正月初二，咸丰即诏定二月十三日回銮。其后，又规定了回銮后详细的行程安排。这边京城留守的王公大臣们都翘首以盼，他们希望皇帝尽快还宫，一来大定人心，二来可以使咸丰早日摆脱肃顺等人的左右。但让他们失望的是，到了诏定的日子皇帝并没有动静。二月中旬，法国公使布尔布隆和英国公使普鲁斯相继进驻北京。接着，二月二十二日传来上谕：朕躬尚未大安，诸王大臣请暂缓回銮，不得已勉从所请，秋间再降谕旨。

咸丰一再推迟回銮的举措，激起了留京王公大臣的强烈不满，他们纷纷具折弹劾瑞华、肃顺等人"谓銮舆未还皆其荧惑"，而肃顺等人则针锋相对，攻击留守京师的王公大臣一再吁请回銮，是挟制朝廷，并中伤恭亲王奕訢借助洋人势力，欲图谋反。京师与热河，以奕訢和肃顺为首的两派斗争愈演愈烈。

此时咸丰剧咳不止，红痰时见，他的痨病已到晚期，但英、法公使驻京，亲递国书等项仍未议妥，所以咸丰执意不肯回京。这正如史学家孟森所言，咸丰以与外使同居一城为耻，他是"宁以社稷为殉，不使夷虏踪迹相沾，得正而毙，虽败犹荣"，是一个至死不渝的封建卫道士。所以当与洋人关系日趋密切的恭亲王欲赴行在看望他的时候，咸丰十分反感，立时提笔拒绝，连辅佐奕䜣办理洋务的文祥亦特谕不必前来。

咸丰十一年七月十七日寅时（1861年8月22日凌晨），清朝第七代皇帝咸丰病逝于承德避暑山庄烟波致爽殿，卒年31岁。成为在西方资本主义大潮的冲击之下，中国封建帝王中唯一一位客死异地的君主。

# 慈禧身世之谜

慈禧太后在清朝执掌朝政近半个世纪之久，是中国近代史上一个重要的人物。然而，就是这样一个声名显赫的人物，长期以来关于她的身世有多种说法。有说她是没落官绅的满人，还有说她本是一汉家女……她的出身及童年经历一直是个谜。

慈禧太后在我国清朝实际执掌朝政48年之久，是中国近代史上一个重要的人物。然而，就是这样一个声名显赫的人物，长期以来她的出身及童年经历却一直是个谜。

据民间传说，慈禧1835年生于山西长治县西坡村一个贫穷的汉族农民家庭，取名"王小廉"。由于家穷娘死，四岁时被卖给本县上秦村宋四元为女，改名"宋龄娥"。后来，宋家由于天灾人祸，骤然一贫如洗，十一二岁（一说十三四岁）的宋龄娥又被卖给潞安府（今长治市）知府惠征为婢，不久，由于龄娥长得俊秀，聪明伶俐，并生有贵相，知府就收其为养女，改名"玉兰"（兰儿），并在府衙西花园专设书房精心培养。咸丰三年，玉兰以叶赫那拉惠征之女的身份应选入宫，一步步成了皇太后。

那么，"慈禧本是长治汉家女"之说的依据是什么呢？

第一，百余年来，长治县西坡、上秦两村村民及附近村庄的老人，都说慈禧是本地人。光是书面材料表达这个意思的就有150余人。1993年，中国人民大学历史系杨益茂教授在《慈禧童年应当考订清楚》一文中也认为近百年来流传不息的口碑史料是最值得注意的。在山西省长治地区的那两个村子里，有那么多人，众口皆碑，说慈禧是本地人，而且不因慈禧名声不佳或历次政治批判所湮没，这实在是一个值得重视的问题。

第二，长治县有慈禧的出生地遗址和慈禧的后裔以及慈禧"娘娘院"。据社科院的调查，1989年，88岁的田花则说，慈禧的出生地遗址位于西坡村田花则老人旧宅西面。田花则还说她奶奶跟慈禧太后一般大。奶奶常说，太后家和她家是近邻，老太后就生在隔壁那间破房里。慈禧"娘娘院"位于上秦村关帝庙后，现在保存完好。据上秦村老人讲，自宋龄娥（小慈禧）进宫当了"朝廷娘娘"时起，村里人就称该宅院（宋六则弟兄们的旧宅）为"慈禧娘娘院"，世代相传，一直流传至今。

第三，长治县有慈禧生母的坟墓——位于西坡村外羊头山西麓荒滩岸边。1989年，退休老干部刘德清说："这小墓里埋的是西太后她娘，我村的老人都知道。就是平坟造田的年月，也没动这个坟。"

第四，长治市城区原潞安府署后院有"慈禧太后书房院"和长治市1963年3月20日设置的《文物古迹保护标志》。《标志》的存在，说明潞安府后院内确有"慈禧太后书房院"。长治既有"慈禧太后书房院"，自然说明慈禧童年时代曾在潞安府署后院念过书。

第五，慈禧言行中流露出许多相关的蛛丝马迹。例如：慈禧爱吃长治人常吃、爱吃的食品（如窝头、团子、小米粥、玉米掺粥、萝卜、沁州黄小米、壶关醋、襄垣黑酱等），爱看上党梆子戏，关心长治的百姓和地方建设，用长治人作御厨、奶妈、御前侍卫，偏袒长治犯官，提拔、重用长治人、长治官及汉族官员，照顾山西商人及汉民。慈禧如果原来不是长治汉家女，她怎么会有这些表现呢？

第六，典籍中有许多相关的记载也有可疑之处。

其一，关于慈禧的族属——满人檀林著《圆明园秘闻》说，慈禧也许压根就不是一个旗人……据台湾著名历史学家高阳说，慈禧只认识汉文，不认识满文。慈禧御前女官裕德龄著《慈禧太后私生活实录》说，"老佛爷对于满文实在认识得很少，少到差不多可以说完全不认识"，所以批阅公文，"总是只阅汉文，不阅满文"。《趣话慈禧太后的一天》也说，慈禧"是满洲叶赫那拉氏的后裔，却只识汉字，不懂满文，所以用汉字书写批语"。慈禧若是从小一直生活在满人圈里，怎么能够如此呢？

慈禧太后

其二，关于慈禧的家世——给慈禧画像的美国画家卡尔女士在其《慈禧写照记》中写道："外间传述，谓慈禧家世极为微贱，初仅为他家使女，厥后始迁入大内，登宝位焉。"卡尔虽然又说"斯皆为不足取信之辞"，但无风不起浪，"外间"既有如此"传述"，当然自有它的道理，更何况慈禧本人在追忆往事时，也坦诚承认昔日她家曾经有过窘困的境遇。信修明的遗著《老太监的回忆》说，太后有时追忆往事，常对人们说，昔日她"家中生活甚感困难，她曾为人家代做袜底，得些零钱添补家用……"。由此可见，当年"慈禧家世极为微贱"的确是不争事实。裕德龄在《清宫二年记》中写道："太后说，我喜欢看乡下风景。"慈禧有自己的"田庄"，平时每隔四五天，就要到田里去看一次。她还写到"太后说：'我喜欢乡村生活，我觉得那比起宫里的生活来自然得多了。'"如果慈禧不是生长在贫穷的农民家庭，而是个大家闺秀，从小到大一直在城里富裕的官宦人家生活，她怎么会喜欢"乡下风景"？

然而，尽管有大量证据来证明"慈禧本是长治汉家女"的观点，多数人觉得基本可信，但也有人提出疑问，主要有两点：一是惠征是否曾在潞安府做过官；二是清代选秀制度比较严密，慈禧若是汉家女，是否能被选进宫中。

关于惠征是否在潞安府做过官。有人说惠征没有在潞安府做过官，所以他不可能收养宋龄娥（小慈禧）。持否定意见的俞炳坤先生的《慈禧家世考》中关于惠征任职经历的记述中就没有惠征在潞安府做过官。

关于宋龄娥（小慈禧）是否能被选进清宫。有人说，清代旗人的户籍制度和选秀女制度比较复杂严密；慈禧若是汉家女，即使到了满人惠征家，也不可能以满人身份被选进宫中。

总之，"慈禧本是长治汉家女"是否真实，所提供的这些证据只是勾画大致的轮廓，还不太完整和精确，甚至留有空白和薄弱之处，有很多的疑点，至今仍然是一个未解之谜。

# 曾国藩与左宗棠交恶之谜

咸丰二年（1852），曾国藩在湖南举办湘军，便和左宗棠有了交往。其后在镇压太平军过程中，两人更是相互配合，相得益彰。但俗话说，一山不容二虎，两人为了各自的名利而交恶，乃至绝交。曾国藩与左宗棠交恶是确有其事，还是两人表演给清政府看的一出双簧……

曾国藩与左宗棠两人同为湖南同乡，自咸丰二年，曾国藩丁母忧在湖南原籍举办湘军，便和左宗棠有了交往。当时左宗棠为湖南巡抚张亮基的幕僚，因公务书信往来不绝，交情日厚。曾国藩后来因率领湘军镇压太平军，地位显赫，督两江，领四省。曾国藩素来知人善任，网罗人才，由他推荐而受提拔的不在少数，一时出现了天下提镇无不出于曾帅的传言。左宗棠虽未进士及第，但凭着自己的才干，此时已名满天下。曾国藩军中自然不能漏掉了像左宗棠这样的人才，左宗棠在咸丰十年（1860）被曾国藩聘为幕僚。

此时清朝与太平军的战争处于胶着状态，正当用人之际。由于曾国藩的极力推荐，左宗棠被清朝任命为四品京堂候补、襄办曾国藩军务的头衔，随后被曾国藩派往湖南招募湘勇。这年六月，清政府有意调左宗棠前往四川督办军务，曾国藩认为左宗棠可以独当一面，现在突然要调走左宗棠，无异于断其臂膀，于是曾国藩婉言谢绝了清廷的谕旨，从中可见曾国藩对左宗棠多么器重。

曾国藩

随着安庆的克复，湘军为完成对天京的包围，进一步牵制天京外围的太平军，曾国藩决定对浙江出兵，那么选谁为统兵将领呢？曾国藩首先想到的是左宗棠。曾国藩认为，左宗棠平时用兵取势甚远，审机甚微，可挑大梁，不可久居人下，埋没人才。曾国藩不但把驻扎在赣浙边界的湘军统归左宗棠节制，而且给了他向皇帝的专奏权和征收厘金权。从此，左宗棠青云直上，在对浙用兵中充分显示了自己的才干，和中兴名臣曾国藩、李鸿章共称"曾左李"。此时曾国藩对左宗棠的信任已是无以复加，往来书信中处处对左宗棠以兄相称，而自谦为弟。曾国藩对左宗棠十分信任，左宗棠也摸透了曾国藩秉性，二人配合，相得益彰。

但俗话说，一山不容二虎，两人之间的矛盾就不可避免。曾国藩与左宗棠之间有矛盾是自然的。"左宗棠负非常之才气，出自幕府，不二载而封疆圻，骄纵一世。自太平天国之后，即与曾氏交恶。"当时曾国藩的幕僚薛福成云："左文襄公自同治甲子与曾文正公绝交以后，彼此不通书问……"可见，曾国藩与左宗棠交恶确有其事，那么他们为什么会交恶？学术界却有不同的看法。

一种观点认为，左宗棠个性刚直果断，慷慨激昂，是非分明，疾恶如仇。虽然才华横溢，然而多次进京赶考却未及第，且始终特别敏感，稍被人怠慢或过分谦让，都可引起激烈的反应，而且言辞辛辣，令人不快。有一次曾国藩在给左宗棠的信札中，出于谦让，用了"右仰"这样的客套话，左宗棠很是不快，说道："他写了'右仰'，难道要我'左俯'不成！"此话后来传到曾国藩耳朵里，嫌隙由此而生。此时曾左二人虽然关系上有裂痕，但还只表现在个性差异上。真正关系破裂还在天京城被攻克，两人就洪秀全的继承者幼主洪天贵福是否已死的问题，向朝廷打起了笔墨官司。

天京攻陷后，曾国藩向朝廷奏报克复金陵，所有悍贼被一网打尽，并特别指出，城破后，伪幼主积薪于宫中，举火自焚。这就凸现了曾国藩对太平军有攻克全功。不想左宗棠也上一折，称据金陵逃出难民供出，伪幼主洪天贵福由东坝逃至广德，被太平军将领黄文金迎入湖州府城，想借伪幼主名号，召集太平军余众。清政府看到左宗棠奏报后，对曾国藩大为不满。曾国藩平生自认为以诚信为本，假如按左宗棠所言，则无异于欺君罔上。于是曾国藩上折反驳左宗棠，称洪天贵福可能已死，而黄文金为纠合太平军余众伪称尚存，这是古来常有之事等。言外之意，左宗棠虚张声势，不过是邀功请赏。左宗棠看到此奏后，又上书为自己辩解，对曾国藩言辞激烈，口诛笔伐。至此曾左二人的关系已不可挽回，十几年的交情为了各自的名利而付诸东流。

另一种观点则认为，历史上曾国藩、左宗棠不和是一种假象，它是在那个特定的时代背景下，由曾国藩、左宗棠合力制造的，为保全汉族地主阶级利益，缓和满汉矛盾的计谋。它使得曾国藩、左宗棠等湘军将领有了善终，迷惑了满清贵族，为以后汉人逐步掌握清政府中央实权打下了基础。坚持这一说法的学者指出，清朝是由满人建立起来的，最高统治者是满洲贵族。清军入关之后，一方面他们需要笼络汉族地主阶级为其统治服务；另一方面也对汉族官僚、士大夫、地主始终抱有极大的戒心，害怕他们会挤垮自己的统治。从清军入关到太平天国起义前，中央的军机大臣、内阁学士、六部尚书等虽然规定满、汉各半，但实权完全操在满官手中，汉官多是副职，形同虚设。而在镇压太平军问题上同样如此，把满族官僚率领的嫡系部队集中在天京附近，建立江南、江北大营。其如意算盘是，只要各省团练在外围击溃太平军主力，江南、江北大营便可就近攻取天京，建立首功，保持清政府中央的威信。

曾国藩是汉人，掌握着湘军，清政府当然不会放松对他的戒心。咸丰四年（1854），曾国藩奉诏率军出湘，咸丰担心这支由汉人统帅的水陆俱全、装备优良、力量雄厚的军队将来有尾大不掉之患，"心忧之，特诏贵州提督布克慎自黄州还，赴其水营。诏总督台涌会其师"。名为协助，实为监视。曾国藩当然明白朝廷的态度，也时刻提防着，尽量消除他们的猜疑。在建湘军的时候，重用塔齐布；在处理团勇与绿营矛盾时，委曲求全；对于清廷的封赏，有时会推辞，以免出现"功高震主"的现象。

从1860年夏到1864年攻下天京止，湘军总兵力约有40万，接近过去绿营兵力。湘军将领中任督抚大员的先后有二三十人，控制着江苏、安徽、江西、浙江、福建、湖南、湖北、四川、广东、广西、陕西、山东、直隶等省，而当时全国只有18个省，出身湘军系统的督抚就占了13个，占总数的72%。以一个集团而占有如此广大的地盘，拥有这样庞大的军事实力，这不仅在清代是空前的，在古代也是罕见的。再加上清朝是满人建立的，这种形势对清统治者极为不利，如强令湘军裁军，恐引发湘军造反，怎么办？清廷希望从湘军内部寻找突破口，强令其裁军还不如分化湘军，以使他们内部相互牵制。曾国藩很快就洞察了这一切，他一方面主动提出裁军；另一方面，在内部制造失和假象，他选择了左宗棠，因为左宗棠的性格及其先前与自己确有意见分歧，这一点不至于使清廷产生怀疑。

曾国藩的想法得到了左宗棠的支持，两人于是就联手演绎了一段"失和"好戏。

此外，还有许多的史实足以证明"失和"非真实。曾国藩死后，左宗棠挽联说："谋国之忠，知人之明，自愧不如元辅。"这说出了曾国藩对左宗棠是有"知人"之恩的，既有此恩又怎么会失和？失和又怎么会写出这样的挽联呢？对于曾国藩的儿子曾纪鸿，左宗棠也照顾得如同自己的儿子，显见他和曾国藩的失和与寻常不一样。曾国藩的女婿聂仲芳本"坦运不佳"，左宗棠任两江总督时，委其为营务处会办，第二年，提升为上海制造局会办。自此官运亨通，一直升到江苏巡抚。这件事也可以看出，曾国藩、左宗棠之间并无仇恨。

曾国藩与左宗棠交恶是确有其事，还是二人表演给清政府看的一出双簧戏……至今令学界迷惑。

# 石达开大渡河畔遗物之谜

　　翼王石达开可谓是太平天国将领中一位"英武天纵"的优秀将领，后因太平天国高层领导内讧，遭猜忌被迫分兵出走，被困大渡河，英勇就义，成为历史悲剧。然而，石达开也在大渡河畔留下了让人至今未解的众多之谜。

　　翼王石达开（1831—1863），可谓太平天国将领中一位"英武天纵"的优秀将领。满清无道，腐败滋生，祸国殃民，百弊横行。洪秀全金田起义乃"替天行道"，上合天意，下符民心。石达开正是在这种情况下投到洪秀全的麾下，并为"天国大业"立下汗马功劳。后因太平天国高层领导内讧，遭内部猜忌被迫分兵出走，后转战广西、湖南、云南等省，并于1863年5月进入四川境内的紫打地（今石棉县安顺场），打算在四川自立一国。但由于河水陡涨等原因，石达开部被清军部队及民团、彝兵等围困于此，苦战月余而不得突围，最后全军覆没。石达开被俘，于1863年6月25日在成都科甲巷被凌迟处死，时年33岁。

　　石达开英勇就义，在临死时侃侃而谈，毫无怯懦，"英杰之气溢于眉间"。石棉的百姓怀念他，至今当地人仍传说当年在成都赴死者不是石达开，而是石达开的替身马某。那石达开哪里去了呢？老百姓说上当地的大洪山修道去了。在石棉县的大洪山上曾建有一座百姓自发修建的祖师庙，据当地百姓相传，庙中那位耳阔口方的"祖师"颇有当年石达开的风范。

　　自20世纪80年代以来，不断有与石达开有关的实物在安顺场被发现。1980年5月，一个当地农民在当年刘湘挖掘的窖藏附近的松林小河里拾得一个九两重的银锭；2000年8月，人们又在安顺场的一户农民家中发现了一把太平军的军刀……

《军器则例》　此书为乾隆年间纂辑成书，嘉庆年间修订。内载各省绿营、八旗京营和各省八旗驻防所需军器装械名目、款项等，记录了当时军器装备的概况。

### （一）翼王遗诗之谜

　　翼王石达开不仅是太平天国将领中一位"英武天纵"的优秀将领，他的诗歌及文采也是颇为令人称道的。其中，他的一首七律诗不仅广为传诵，而且成为了一个难解之谜。

　　1953年，作家鄂华随中科院近现代史研究所的研究人员前往石棉安顺场收集红军长征的史料。一夜，鄂华和同伴小赵返回时迷了路，投宿一小庙，疑为祖师庙。当他们在搬动庙里的石槽作枕头时，无意间发现了一柄铁伞，伞柄中一卷棉纸竟书有八句外界传为石达开所作的一首七律诗：

革命慷慨在中原，不为仇雠不为恩。

只为苍天方愦愤，欲凭赤手拯元元。

十年揽辔悲羸马，万众梯山似病猿。

我志未酬人犹苦，东南到处有蹄痕。

借此，鄂华创作了长篇小说《翼王伞》。鄂华在小说的序言部分称，这首诗的棉纸他曾保存在近现代史研究所的档案室里，可惜被"红卫兵"在"文革"中焚毁。

这首诗历来存有争议。在长篇小说《曾国藩》里，这首诗又成了石达开与曾国藩在长沙激战时，翼王的即兴之作。已故的文史专家郑逸梅则认为：这是民国初期一个文人的伪托之作。是真？是假？至今无解！

（二）翼王剑，你在哪里？

洪杨内讧后，石达开被怀疑和限制，负气出走，从此踏上了一条不归之路。此事总令后人扼腕浩叹。但在石棉，百姓们不以成败论英雄，很早便在城边石儿山上建起"翼王亭"以资纪念，并留下了诸多神奇而有趣的口头资料，这其中口头故事之一当属翼王剑的传说。

据传说当年翼王携其宰辅曾仕和、黄再忠、韦普城及幼子石定忠在被押赴凉桥清军大营时，途中遗失了随身佩剑。以后这柄宝剑"阴差阳错"竟被安顺场士绅赖林学获得，这柄宝剑长二尺四寸，可卷舒，寒气逼人，削铁如泥。赖林学考查诸多史籍，方知此剑名叫"雄精如意"，乃翼王心爱的佩剑之一。赖林学将其视为传家之宝，后来交到他的儿子赖进学的手里。民国13年（1924），赖进学因战乱举家迁往雅安避难，又不慎将宝剑遗失。从此，此剑杳如黄鹤。

民国初年，一位名叫张二的先生在《重修越西县志西路调查草案》之四中写有一首《雄精如意歌》，这是关于这柄宝剑至今唯一可见的文字资料，歌云：

勒鞑入关明统绝，皇皇华胄无遗子。

同胞被压百余年，七世咸丰火益烈。

草泽英雄石达开，金田起义造天德。

如意随军祝如意，宝剑臂左助杀贼。

一呼响应天下分，长江据险画南北。

七王争斗势支离，误走山街来紫地。

秃鹰桀犬八面围，子规春暮楚歌泪。

宝剑如意寻主人，遁迹福门赖氏寄。

埋隐光芒那计年，不闻理乱与休戚。

宝剑忽忽生翼飞，展翅边关杀敌去。

我作长歌如意听，行藏聚散须明析。

莫因好友吐长虹，便欲登朝奸佞击。

寄语主人善什藏，免惹圣明山仙取。

然而，张二先生的美意终成空望，翼王剑最终还是弄丢了。翼王剑，如今你到底在哪里？

（三）翼王信之谜

太平天国翼王石达开在遭太平天国内部猜忌被迫分兵出走之后，进军四川，结果在大渡河畔被清军与地方土司紧紧围困，成为釜中之鱼。石达开率领军队左冲右突，未能血战脱险。在无可奈何的情况下，石达开命军师曹伟人给清军写了一封信。信中说："窃思求荣而事二主，忠臣不为，舍命以全三军，义士必作。"请求清军赦免他的部下。他把信写成后，用箭射入驻守在大渡河对岸的清朝四川重庆镇总兵唐友耕的军营中。关于这封信的收信人，有人说是重庆镇总兵唐友耕，有人说是四川总督骆秉章。正因为这两种说法各有凭据，成为一大疑案。

1908年，唐友耕的儿子唐鸿学为其父所编《唐公年谱》印刷出版。年谱中附录了石达开的信，介绍说这封信是石达开写给唐友耕的，也就是说石达开是向唐友耕乞降的。

关于石达开写信给唐友耕的事，《纪石达开被擒就死事》一文记载特别详细。文中说，石达开在"四月二十三日，以书射达北岸唐友耕营"，"唐得书，不敢奏亦不敢报。石军不得复"。根据这种说法，唐友耕收到石达开的信后，隐匿不报，也没有回复石达开。

1935年，四川泸定西沙河坝农民高某在紫打地偶然发现了石达开的函稿三通。其中一通在《农报》发表，标题《致四川总督骆秉章书》，收信人是骆秉章，而不是唐友耕。

1937年，萧一山在写《翼王石达开致清重庆镇总兵唐友耕真柬伪书跋》时，认为《农报》发表的《致四川总督骆秉章书》是错误的。他说，他在成都黄某家中曾亲见致唐友耕"真柬伪书"一通，是用翼王所遗之柬帖转抄的。萧一山认为《唐公年谱》附录的石达开信函是可靠的，该信的确是石达开写给唐友耕的。因此唐友耕为收信人的说法流传较广。

然而，罗尔纲对石达开写信给唐友耕的事十分怀疑，他认为信应该是写给骆秉章的。因为石达开信中写的"肩蜀巨任"只能是针对四川总督骆秉章，而不可能是对只管重庆一镇绿营的唐友耕的。

总之，石达开到底将信写给了谁仍然只是推测，还有很多疑点，仍然是一个难解之谜。

# 慈安猝死之谜

光绪七年（1881）三月初十日，一向健康无病、年仅45岁、比慈禧还小2岁的东太后慈安在12小时内竟突然发病暴卒，实在出人意料。是病死，是被下毒杀害，还是自杀？千古之谜，谁人能解！

东太后慈安，姓钮祜禄，谥孝贞显皇后，为满洲镶黄旗人。生于道光十七年（1837）七月十二日，其父穆扬阿，曾任广西右江道。咸丰为皇子时，钮祜禄氏就已经是他的侧福晋。由于他的嫡福晋于咸丰即位前已经去世，钮祜禄氏遂于咸丰二年（1852）二月被封为贞嫔，五月晋贞贵妃，十月又被册立为皇后。她为人幽闲静淑，举止端庄，口木讷不善言辞，在众妃嫔中从不争宠，很得咸丰皇帝的尊重。

清·孝贞显皇后慈安

咸丰十一年（1861）十一月咸丰帝死后，她被尊为母后皇太后，上尊号慈安，与慈禧太后共同"垂帘听政"。慈安太后因居住的宫院占上首座东，故称东太后，众人称她为"东太后"或"老佛爷"，与西太后慈禧相对应。

咸丰临终时，曾任命怡亲王载垣、郑亲王端华、肃顺等八位顾命大臣，辅佐幼帝执政。是年，27岁的慈禧为了独揽大权，勾结恭亲王奕䜣采取先发制人、突然袭击的手段发动了"祺祥政变"（又称"辛酉政变"），扫清了她掌权的障碍，开创了两太后垂帘听政的局面。表面上，慈安与慈禧两宫太后以姐妹相称，共同垂帘听政，执掌国家最高权力。然而，慈禧的为人，貌似恭谨，性实乖戾，善于狡谋权变，很会搞勾心斗角的一套。而慈安虽身为皇后，居于中宫，但秉性懦弱，遇事没有主见，远远不是慈禧的对手。同治元年起，名义上是两太后垂帘听政，但实际上大权一直操在慈禧手里。

光绪七年（1881）三月初十日，一向健康无病、年仅45岁、比慈禧还小2岁的东太后慈安在12小时内竟突然发病、暴卒，实在出人意料。翁同龢的《翁文恭公日记》中记载说："则昨日（初十日）五方皆在，晨方天麻、胆星，按云类风痫甚重。午刻一按无药，云兴脑混乱，牙紧。未刻两方虽可灌，究不妥云云；则已有遗尿情形，痰壅气闭如旧。酉刻一方天脉将脱，药不能下，戌刻仙逝云云……呜呼奇哉！"仅12小时便由发病至死，岂不"奇哉"？清廷的垂帘听政由两宫并列一下子变成了慈禧一人独裁。对慈安太后的突然死亡，在当时与以后都有种种怀疑与猜测，成为200多年清宫史上的又一桩疑案。

归纳起来，主要有下列几种说法：第一种说法，慈禧进药毒死说。据《清朝野史大观》记载，慈安在死前数日偶至慈禧宫中，慈禧令侍者奉饼饵一盒，慈安食而甘之。慈禧谓："姊既喜此，当令再送一份来。"过了一两天，果有饼饵数盒进奉，色味同以前完全一样。慈安随即取一二枚食之，"顿觉不适，至戌刻遽逝"。《满清野史续编》中也说：慈安吃了西太后送来的"饼饵"之后，"竟以此夕殂"。据《慈禧外纪》载：当年咸丰临终时，曾秘密留下了一个遗诏给慈安，要她监督慈禧，若慈禧"安分守己则已，否则汝可出此诏，命廷臣传遗命除之"。但老实的慈安将此事告诉慈禧。阴险毒辣的慈禧听了，表面对慈安感泣不已，实际上已起杀机，遂借向慈安进献饼饵之机，暗下毒药，加以谋杀。另文廷工《闻尘偶记》却认为慈禧是因与人私通怀孕，事情为慈安察觉，准备废掉慈禧太后称号。慈禧听说后，先下手为强，设计毒死了慈安。恽毓鼎《崇陵传信录》说，因慈禧得知咸丰帝生前有遗诏，她就有加害于慈安太后之心。对于慈禧太后的阴险狡诈行为，咸丰帝生前就有所察觉，为防止自己死后那拉氏"恃尊跋扈"，曾秘密地给钮祜禄氏留下一道遗诏，以备将来惩治那拉氏的不轨。从而又出现了东太后受骗烧此谕的传说。

对此末代皇帝溥仪在《我的前半生》一书也说："咸丰去世前，就担心懿贵妃将来母以子贵，做了太后，会恃尊跋扈，那时皇后必不是她的对手。因此特意留下一道朱谕授权皇后，可在必要时制裁她。而心地善良的慈安，有一次无意中把这件事向慈禧泄露出来，慈禧从此下尽功夫向慈安讨好，慈安竟被她哄弄得终于当她的面前烧掉了咸丰的遗诏。过了不久，东太后就暴卒宫中。有的说是吃了慈禧送去的点心，有的说是喝了慈禧给慈安亲手做的什么汤。"第二种说法，"正常病死说"。《光绪朝东华录》曾有慈安遗诏，说她"初九日偶染微疴，初十日病势陡重，延至戌时，神思渐散，遂至弥留"。

徐彻的《慈禧大传》同样倾向于"病死"说。首先，他认为慈安不善理政，例如召见臣子时说的话分量不足，只会询问其身体状况、行程远近等，所以她根本不会妨碍慈禧在政治上的权力，慈禧也没必要害死她。其次，他以《翁文恭公日记》中关于慈安发病的两则记载作为证据。一则是慈安太后26岁时曾经患了"有类肝厥"疾病长达24天，甚至达到"不能言语"之程度。另一则是同治八年（1869）十二月初四日，慈安太后"旧疾发作，厥逆半时许"。"厥症"主要表现为突然昏迷、不省人事、四肢厥冷，轻者昏厥时间较短，重者则会一厥不醒甚至死亡。据此，他认为，慈安其实是死于突发的疾病。但是，这种"因病致死"是那样的快速而又突然，连当时的当事者也大为怀疑。

据《清稗类钞》记载，在慈安初感身体不适时，御医薛神迅速为她诊脉，认为"微疾不须服药"，没想到当晚就听说"东后上宾，已传吉祥板（棺木）"，大为诧异，还以外间乱传。后来噩耗证实，他大戚曰："天地间竟有此事，吾尚可在此？"是不信慈安是因病致死。另一位当事人左宗棠，时任军机大臣，突然听说慈安得病身亡，顿足大声说："昨早对时，上边（指慈安）清朗周密，何尝似有病者？即去暴疾，亦何至若是之速耶？"第三种说法，慈安"吞鼻烟壶自尽"说。据《清稗类钞》另一种记载，慈安与慈禧共同和垂帘听政，慈禧权欲极重，慈安却倦怠少闻处事，并不与之争权，因此倒也相安无事。但到了1881年初，慈禧患血崩剧疾，遍求中外名医而无疗效，不能视事，慈安有一段时间独视朝政，致使慈禧大为不悦，慈禧"诬以贿卖嘱托，干预朝政，语颇激"，以致慈安气愤异常，又木讷不能与之辩，恼恨之下，"吞鼻烟壶自尽"。宫闱之事，正史、野史、俾传多有记载，难究真相，慈安太后的暴卒就是其中之一。

# 同治死因之谜

同治帝6岁登极，18岁才亲政，然而，仅仅"亲政"两年，就患病而死，终年19岁，成为清朝皇帝中寿命最短的一个。因此，他的死因也就成为了晚清宫廷中的又一悬案。

同治帝载淳，咸丰六年（1856）生于紫禁城的储秀宫，生母为懿嫔叶赫那拉氏，即后来的慈禧太后。咸丰十年（1860），英法联军攻陷天津，直逼京师。5岁的载淳随皇父咸丰、皇母懿贵妃逃难到承德避暑山庄。

咸丰十一年（1861）七月，内外交困的咸丰帝，怀着无限遗恨溘然早逝。咸丰临终时，作出一个皇权与臣权互相制衡的精心安排，立皇子载淳为皇太子，命肃顺等八大臣辅佐太子执政，定年号"祺祥"。咸丰帝死后，两宫太后和恭亲王奕訢发动了"辛酉政变"，废除了"祺祥"年号，6岁的载淳即位，改元"同治"，意寓两宫太后同时治理天下之意。慈禧与慈安两太后实行垂帘听政，其实真正执掌国政的是慈禧太后。同治6岁登极，18岁才亲政，只"亲政"两年，就患病死去，终年只有19岁，成为清朝皇帝中寿命最短的一个。

在晚清的皇帝中，同治皇帝的死因一直是史界和一般老百姓津津乐道的话题。对此，目前学术界主要有两种观点：

第一种观点，同治帝是因微服逛妓院，染上梅毒而死。因为，从常识上说，在当时的情况下，虽然尚未找到医治天花的有效良药，但即使是一般的百姓，患天花还不至于死亡，所以民间把天花称作"天花之喜"，何况是堂堂天朝皇帝，身边有的是高明的御医，怎么就那么容易死的呢？另外，在没有医学专业知识的老百姓眼里，天花和梅毒的病症有点类似，因此怀疑同治得的是梅毒而不是天花也就是很自然的事了。同时，从同治帝平常的行为习惯上怀疑他，有可能染上梅毒。据《清代外史》记载，同治帝选皇后的时候，同生母西太后发生了意见分歧。西太后喜欢美貌艳丽但举止轻佻的侍郎凤秀的女儿，但同治帝和东太后慈安却都看中了清朝唯一的"蒙古状元"崇绮之女阿鲁特氏，该女虽然相貌平常，但举止端庄，一见就知道是有德量者。同治帝不顾母后的反对选择了阿鲁特氏为皇后，凤秀女只被封了个慧妃。对此慈禧太后一直耿耿于怀，甚至没有给予崇绮家"皇亲国戚"的特殊待遇。婚后，同治与皇后"伉俪綦笃"，这就更加激起了慈禧太后的不快。慈禧千

清·同治皇帝载淳

方百计地离间帝后二人的关系，派太监阻止皇帝和皇后相见，又强迫同治亲近慧妃。同治帝当时虽有一妻四妾（慧妃之外还有瑜妃、珣妃和珣妃），却左右不是，不能自主，因此索性谁也不亲近，终年独宿乾清宫。在乾清宫的同治帝独眠难熬，就经常化装成老百姓微行出宫。据传，有好几个人在宫外中亲眼看见过同治帝的行踪。后来，就从宫中传出同治帝出痘病重之事。这样，人们有理由怀疑，皇帝微行时也许到过前门外的八大胡同逛妓院，因而染上了梅毒。现在涉及这段历史的许多文学作品，都采用了类似的说法。

第二种观点则认为，同治帝是死于天花而非梅毒。设在故宫内的中国第一历史档案馆的研究人员曾经根据从堆积如山的清宫档案中找出的《万岁爷天花喜进药用药底簿》（以下简称药底簿）进行分析，认为同治帝所患之病是天花而绝非梅毒。其理由有以下几点：（一）在患病之初，患天花者发病很急，一般都要伴随着发烧、脉搏跳动加快的反应，而患梅毒者则起病不急，无发烧症状。而药底簿则记载同治发病之初连续发了七天的高烧，"脉息浮数而细，系风瘟闭束，阴气不足，不能外透之症，以致发热头眩，胸满烦闷，身酸腿软，皮肤发出疹形未透，有时气堵作厥"，以及"咽喉干痛，胸满作呕，头眩身热"等，这些都是出天花的症状。（二）从药底簿的记载里可以看出，同治患病时出现头痛、背痛、发冷、寒战等全身性的天花症状，而梅毒患者是不会有这些全身性的明显症状的，表面上看也许像个健康人。（三）从天花皮疹的分布部位和转化规律上可以看出同治帝患的是天花之症。从分布部位上看，天花皮疹一般发于额部、发际、面颊、腕，逐渐延及臂、躯干、而至下肢，多见于身体暴露部位，呈离心状分布，这与药底簿所记的症状是相吻合的；从皮疹形态的转化规律上看，一般天花患者在患病的头两天就会出现斑疹，数小时后斑疹迅速变为圆形的丘疹。病人出疹后，全身中毒症状反而明显减轻，胸堵烦呕现象减退，大便通畅，胃口渐开。又过了二三日，丘疹开始灌浆，成为疱疹，这种疹的中间凹陷成脐形，周围有红晕。到了天花起病的第八九日，疱疹转为脓疱。又过两三天，脓疱逐渐干缩成痂。大约在发病后的二至四周，痂开始脱落，天花发病的过程基本结束。药底簿的记载正好与上述的症状以及皮疹的转化过程相一致。而梅毒则不同，发病的周期要比天花长，而且梅毒的斑疹大小如蚕豆，形状为圆形或略带不规则形，不是天花疱疹的那种脐形。

那么，为什么患天花会导致同治帝的死亡呢？研究者认为，因为同治在天花的后期不幸皮肤感染，"发热头眩俱退，唯湿毒乘虚流聚，腰间红肿溃破，浸流脓水，腿痛筋挛，头项胳膊膝上发出痘痈肿痛"。这种并发性的皮肤感染愈来愈重，使病人逐渐丧失了抵抗力。最后，皮肤感染发展到发生"坏疽性口炎"（俗称"走马牙疳"）的地步，此病一般发生在全身性疾病的末期，很可能导致全身衰竭而突然死亡。

另外，有学者根据父辈传下来的口碑等材料认定同治帝确系死于梅毒，同时强调，后来发生了一个变故，直接造成了同治帝的猝死。"十二月初四日午后，阿鲁特氏来东暖阁视疾，当时载淳神志清醒，看见皇后愁眉锁目，泪痕满面，乃细问缘由。这时早有监视太监走报西太后，说皇帝和皇后阁内私语。慈禧急来东暖阁，脱去花盆底高跟鞋，悄悄立在帷幔之后窃听，并示意左右禁声，切勿声张。此时皇后毫无察觉，哭诉备受母后刁难之苦。皇帝亦亲有感受，劝她暂且忍耐，待病好之后，总会有出头的日子……不料慈禧听到此处正刺所忌，竟勃然大怒，立刻推幔闯入帷内，一把揪住皇后的头发用力猛拖，一大撮头发连同头皮都被拉了下来，又劈面猛击一掌，顿时皇后血流满面，惨不忍睹。慈禧又叫太监传杖，棒打皇后。同治大惊，顿时昏厥，从床上跌落在地，病势加剧，从此昏迷不醒。急传先曾祖入阁请脉，但已牙关紧闭，滴药不进，于次日夜晚死去。"

研究者对同治帝的死因各执一词，同治的死因也就成为中国近代史上又一个解不开的谜。

# 慈禧策动辛酉政变之谜

清咸丰十一年(1861)七月十七日，咸丰帝崩于热河行宫，遗命以六岁的皇长子载淳继位，并派怡亲王载垣等八人，"尽心辅弼，赞襄一切政务"。慈安太后和慈禧太后不满肃顺等人的跋扈专擅，与顾命大臣为争夺最高统治权发生矛盾。与恭亲王奕訢携手发动了"辛酉政变"，于是"顾命"体制变为"垂帘"体制。那么，究竟谁是这次政变的主谋，是慈禧吗？还是另有其人？

清咸丰十一年七月十七日，咸丰帝崩于热河行宫，遗命以六岁的皇长子载淳继位，并派怡亲王载垣、郑亲王端华、御前大臣额驸景寿、协办大学士肃顺、军机大臣兵部尚书穆荫、吏部左侍郎匡源、署礼部右侍邹杜翰、太卜寺少卿焦佑瀛总共八人，"尽心辅弼，赞襄一切政务"。这就是清朝家法中的"顾命"制度。慈安太后和载淳的生母慈禧太后不甘大权旁落和扼喉之忧的处境，不满肃顺等人的跋扈专擅，与顾命大臣为争夺最高统治权发生矛盾。

八月初一日，文宗异母弟恭亲王奕訢至热河值殷奠叩谒梓宫，慈安、慈禧以叙家常为名召见，密商合力对付肃顺。九月三十日，两太后召见恭亲王奕訢、大学士桂良、贾桢和军机大臣文祥等，控诉顾命大臣，正式提出垂帘听政。恭亲王遂奉旨派亲兵突然抓捕了载垣和端华，同时睿亲王仁寿、醇郡王奕宣奉旨前往途中拿问肃顺，押解来京。十月初一日，上谕授恭亲王为"议政王"，并掌管军机处，以后又授命为内务府大臣，并赏食双俸，以示优礼。户部左侍郎文祥、大学士桂良、户部尚书沈兆霖、户部右侍郎宝仍在军机大臣上行走，鸿胪寺少卿曹毓英在军机大臣上见习行走。十月初六日，上谕赐令载

《内起居注》 记载皇帝在内廷和园囿起居生活的册子。这本咸丰三年(1853)的内起居注,记载着皇帝御圆明园九洲清宴宣谕册立皇后之事。

垣、端华自尽,斩决肃顺,其余景寿、穆荫、匡源、杜翰、焦佑瀛五人被解任。党援形迹最密者吏部尚书陈孚恩流放新疆,资财被查抄;踪迹最密者黄宗汉被革职,永不叙用;外间有烦言者侍郎刘昆、成琦、太卜寺少卿德克律太、候补京堂富绩也被革职。

十月二十六日,恭亲王会同大学士、六部、九卿、翰、詹、科、道遵旨会议皇太后亲理大政事宜,并且将皇太后的权力用垂帘章程固定下来。使得两宫太后实际上代行皇帝的全部权力。十一月初一日,在养心殿举行垂帘听政大典,于是"顾命"体制变为"垂帘"体制,两宫太后临朝称制于上,恭亲王总揽全局于下。从咸丰皇帝去世到实现垂帘听政,共经过103天。这就是震惊中外的"辛酉政变"。

对于"辛酉政变",一种观点认为,辛酉政变并非偶然事件,它有其特定的历史条件。它起因于文宗与恭亲王的兄弟失和,而这又导致肃顺得宠及恭亲王被摒弃于顾命大臣行列之外,两宫太后与顾命大臣为争夺最高统治权而引起围绕"顾命"体制和"垂帘"体制之争,以御史董元醇条奏垂帘听政一事为导火索,终于酿成事变。事变标志着统治阶级最高层相互之间的公开倾轧和斗争的白热化。同时,慈禧太后是"辛酉政变"的最大受益者,这一政变的成功使她开始登上政治舞台,并据此一举夺得国家最高权力,并从此实际上统治中国长达近半个世纪之久。因此,学术界通常把"辛酉政变"看作是慈禧在咸丰帝死后主谋或与奕䜣合谋策动的。

陈潮则对这一看法提出质疑,认为政变主谋并非慈禧,而是当时受到国内外广泛支持的奕䜣集团。"辛酉政变"是清廷权力失衡的必然结果,慈禧通过政变上台却是历史的偶然。其理由包括:其一,毋庸置疑,军队对政变的成功起了决定性作用。对此次政变作军事部署的是钦差大臣、兵部侍郎胜保,他在京城拥有最雄厚的军事力量。虽然胜保在道光朝已官至内阁学士,以后又几经升降,但他与那拉氏却没有也无从交往,更不见胜保的军事部署有慈禧的参与。胜保之所以在政变中决定性地站到了慈禧和奕䜣的一边,一是因为他在咸丰帝逃亡热河前夕已与肃顺一伙结为仇敌,二是由于他与奕䜣过从甚密,配合默契。据翁同龢九月十六日的日记记载:"闻恭邸(奕䜣)回京,又闻胜克斋(胜保)到京",又据《热河密札》记载:"此公(胜保)十五日到不到,不卜如何措施,在城想见著邸堂(奕䜣),一切自己尽悉。"由此可见,九月十六日胜保带兵抵京后,有足够时间,并完全可能与刚从热河返回的奕䜣会面密谋。如果说胜保的军事行动有合谋者,则亦当是奕䜣,而且在其径自带兵到京之后才得逞。九月十六日以后,胜保进一步布兵要隘,他也随之直奔热河,以"留虎豹在山",待机行事。所有这些,显然又未经慈禧的策划和参与。既然没有证据表明慈禧参与策划了具有决定意义的军事行动,那么慈禧策动政变之说就显得缺乏说服力。

其二，慈禧策动"奏请垂帘听政"之事，同样令人怀疑。参与奏请的有手握重兵的胜保、大学士周祖培和贾桢、户部尚书沈兆霖、刑部尚书赵光等人，他们均是奕䜣的心腹党羽，同慈禧素无瓜葛。显然，无论在人事关系，还是在时空条件，远在热河的慈禧都不可能对他们进行策动。至于那个率先上疏"垂帘听政"的董元醇，时任山东道监察御史，只是一个地方小官，更与刚升为太后的慈禧互不相识。他的上疏九月十日发出，十四日才急递至热河。而其时，奕䜣尚未从热河返抵北京。慈禧受人事和时空条件的限制，断难对"垂帘听政"的奏疏有什么指使。而董元醇是周祖培的门生，他的上疏应该受周祖培的指使。值得注意的是，所有关于"垂帘听政"的奏疏在提出"皇太后暂时权理朝政"的同时，特别强调"并简近支亲王辅政"，其意显然在于使皇弟恭亲王奕䜣掌权。

其三，慈禧与奕䜣密谋的最有力之证据，是奕䜣与两宫太后于九月五日在热河行宫的一次叔嫂会面。据载，九月五日，奕䜣以奔丧为由赶到热河，"值殷奠叩谒梓宫，伏地大恸声彻殿陛，闻者无不泪下，祭毕，太后召见。恭邸请与内廷偕见。不许，遂独对。一时许方出"。史料价值很高的《热河密札》也透露，奕䜣到热河后，曾与太后"独对"一时许。"独对"什么，所载都语焉不详。因此，仅仅根据语焉不详的"独对"、情节和其他间接的估计猜测，就推断慈禧与奕䜣在那"一时许"的会面中策划了这一政变，不免有证据不足之嫌。

其四，慈禧野心虽大，但羽翼未丰，尚不足担当策动政变的主谋。直到"垂帘听政"之前，几乎所有政变的主要参与者，都难以成为慈禧的心腹党羽，以供其指使策动。与此不同，具备策动政变实力的是业已崛起的奕䜣集团。在国际上，英法等国公开支持由奕䜣集团取代顽固的肃顺集团，甚至打算用武力来达到目的。在国内，由于肃顺等人在1858年"戊午科场案"和1859年"钞票舞弊案"中搞得士人满狱，士大夫切齿痛恨，如今见肃顺等人受咸丰顾命，人人自危，遂迅速在奕䜣周围结成大党。就连僧格林沁这样的统兵大员，也上奏表明他反对肃顺等八大臣的态度。不仅如此，奕䜣还因在北京议和期间的成效而频频得分，博得北京官僚层及军界的广泛拥护。反观当时的慈禧，除徒有"太后"之名外，在策动政变的实力上安能望奕䜣之项背？

据上所述，陈潮指出，慈禧当时既无军权在握，又乏人事关系，且受时空条件的限制，显然没有理由成为策动"辛酉政变"的主谋。策动"辛酉政变"的主谋当为奕䜣及其心腹密友。他们联合两宫太后，力主皇太后"垂帘听政"，目的是要在向顾命八大臣夺权时，避免"犯上作乱"之嫌。极具权欲而又极其聪明的慈禧，十分愿意地联手参与，并在这一叔嫂联手的政变中被推上了台。可以说，"辛酉政变"是清朝统治集团权力失衡的必然结局，慈禧通过政变上台却是历史的偶然。历史的偶然性为慈禧专权提供了机遇和舞台。

看过上述两种观点，可以说，要想真正地了解谁是"辛酉政变"的策划者，尚需要学术界继续研究与探索，以解开这一历史悬案。

# 李秀成投敌之谜

　　同治三年（1864），清军攻破太平天国的京城，忠王李秀成保护幼天王洪天贵富突破重围，不久不幸被湘军俘虏，叛变投敌。忠王是真心投敌，还是另有别情？

　　同治三年，清军攻破太平天国的京城，李秀成为了保护幼天王洪天贵富突破重围，不幸被湘军俘虏。在囚室中，李秀成写了洋洋数万言的《李秀成自述》，供认自己参加太平天国的历程。据此，李秀成多被视为晚节不保的叛徒。不过，事实并不是那么简单。

　　研究者首先对《李秀成自述》的内容真实性产生了怀疑。李秀成的自述完成之后，曾国藩命人删改誊抄一份上报军机处，而李秀成的亲笔原稿则被曾国藩私下保留了下来。曾国藩的幕僚赵烈文在《能静居士日记》七月初七日条中说："中堂（指曾国藩）嘱余看李秀成供，改定咨送军机处，傍晚始毕。"那份誊抄的文本由九如堂刊刻发行，而被曾氏保留下来的原稿则深藏曾家密室，由曾国藩的后人保管，秘不示人。因为九如堂刻本《李秀成自述》是经曾国藩删改过的，所以不足为据。而李秀成的原稿，除曾家后人外，谁也没有见到。长期以来，人们不禁猜测：李秀成的原稿里到底有哪些内容呢？曾国藩为什么要删改李秀成自述呢？是确如曾国藩所说："李秀成之供词，文理不甚通适，而情事真确，仅抄送军机处，以备查考。"还是供词中有不可告人之处？其中最引人注目的一种猜测就是，李秀成可能在原稿里劝曾国藩反清，自己做皇帝。如著名的史学家孟森就猜测，李秀成"可能以种族之见动曾，其时汉人已握实力，满人积威已替，不无动以取而代之说"。

　　为了解开这一个谜，1944年，在广西通志馆工作的吕集义先生千里迢迢来到湖南湘乡曾国藩老家，请求曾国藩后人把李秀成原稿拿出来看一看，以便和刊行本对照一下。曾氏后人先是左右推托，不肯出示。后来看到吕先生态度极为坚决，曾氏兄弟姐妹几个商量了数天，最终还是把李秀成原稿这个祖传秘宝搬了出来，但是有个条件，只许在曾家藏书楼里看，不能带走。吕集义"为人狂喜"，连续两天对照着刊行本进行紧张的补抄、改正。在工作时，"曾氏兄弟轮流守在桌旁，跬步不离；每当休息、吃饭，则必将原稿携入内室，扃之匣筐，护惜有逾珍宝"。吕集义抄补完毕后，还拍摄了稿本的照片十四页带了回来。

金用端　清同治。高50厘米，底座长24厘米，宽18厘米，重6000克。清宫旧藏。

九如堂刻本原有二万七千多字，这次吕集义先生共补抄了五千多字，合计三万三千多字，并据此出版了《忠王李秀成自述原稿校补本》。罗尔纲先生就是根据吕氏的校补本和这十四张照片进行研究，写出了著名的考证著作《忠王李秀成自传原稿笺证》。吕集义和罗尔纲二人都认为，曾家所藏李秀成原稿是真迹无疑。主要的理由是：第一，从笔迹上看，曾家所藏"原稿"和李秀成的真迹是出自同一个人之手。当时参加审讯李秀成的庞际云藏有李秀成亲笔答词二十八字（现藏上海市文管会）。罗尔纲先生花了很大的功夫，一字一句，一点一撇地拿"原稿"和上述真迹相片对照，并且还征求了笔迹鉴定专家的意见，断定"原稿"是真品。第二，从内容上看，"原稿"将金田起义到天京陷落这十四年的每一个过程和细节都描述得非常清楚，很难想象会是曾国藩亲自捏造的。而且，"原稿"在称谓上多遵循太平天国的制度，也非曾国藩所能知道的。第三，"原稿"里用了很多李秀成家乡的方言，也绝非曾国藩等人所能伪造出来的。

吕、罗认为"原稿"是真迹的观点在很长的时间里似乎成为定论。但是到了20世纪60年代初，曾家所藏的这批"原稿"在台湾世界书局影印出版了，这个影印本的底本和吕集义所见的是一模一样的，这样，其他史学家才见到李秀成自述原稿的全貌。许多史学家由此提出了与罗尔纲不同的看法，认为这份"原稿"其实并不是李秀成的真迹，而是曾国藩伪造或删改后，让人模仿李秀成的笔迹炮制的。持这种观点的荣孟源先生所列的理由是：第一，根据其他史料，李秀成是每一天写若干页交给曾国藩的（共九天），按理说，每天写的最后一页一般总要空几行或几字，可"原稿"上每一天都写满最后一页纸、最后一行字，这恐怕不是偶然的；第二，"原稿"的字数和记载的字数不等。据记载，李秀成共写了五万字，而"原稿"只有三万三千字。如果另外一万多字是被曾国藩撕毁了的，那么，"原稿"的内容应该是不衔接的，然而，"原稿"却是前后内容完全相连；第三，"原稿"的用词该避讳的时候不避讳，不该避讳的地方却避讳了，如果偶尔笔误，还可以理解，而"原稿"在这方面的笔误却多得离奇。

但罗尔纲先生坚持自己的意见，认为荣先生并没有从笔迹鉴定等方面推翻他的论断，而笔迹鉴定是所有论据中最权威、最无可辩驳的。荣先生则认为，伪造笔迹古已有之，不足为证。双方谁也没有说服谁。那么，"原稿"笔迹是否和李秀成真迹同出一人之手呢？不妨让聪明的读者自己判断一下。

问题是，即使"原稿"是李秀成的真迹，也还是不能判断李秀成是不是真的投降。对此，罗尔纲先生提出了李秀成"伪降"、"施苦肉计"这一大胆假设。他的理由如下：其一，"原稿"露出最少十二处破绽。例如，反复表白写"自述"是因感戴曾国藩兄弟的恩德；假造他与天王的不和而隐瞒天王对他的信任；虚构自己对清军的仁慈并且有意玷污自己，等等；这些可能是李秀成"有所为而言"的，目的是要获得曾国藩的信任，以便相机行事。

其二，"原稿"里隐瞒了最重要的真相，以便误导曾国藩，保存太平天国的残余力量。太平天国首都天京失陷以后，李秀成掩护洪秀全的儿子幼天王冲出重围，他知道幼天王此时已经脱离了险境。但李秀成故意说幼天王"十六岁幼童，自幼至长，并未奇（骑）过马，又未受过惊慌，九帅四方兵追，定言（然）被杀矣"。此外，李秀成还隐瞒了太平天国其他主力的动向，隐瞒了天京城内还藏有大量太平天国的金银财宝的事实。如果李秀成是真心投降，完全可以出卖这些信息以邀功，但是他却没有这么干。

其三，从李秀成一生出色的功绩以及被俘后的英勇表现上推测，他不像是因为贪生怕死才投降的，一定是另有所图。

其四，当时的历史条件决定了李秀成的伪降是可行的和有前途的。曾国藩的湘军攻陷天京后，力量变得空前强大。而清朝的"中央军"已经被证明不堪一击。以曾国藩此时拥有的力量，是完全有可能推翻满清，自立为皇帝的。曾国藩的手下也多有劝他反清的。如此可以推测，李秀成也是有可能设计出一个深谋远虑的计划，先劝说曾国藩自立皇帝，然后再伺机恢复太平天国的事业。

其五，曾国藩后人的口碑旁证了李秀成伪降是为了劝曾国藩推翻清室，由曾国藩自己做皇帝。曾家所藏李秀成自述原稿中有一万多字被撕毁，这一万多字里都写了些什么呢？不禁让人怀疑，可能就是李秀成劝说曾国藩反清的内容。对这样招引杀身之祸的东西，曾国藩当然要把它销毁得干干净净，以便死无对证。

后来，曾国藩的曾外孙女，北京大学西语系教授俞大缜向罗尔纲提供了这样一条重要的口碑："我母亲曾广珊，是曾国藩的孙女。民国三十五年（1946）有一天，她在卧室内和家中少数几个人聊天，有人提起母亲出生的地方，说两江总督衙门就是现在的国民政府，过去是天王府。大概因为提到天王府，就提到了李秀成。大家随便闲谈。我没有注意具体内容，我已记不起了。事后母亲亲口对我说：'李秀成劝文正公做皇帝，文正公不敢。'当时我没有认识到这句话的重要性，所以没有追问，现在万分后悔。几年后，我读了罗尔纲老先生所著《李秀成笺证》，才知道曾国藩把一部分李秀成的材料毁掉，再把母亲对我所讲的那句话联系起来，就恍然大悟，李秀成的确是想学三国中的姜维（伪降）。"俞教授还强调说："我的母亲是虔诚的基督徒，决不说谎话的。"罗尔纲认为，曾广珊是有学问的妇女，不是一般的妇女，是不会作无稽之谈的。而且，她们是在自己家里谈自己家的事，决无任何目的在内，所以是极为可信的。因此，这个口碑正是一条千真万确地证明李秀成想学三国时的姜维伪降曾国藩的铁证。

忠王李秀成是真心投敌，还是另有别情？聪明的读者你有选择了吗？

# 慈禧择立光绪之谜

同治驾崩，慈禧为什么不选旁人，偏偏选择载湉继位呢？显然，载湉是其亲妹所生之子，与慈禧有血亲关系，是重要因素之一。但是，许多人认为载湉不是她的外甥兼侄儿，而是她的亲生儿子。慈禧择立光绪为帝因此成为了宫廷之谜。

光绪皇帝（1827—1908）是清朝入关后的第九代皇帝，姓爱新觉罗，名载湉，系道光皇帝第七子醇贤亲王奕譞之次子，其母是慈禧的胞妹，他既是同治帝的堂弟又是表弟。同治十三年（1874）十二月初五，同治帝载淳驾崩，即将失去操纵清王朝权柄的慈禧重施故计，择立载湉为帝。

清咸丰十一年（1861）辛酉七月十七日，咸丰帝崩于热河行宫，遗命以6岁的皇长子载淳继位，并派怡亲王载垣、郑亲王端华、御前大臣额驸景寿、协办大学士肃顺、军机大臣兵部尚书穆荫、吏部左侍郎匡源、署礼部右侍邹杜翰、太卜寺少卿焦佑瀛总共八人，"尽心辅弼，赞襄一切政务"。同时，他又自作聪明地把随身私章"御赏"、"同道堂"作为皇权信物传给了皇后和儿子以防辅臣擅权。载淳年幼，其母懿贵妃成为皇太后且占用了皇权信物之一。因此，一开始两宫皇太后就与顾命八大臣发生矛盾。料理清文宗后事期间，两宫皇太后与奕訢发动辛酉政变除去肃顺等八大臣。十月二十六日恭亲王会同大学士、六部、九卿、翰、詹、科、道遵旨会议皇太后亲理大政事宜，并且将皇太后的权力用垂帘章程固定下来。使得两宫太后实际上代行皇帝的全部权力。十一月初一日在养心殿举行垂帘听政大典，于是"顾命"体制变为"垂帘"体制，开始了两宫太后垂帘听政的同治时代。

同治十三年十二月初五，同治驾崩，身后竟然无子，立何人为帝？两宫太后共同主持召开诸王大臣会议，会上群臣议论纷纷，各抒己见。事实上，慈禧心中早有主意，见群臣提不出具体人选，便提出立醇亲王奕譞之子载湉为帝，识趣的群臣一个个唯命是从。这样，光绪王朝由此开始。

慈禧太后为什么没有选择其他人，而是偏偏选择了载湉承继皇位呢？

传统的观点认为，慈禧择立载湉为帝，主要是因为载湉年幼，两宫皇太后可以继续垂帘听政，大局不变。同治帝载淳崩逝，即将失去操纵清王朝权柄的慈禧重施故计，为了不做太皇太后，便给自己揽子，这样，最好能够择立一位与同治同辈的幼帝。因为给咸丰帝立嗣，自己仍可名正言顺地再度垂帘听政，保住已有的大权。于是将不谙人事、年仅4岁的载湉从太平湖醇王府接进紫禁城御苑，正式宣布由载湉继承皇帝，改元光绪，意思是缵道光先帝之绪也。这

清·光绪皇帝载湉

些都是在同治死去的当天完成的，如此迅雷不及掩耳之势反映出慈禧太后权欲之盛，手段之老辣。载湉成了慈禧的又一个政治工具，被推上了皇帝的宝座。当然，研究者也承认，载湉是其亲妹妹所生之子，与慈禧有血亲关系，也是重要因素之一。

除了上述传统的观点外，也有许多人认为载湉不是她的外甥兼侄儿，而是她的亲生儿子。有关载湉的身世，京城大街小巷议论纷纷，有不同的传说。

第一种传说，认为载湉是慈禧太后与宫中太监安德海生的儿子。据传闻，太监安德海在入宫前做了假手术，不是一个真正的阉人。安德海入宫之后，善于阿谀奉承，特别是会讨慈禧的欢心。而辛酉政变之时，他又立过功劳。因此，慈禧对他是恩宠有加、言听计从。咸丰帝驾崩之时，慈禧年仅20多岁，年纪轻轻就守了寡，青春正盛的少妇按捺不住涌动的春情。安德海本来就善于察言观色，他明白慈禧想要什么，便把他是假太监的事情告诉了慈禧。慈禧太后一听，备感高兴，两人从此打得火热，寝居与共。二人虽然做得非常隐秘，然而没有不透风的墙，慈禧和安德海的事很快在宫内传开了。同治帝和慈安太后知道后，对安德海是恨之入骨。而安德海自从与慈禧有了特殊关系，更是不把任何人放在眼里，胡作非为。因此，上自皇帝，下至群臣，都想除之而后快。

不久，安德海怂恿慈禧派他去江南采办龙衣，出外行游。不想，清宫有规定，太监不许出宫，否则杀无赦。安德海行至山东境内，被持有慈安太后和同治帝手谕的山东巡抚丁宝桢擒住，并斩立决。慈禧太后听到消息十分生气，怒责慈安太后。慈安话里有刺，说："妹妹心里应该明白，这么做是为了妹妹好。祖制规定宦官不得出宫，犯者杀无赦！"慈禧一看，把柄被抓住，闹起来后果不堪设想，只好忍痛从长计议了。不久，慈禧才知怀了安德海的孩子，不敢张扬，忍气吞声熬到孩子出世，送给了妹妹。

然而，这个传说并非毫无破绽，安德海于同治八年（1869）被处死，而光绪帝载湉出生于同治十年（1871）八月，慈禧不可能怀孕25个月生孩子。有人称，既然有这个传说，就不能全按常规常理来设想：（一）安德海到底是不是假太监，丁宝桢在杀安德海前是要验明正身的，应该清楚；（二）慈禧惯会欺诈，她能把孩子送给亲妹抚养，毫无疑问，她当然也可以在孩子出生年月日上做手脚。真真假假，一时间是很难说清的。但有一点很清楚，就是怎么说光绪帝载湉同慈禧都是有血亲关系的。

第二种传说，据说慈禧太后特别爱吃"卧鸡蛋"，每天早上都要吃上四个卧鸡蛋。京城金华饭店的卧鸡蛋最有名，慈禧曾命人到金华饭店买回一尝，果然名不虚传，酥软可口。她命李莲英每天为她在金华饭店定做，清晨由金华饭店小伙计把提盒送到宫门，再由李莲英送给慈禧太后食用。时间长了之后，李莲英就让饭店小伙计直接把卧鸡蛋送到宫内厨房。传说有一天，慈禧太后起了个

大早，由李莲英陪着在宫内散步，忽然看见一个小伙子手提饭盒匆匆走来。慈禧问李莲英："他是谁呀？"李莲英回道："他是金华饭店的小伙计，叫史天明，每天来给老佛爷送卧果的。"慈禧让小伙子走近，仔细打量一番，见他20多岁，长得白净，虽然一身伙计打扮，但掩不住俊秀之气。慈禧立刻就喜欢上这个俊秀的小伙子，吩咐让他侍候进早膳。小伙子也很会来事，做事干脆麻利，把慈禧侍候得很高兴，就被留在宫中侍候太后。卧鸡蛋则由金华饭店改派其他伙计送。结果，慈禧不小心就怀上了小伙子的孩子。孩子生下后，虽然西太后不忍骨肉分离，但身为太后做出这样的事必使自己的权势受到威胁，就把孩子交给自己的妹妹醇亲王福晋抚养。而这个孩子就是载湉，后来的光绪帝。孩子送走后，慈禧对史天明也腻了，为灭口就命人将小伙计杀死在宫内。

同第一个传说一样，这个传说也有很多地方按常理使人不能信服之处：一是太后、皇帝、后妃的用膳是固定的，不能在外面定做。即使定做，也必须由小太监们去监做护取，怎么可能让饭店的小伙计送来呢？二是慈禧身居宫廷内院，随身伺候的宫女太监很多，每天还要临朝听政，如果怀孕生子怎能瞒过这么多人呢？所以这个传说不可信。但是，反过来说，规矩是人定的，如果人们不去按常理想，任何事情都有可能发生。

这两个传说与传统说法相比，其说服力相对较差，慈禧究竟源何择立载湉继位，还需要学术界做进一步的研究。

# 珍妃落井之谜

光绪二十六年（1900）七月，八国联军进攻北京，慈禧仓皇出逃前夕，珍妃死于宁寿宫外的玻璃井中。但珍妃是否坠井而死，一直众说纷纭。

珍妃，姓他拉氏，满洲镶红旗人，才色并茂，颇通文史。光绪十四年（1888）进宫，后晋封为珍妃。光绪帝与珍妃感情甚好，但慈禧与珍妃一直有嫌隙，后因珍妃支持光绪戊戌变法，受到慈禧太后怨恨，最后在光绪二十六年（1900）七月，八国联军进攻北京，慈禧仓皇出逃前夕，将珍妃溺死于宁寿宫外的井中，但珍妃是否坠井而死，一直众说纷纭。

第一种说法，珍妃生了天花，慈禧不得已派人把珍妃推下井。这一说法主要来自太监小德张过继孙张仲忱在《我的祖父小德张》一文中的叙述。他转述了小德张的回忆。据他回忆，小德张谈起珍妃时说，当年八国联军进城后，慈禧也来到了御花园旁，在养心斋前换上了便装。各宫妃嫔陆续到来，光绪皇帝也由瀛台过来，换上了青衣小帽。这时，慈禧把珍妃叫来，让她换好衣服一起走。此时的珍妃已被囚禁了整整三年。不大一会，珍妃披散着头发，穿着旗袍来了。老祖宗大怒说："到这时候了，你还装模作样，洋人进来，你活得了吗？赶紧换衣服走！"珍妃说："皇阿玛，奴才面出天花，身染重病，两腿酸软，实在走不了，让我出宫回娘家避难去吧！"慈禧不同意，仍然叫她走，珍妃跪在地上就是不走。这就为慈禧把珍妃扔到井里提供了借口，因为珍妃生了天花没体力逃难，投井是不得已而为之……

第二种说法，慈禧遣人杀害说。庚子之乱，八国联军即将打进北京城，此时珍妃已在牢院中囚禁六年，就在慈禧仓皇"西狩"前夕，托宫女带信给姐姐瑾妃，让她无论如何想办法留住皇帝在京主持大局。言外之意是可借机摆脱太后控制，收回权柄。谁知所托非人，信件落入二总管崔玉贵之手，转呈给了慈禧。于是慈禧盛怒之下，令其自尽。珍妃不从，才由崔玉贵将她沉入井中。另据《清朝野史大观》记载，八国联军兵临城下，慈禧等人收拾行装准备逃出紫禁城，珍妃进言说皇上是一国之君，应该留京，太后一怒之下命李莲英将其推入宁寿宫外大井中。

但这里有一个问题，即珍妃究竟因何被囚禁，是因为她"赞襄新政"吗？通过正史野乘，可以得出结论，她之被囚，绝非因为"赞襄新政"。从时间上来说，她之被囚在光绪二十年，而戊戌变法迟至四年之后的光绪二十四年才发生。她虽生长在得风气之先的广州，并受教于文廷式，但思想也不会先进到康梁的程度吧？如果她在光绪二十年即因"赞襄新政"被囚，岂不成了康梁之前驱，吾国思想与革命之启蒙者？珍妃利用光绪卖官鬻爵是事实，但她对慈禧的揽权干政，使光绪不得一展抱负的不满，也是显然的。慈禧之杀珍妃，不是因她"习尚奢华"，"屡有乞请"，也不是因她"赞襄新政"，而是因为她策划使光绪留京。光绪若能留京主持大局，则慈禧"西狩"便成流放，永无回京之望！

第三种说法，珍妃自己投井自杀。这一说法主要来自当事人的口碑资料。据《我所知道的慈禧太后》一书记载，隆裕曾经告诉作者的爷爷，说："很多人都说是我嫉妒告她黑状，所以老太后派人把她推到井里去了。其实事情是这样的：当时被八国联军打败后，洋人军队打到了北京。在完全没有取胜希望的情况下，老太后西行。当时的情况非常紧急，因为谁也不清楚这帮洋人最后会干什么，会不会像烧圆明园那样，把紫禁城也烧了？当然西行带不了那么多人，因为人多了就会成为负担。但是因为当时光绪是皇帝，而我是皇后，同时又是老太后的亲侄女，要带也只能带我和皇上走。而其他的一些亲属就地回娘家躲避，妃子们也不例外。可是当时的珍妃非常气盛，不服从老太后的指挥，并当场顶撞了老太后。在那个紧急时刻，珍妃一直对老太后说：'我是光绪的妻子，我要跟着去。您有偏见，皇后是您的侄女，所以您带她走。所以我也请求你带我走。'这就让老太后非常难堪。从另外一层上

金龟钮珍妃之印　清光绪。高11.6厘米，长11厘米，宽11厘米，重6800克。清宫旧藏。

讲，本来老太后就对珍妃平日的作为有点不高兴，再加上这些紧急时刻的顶撞，老太后气得脸色发白，直打哆嗦。在皇宫里，大清朝几百年来从来没有人敢于这么顶撞太后，即便是皇上都从来没有过，何况一个珍妃。老太后也是一个非常要脸面的人，所以气得当时抬脚就走，珍妃一直跟着老太后说自己的理由，于是就来到了距离珍妃住所不远处。珍妃这时候还不死心，对太后说：'我是光绪的妻子，就要跟皇上在一起，不在一起，宁愿死。活着是皇家人，死了是皇家鬼。'老太后一听，就更加生气，本来火烧眉毛的事情，哪还有时间吵架啊，于是就对珍妃说：'你愿意死就死去吧。'当时离说话的地方不远处就有一眼井，于是珍妃紧走两步，说：'那既然这样，我就死给你看。'于是直接就奔井口去了。老太后一看情况不对，这孩子跟我顶撞两句，怎么还真的去死啊。于是对崔玉贵说：'赶紧去拉住她。'但是这个时候已经晚了，当崔玉贵跑过去的时候，珍妃已经跳下去了。老太后一看没办法了，内忧外患啊，于是没来得及管她，就走了。"

据此，此书指出，珍妃不是慈禧杀的，那些传言都是错误的。其实事情远远不像人们想象的那样，因为慈禧和珍妃都死了，所以人们就随意把一些屎盆子尿盆子都扣到了慈禧的脑袋上。与其他观点不同的是，此书的作者甚至指出，因为珍妃非常有才干，又非常聪明漂亮，所以慈禧非常喜欢珍妃。在慈禧看来，珍妃就是一个年轻的慈禧，这些都让慈禧对珍妃有着一种别样的感情。

珍妃之死无疑是清代后宫又一未解之谜，珍妃之死，正史的记录都语焉不详。野史和口述史料的记录详细，但可信度不及正史，且版本很多。自杀还是他杀至今仍不得解。

# "公车上书"之谜

清光绪二十一年（1895），清政府被迫与日本签订《马关条约》。四月初八康有为联合在京会试的举人1300多人于松筠庵召开会议，联名上书光绪帝，痛陈割地弃民的严重后果。康梁发动"公车上书"真实情况到底为何，是确如康梁所说，还是康梁事后编造以抬高自己的神话？

汉代以公家车马送应举之人赴京，后因以"公车"为举人入京应试的代称。光绪二十一年，清政府在中日甲午战争中失败后，派李鸿章赴日本签订《马关条约》，激起全国人民的强烈反对。四月初八日（5月2日）康有为（1858—1927）联合在京会试的举人1300多人于松筠庵召开会议，联名上书光绪帝，痛陈割地弃民的严重后果。指出抛弃台湾将失全国民心，割地将招亡国大祸，力主拒绝和议，明定对策。提出四项解决办法：（1）下诏鼓天下之气；

(2)迁都定天下之本;(3)练兵强天下之辇;(4)变法成天下之治。而且,认为前三项是挽救民族危亡的权宜应敌之谋,第四项才是立国自强的根本大计。还提出了富国之法、养民之法和教民之法三项变法建议。又建议裁减冗官、紧缩机构、澄清吏治及改革官制,于每十万户中举一名有才能之"士"为"议郎",供皇帝咨询,上驳诏书,下达民词,凡内外兴革大政,皆令开会讨论,全体"议郎"每年更换一次。这次上书冲破了清政府的"士人干政"禁令,提出了资产阶级维新改良的政治纲领。上书虽然被都察院拒绝,未能上达,但却在全国广泛流传。这次运动标志着资产阶级改良思潮发展为政治维新运动。

就"公车上书"的功能和意义而言,一些学者把其大致可归纳为以下几点:(1)它可以说是中国知识分子第一次现代觉醒。在"公车上书"前二三十年间,中国也陆续出现过几个维新思想家,但均未能形成社会思潮和产生社会效应。而"公车上书",虽未上达,却在民间抄誊广泛流传,引起了很大的社会反响。连康有为本人也深有所感地说:"思开风气,开知识,非合群不可。"合群意识可谓当时知识阶层的新观念,也是知识分子现代觉醒的标志之一。(2)"公车上书"是维新派进行维新活动的开端。这一年年底,康有为成进士后,清廷授以工部主事,但未到署,他弃官职与同人们相约在北京组织"强学会",并出版了《中外纪闻》,遍送士大夫贵人,使之"渐知新法之益"。不少大臣如翁同龢、张之洞、刘坤一等均对该报捐款赞助,他们在思想上一度倾向于维新派。(3)它对光绪二十四年(1898)的戊戌变法起到了思想指导作用。康有为在1895年前后,共计七次上清帝书,由于顽固派的阻挠,未能及时全数上达。只有1895年5月的《上清帝第三书》递到了光绪手里(此书内容与"公车上书"雷同)。光绪帝阅后非常重视,命令将此书誊抄,分送慈禧太后、军机处和各省督抚。维新派要进行自上而下的维新变法活动,只能寄希望于皇帝下诏令来推行。而皇帝要"明定国是"下诏变法,也只得将这批涌现的新生力量(维新派)充当自己的近臣和助手。可以见得,戊戌变法是通过光绪帝与维新派结成精神上的同盟来进行的。"百日维新"的失败只能表明光绪帝未能通过变法途径来掌握实权,使清政府走维新之路,而不能因此否定维新派在戊戌变法中的思想指导作用。

然而,一些学者却认为,康有为虽起草了上光绪皇帝的万言书,但各省举人并未在万言书上签名,更未到都察院上书。"公车上书"只不过是康梁等蓄意编造的一个完整的"神话",完全是为了抬高康有为维新运动领袖的地位。

首先,康有为说,他起草的万言书曾于5月2日投递,"都察院以既已用宝,无法挽回,却不收";而他的弟子梁启超则曰,该上书"言甚激切,大臣恶之,不为代奏",意思是说都察院收下了康有为的万言书,而不愿转呈皇上。二者明显矛盾。事实上,都察院自4月22日起,即陆续收到了各省公车的联名上书,"初难之,故迟迟不上",后因文廷式弹劾该衙门"壅上听、抑公议,上命廷寄问之",都察院才转变了态度,于4月28日后逐日将收到的上书及时上呈,5月2日一天就转呈了15件条陈,其中包括各省举人的联名上书8件,直至5月9日还代递了分别由江西举人罗济美、云南举人张成濂领衔的两份上书。如果康、梁等真的曾于5月2日至都察院上书，都察院是绝对不可能"却不收"或"不为代奏"的。

其次，康有为说，4月15日李鸿章"电到北京"，他就先知道割地赔款的消息了；而刊印《公车上书记》的沪上未还氏却明明说是4月17日《马关签约》签订后，电至京师，才"举国哗然"的。二者亦不相符。据查证，马关议和期间，日方于4月1日提出媾和条款，于4月10日提出条约修正案，李鸿章都于当天电告了总理衙门，此后虽仍逐日向清廷汇报谈判情况，却再未逐条开列条

康有为

约内容，康有为根本不可能从4月15日到京的电报中获悉条约都有哪些具体条款。另外，中外议和事关机密，朝臣多未知晓，康有为当时不过是一名应试的举人，何以能够在《马关条约》签订前两天"先知消息"？假如他果真于4月15日最先了解到议和的内幕，并当即令梁启超发动各省公车上书，为什么直到4月22日才有广东和湖南的举人上书？他本人为什么要迟至十余日后才开始起草上朝廷的万言书？康有为把自己获得消息的时间提前，无非是要抢占发动公车上书的头功。

再次，康有为说，5月2日各省公车"有请除名者"，欲给人造成一种他们已在其所拟万言书上签名的错觉；而未还氏和徐勤都说他们仅仅是要求"取回知单"，这足以证明各省公车尚未在万言书上签名。事实上，康有为等在签名及人数问题上，有一个明显的造假过程。起初，未还氏说康有为"草疏万八千余字，集众千三百余人……文既脱稿，乃在宣武城松筠庵之谏草堂传观、会议"；徐勤说"先生于是集十八省公车千三百人于松筠庵，拟上一公呈"。甚至连康有为自编年谱所说，"合十八省举人于松筠庵开会，与名者千二百余人"，梁启超《戊戌政变记》所载，"既而合十八省之举人聚议于北京之松筠庵，为大连署以上书，与斯会者凡千三百余人"，都清楚地说明是开会的人数，而非联名上书的人数。后来，梁启超在《康南海传》中提及："甲午败后，又联合公车千余人上书"；在《三十自述》中曰："南海先生联公车三千人上书请变法"；在《清代学术概论》中称："有为当中日战后，纠合青年学生数千人上书言时事，所谓公车上书者是也。"不但人数直线上升，而且语意也含混不清了，很容易让人想当然地以为这就是联名上书的人数。康有为《汗漫舫诗集》内有"抗章伏阙公车多，连名三千彀相摩"句，且附有文字说明："东事战败，联十八省举人三千人上书"，始明确地把这三千人都说成了在万言书上签名者。

此外，《公车上书记》附录有一份"公车上书题名"，翦伯赞《戊戌变法书目题解》指出：《公车上书记》"书后附签名者六百零三人，其籍贯包括十六省"；而"康有为自编年谱作十八省千二百余人，与此书所载不同"。各省公车既未在万言书上签字，这份名单只可能来自松筠庵会议的"知单"或签到簿，反映的只是参加会议的人数。鉴于曾有部分举人"取回知单"，而现存的名单

中又确实没有山东、浙江、河南、江西、奉天、黑龙江、新疆等省区的举人在内，参加松筠庵会议者总共或许不止六百零三人，但是否能多达一千二三百人，也还尚有疑问。

康梁发动"公车上书"真实情况到底为何，是确如康梁所说，还是事后编造抬高自己的神话？就目前的研究而言，仍然是个见仁见智的不解之谜。

# 戊戌政变起因之谜

光绪二十四年（1898）四月二十三日，光绪帝颁布《明定国是诏》，开始维新变法。然而，仅仅百日的维新，就以光绪帝被囚禁在南海瀛台，康有为、梁启超被迫逃往日本，以谭嗣同为首的戊戌六君子惨遭顽固派的杀害而宣告失败。然而，导致戊戌政变的起因至今仍众说纷纭。

光绪二十四年四月二十三日，光绪帝颁布《明定国是诏》，开始维新变法。接着新政上谕，如雪片飞下，频频颁发，而守旧派推诿拖延，全力阻挠。新政无法实行，诏谕全成空文，两党形同水火，势不两立。七月三十日，光绪帝颁密诏给杨锐，嘱咐维新派妥筹良策，推进变法。密诏中说：朕位且不能保，何况其他？光绪帝意识到将有变故，自己处在危险地位，流露出焦急心情，要维新派筹商对策。八月初二日，又由林旭带出第二份密诏，令康有为："汝可迅速出外，不可迟延。"康有为、梁启超、林旭、谭嗣同等维新派的核心人物跪诵密诏，痛哭失声，誓死搭救皇帝，不得已铤而走险，决定实行兵变，包围颐和园，迫使慈禧太后交权。八月初三日，谭嗣同夜访法华寺，会见袁世凯，劝说袁举兵杀荣禄，围颐和园，对慈禧太后则或囚或杀。康有为等酝酿多时的军事暴动未及爆发即被以慈禧太后为首的顽固派镇压。"百日维新"以光绪帝被囚禁在南海瀛台，完全失去自由，倡导变法维新的主将康有为、梁启超被迫逃往日本，以谭嗣同、林旭、杨锐、刘光第、杨深秀、康广仁"戊戌六君子"惨遭顽固派的杀害而告终。戊戌变法宣告失败。

那么，戊戌政变的起因是什么呢？对此，学术界向来是说法不一，归纳起来，主要有以下几种观点：

第一说法，袁世凯告密说。坚持这一观点的学者认为：袁世凯是个两面派，一面假意和维新派周旋，骗得光绪帝封他为侍郎；另一面看到慈禧的势力根深蒂固，决定投靠旧党。他用假话哄走了谭嗣同，八月初五日向皇帝请训，当天乘火车回天津，向荣禄告密，出卖光绪帝和维新派。当夜，荣禄赶回北京告变。八月初六日晨，慈禧临朝训政，囚禁光绪，捕拿维新派，杀害六君子，"百日维新"遂告失败。

　　袁世凯告密说长期流行于史学界。但近几十年来，不少历史学家对此提出疑问，否定了因袁世凯告密导致慈禧政变之说，其理由如下：(1)政变之初，慈禧为何不捉拿谭嗣同；(2)荣禄不可能乘火车连夜赶回北京；(3)袁世凯《戊戌日记》中所谈的告密情形存在疑点，不可相信。因此，可以说戊戌政变时，袁世凯没有八月初四日在北京告密的必要与条件。袁世凯并没有党附维新派，光绪帝对袁世凯的知遇之恩远早于维新党人，而保全光绪帝，是袁世凯保全自己的必然选择。袁世凯之后的飞黄腾达，并非慈禧太后对其告密的奖赏。所以，不是袁世凯的告密导致西太后政变，而是西太后政变导致袁世凯告密。当然袁世凯虽非主动告密，但把围园密谋和盘托出，总算将功补过，不但被旧党宽容，而且受到重用。荣禄进京，袁世凯奉命署理直隶总督，其新建陆军得赏银四千两。他以六君子的鲜血染红了自己的顶子，但守旧派对他并不完全信任，慈禧太后因袁世凯参与围园密谋，并没有主动出首，欲加重惩。荣禄却看中了袁世凯的才能，为袁力保，袁才能够保全官位。如果袁世凯是主动告密，慈禧怎么会认为袁世凯存心叵测，欲置之重典呢？

　　第二说法，杨崇伊致慈禧太后密折说。9月18日，御史杨崇伊通过庆亲王奕劻代递向慈禧太后呈递密折，折中罗列了四项"即日训政"的理由：(1)"公车上书"以来，康有为和其弟康广仁及梁启超来京讲学，煽动天下之士心；(2)光绪帝经常召见康有为等人；(3)"两月以来变更成法，斥逐老成，借口言路之开，以位置党羽"。(4)伊藤博文访华。杨崇伊的密折虽然不长，却足以打动太后，促使其立即采取行动。吴相湘先生于1957年就撰文指出，戊戌政变的起因不在于袁世凯的告密，而是因为御史杨崇伊致慈禧太后的密折，而在其中伊藤博文访华是最主要的因素。房德邻先生也坚持认为政变的原因主要是杨崇伊的密折。袁世凯虽然告密，但此时政变已经发生。听到杨崇伊带来政变消息，袁世凯以为事情泄露，为保全自己，和盘托出围园劫太后的密谋，致使事态扩大，大批维新派被捕、被革、被逐和六君子被杀。

　　第三种说法，伊藤博文的访华说。孔祥吉、汤志钧先生认为政变的导火索是伊藤博文访华。9月11日，伊藤以"个人游历"身份抵达天津，荣禄心怀鬼胎宴请了他。9月14日，伊藤抵达北京，康、梁等人兴奋不已，朝夕问计，并上奏皇帝欲请伊藤"留作顾问官"。经过接洽，光绪帝决定于9月20日召见伊藤。伊藤的来华及维新党人的频繁活动，使顽固派十分惶恐。他们认为伊藤来华的目的绝非"游历"，而是同光绪帝、康有为等一起谋划政变，要阻止他们的行动就得赶紧先行下手。于是，9月18日杨崇伊上奏折请慈禧"训政"。奏折说，伊藤之来华"将专政柄"，只有请太后"训政"，才能"转危为安"。9月19日，荣禄由天津赶赴北京，参加了政变密谋。是日晚上，慈禧太后便从颐和园赶回皇宫，幽禁了光绪帝，发动了戊戌政变。康有为等酝酿多时的军事暴动未及爆发即被以慈禧太后为首的顽固派扑灭了。

梁启超

第四种说法，多种因素说。与上述三种观点不同，一些学者认为，毋庸赘言，戊戌政变的发生是多种因素合力作用的结果。"军机四卿"的提拔和礼部堂官的罢免，开懋勤殿的意图，杨崇伊等吁请重新训政的奏折，伊藤博文的来访乃至多数旗人、士绅、官员对变法措施的不解和反对，激进改革造成的社会震荡和民心不稳、流言传播，等等，都成为了促使慈禧下定政变决心的诱导因素。但袁世凯的告密亦当被收入观察视野，因为假如不这样来观察，若干问题便不易解释，其中环节便难有符合逻辑的联串。

不得不承认，戊戌政变起因之谜并没有因为研究的深入而日渐明朗化，然而，我们相信，随着新资料的发掘，会最终揭开戊戌政变的神秘面纱。

# 光绪帝"密诏"之谜

"戊戌政变"前夕，光绪帝感"朕位几不保"，曾经颁发了密诏要求康梁等人"设法相救"，引发了在政变前夕的紧张"救驾"活动，也是后来康有为保皇、救皇活动的重要凭借。然而，对于这一重要资料的真伪问题，学术界却有不同的看法。

光绪二十四年（1898）四月二十三日，光绪帝下《明定国是诏》，开始变法，此后新旧党争逐渐加剧，至七月改官制时已成水火不容的态势。七月十九日，光绪帝下令将阻挠上书的礼部尚书怀塔布等六位堂官革职，二十日，任命杨锐、谭嗣同、刘光第、林旭为四品衔军机章京参与新政。这两项举措表明光绪帝要刷新中央机构，任用新人，以推进变法。守旧派为之震惊。慈禧太后立即在颐和园召见怀塔布，详细询问情况，并令他暂且忍耐。随后，怀塔布与内府大臣立山奉懿旨于二十二日赴天津见直隶总督荣禄，"有要商"。所谓"有要商"，就是商量太后训政的事情。

谭嗣同等进入军机处，使康有为等维新党人更加活跃。康有为与谭嗣同等商议，建议光绪帝开懋勤殿，允许维新人士入值其中、讨论政事。光绪帝表示同意，并定于七月二十九日赴颐和园请示慈禧太后。二十九日，光绪帝赴园向太后请示，却遭到严斥。因情势危急，危及皇位，次日，光绪皇帝颁布"密诏"。

据梁启超《戊戌政变记》载，七月二十八日，光绪帝感到皇位受到威胁，于是赐"密诏"给杨锐及康有为、谭嗣同、林旭、刘光第等五人。《康南海墨迹》记载了密诏的全文："朕惟时局艰难，非变法不能救中国，非去守旧衰谬之大臣，而用通达英勇之士，不能变法。而太后不以为然，朕屡次几谏，太后更怒。今朕位几不保。汝可与谭嗣同、林旭、杨锐、刘光第及诸同志妥速密筹，设法相救。朕十分焦灼，不胜企望之至。特谕。"

这道密诏主要出自康梁记载，然而，政变结束不久，与康有为同为"维新党人"的王照在流亡日本时就曾指出：现在刊布的光绪帝密诏，"非皇上之真密诏，乃康氏所伪作也"。而另一位自称亲眼见到过"密诏"的袁世凯在他的《戊戌日记》中也记录了光绪皇帝的"密诏"："朕锐意变法，诸老臣均不甚顺手，如操之太急，又恐慈圣不悦，饬杨锐、刘光第、林旭、谭嗣同另议良法。"显然，王照、袁世凯所见到的光绪皇帝"密诏"与康有为公布的并不相同。

袁世凯

宣统元年（1909）八月，杨锐之子杨庆昶向都察院呈缴光绪皇帝赐予杨锐的"密诏"，这一手诏内容是："近来朕仰窥皇太后圣意，不愿将法尽变，并不欲将此辈老谬昏庸之大臣罢黜，而用通达英勇之人，令其议政，以为恐失人心。虽经朕屡次降旨整饬，而并且随时有几谏之事，但圣意坚定，终恐无济于事。即如十九日之朱谕，皇太后已以为过重，故不得不徐图之。此近来之实在为难之情形也。朕亦岂不知中国积弱不振，至于阽危，皆由此辈所误，但必欲朕一旦痛切降旨，将旧法尽变，而尽黜此辈昏庸之人，则朕之权力实有未足。果使如此，则朕位且不能保，何况其他？ 今朕问汝：可有何良策，俾旧法可以全变，将老谬昏庸之大臣尽行罢黜，而登进通达英勇之人，令其议政，使中国转危为安，化弱为强，而又不致有拂圣意。尔其与林旭、刘光第、谭嗣同及诸同志等妥速筹商，密缮封奏，由军机大臣代递，候朕熟思，再行办理。朕实不胜十分焦急翘盼之至。特谕。"

杨庆昶所呈缴的这道光绪帝"密诏"，在送至都察院之前外人并不知道，却与曾经见到过光绪"密诏"的王照、袁世凯等人记述的"密诏"基本相同，和康有为所公布的"密诏"不仅不相吻合，而且还存在较多不同之处。例如，赐给杨锐的手诏是令四章京筹商办法，其中不包括康有为；颁诏之时，光绪皇帝是虑及"朕位且不能保"，情况危急，但还不是几乎已经不保；筹商的良策以"不致有拂圣意"为前提，并不是不加任何限制的"设法相救"；奏呈办法仍依照正常奏事之例，"密缮封奏"，而且要"候朕熟思，再行办理"，并无一切皆由康有为自作主张之说。

光绪帝颁发了密诏，引发了康梁在政变前夕的紧张"救驾"活动，也是后来康有为保皇、救皇活动的重要凭借。而现在出现了康有为刊布的密诏和杨锐之子呈缴的密诏。对于这两份诏书的真伪，学术界有着不同的看法。

一种观点认为，杨真康伪。理由是杨锐之子所保存的密诏，是由光绪皇帝颁给杨锐的，所以受诏者为"尔其与林旭、谭嗣同、刘光第及诸同志等"，而没有特别点出康有为，且在语气上更符合光绪皇帝在当时形势下的心态，此诏的意图在于谋求一个既可"将旧法尽变"，"而又不致有拂圣意"的万全之策，尽管这个想法不切实际，却是光绪皇帝的真实念头。而在康有为公布的"密诏"中，光绪皇帝既要变法又不敢得罪皇太后的犹豫心态不见了，被简化为"今朕位几不保"，"速密筹设法相救"，并在受诏人名单之首位突出地加上了"汝康有为"，显然与杨锐受诏的情形不符。由此，我们可以相信，杨锐之子所献密诏是真实可信的，而康有为在流亡海外之后，出于"代后保皇"的政治需要，对密诏作了篡改。

另一种观点则认为，康杨皆为伪诏。康有为所奉第一密诏传本有四，其字句不同，密诏颁发日期有三种不同说法，密诏收到日期有两种不同说法，而这些日期的差异都出现于康梁的著作内。《康南海墨迹》中所记载的这道"密诏"是康有为抵达香港及日本后写给李提摩太的一封信里附录的。康氏在信中说第一道"密诏"是八月初一日交杨锐带来。可在《康南海自编年谱》中又清清楚楚地写道：此诏是七月二十九日光绪皇帝在颐和园交杨锐带出。另外，梁启超是帮助康有为大力宣传光绪皇帝"密诏"的重要人物之一，他在《戊戌政变记》中三次提到密诏的发出时间，竟有不同的两种说法：一是七月二十八日召见杨锐时，由杨带出；一是七月二十九日召见杨锐时"赐衣带诏"，这一时间与康有为《自编年谱》中的时间一致。由于康、梁皆强调"密诏"为杨锐带出，所以此诏与杨锐关系甚大。可是，据《邸抄》记载，康、梁所说的七月二十八日、二十九日和八月初一日，光绪皇帝都没有召见杨锐，倒是七月三十日召见了杨锐。与康有为所言光绪皇帝交杨锐"密诏"的时间不符，内容与康有为公布的也不一样。

而"杨诏"不足采信的理由是，谭嗣同的《狱中题壁》原诗，只是王照一个人说出来的，这人后来向清廷投案自首，也是袁世凯力保才免于被治罪，察其气节，难保在密诏上不作伪证。而且，根据常规，皇帝的密诏都须交回军机处，何以杨锐独能保存下来？据历史学家房德邻先生研究，杨锐的后人解释为何他能扣下密诏而不上交时，漏洞百出。后来，"杨诏"交出来了，其间摄政王当政，这么一来，既提供证据，为光绪皇帝洗脱"不孝"之罪，又能为杨锐平反。袁世凯也是在宣统年间献出日记，目的更明显。摄政王恨死了袁世凯，由于他的出卖，光绪受困瀛台，最后死得不明不白，清王室子弟早有杀袁之心。袁世凯的日记多次辩解，说他一直要保护皇帝，效忠清廷，用心良苦，为的是使皇帝不受维新党人利用。

康有为所刊布的密诏系伪造，学界似成共识。他用之以"救驾"，但实际效果是慈禧对光绪之仇恨终不得解，戊戌之后的许多事与此都有很大的关系。指出康伪造的，首推黄彰健先生，近日茅海健撰文称赞曰："黄先生考证的方法十分精巧，他用梁启超对康诗的注，否定了康有为发布的各种版本，用光绪帝召见杨锐的时间，确定该诏发出的时间。整个考证过程显得举重若轻，实属技巧高手之所为。"然而，光绪密诏的真实内容到底为何，仍需要学术界做进一步的研究与考证。

# 康有为"围园劫后"之谜

"百日维新"失败之后，清政府指责康有为犯有"谋围颐和园，劫制皇太后"的罪名，并加以通缉追捕。那么，是康有为确实策划过"围园劫后"密谋，还是清廷事后的诬陷？至今令研究者费解。

光绪二十四年（1898）的"百日维新"，以光绪皇帝被囚禁南海瀛台完全失去自由宣告结束。倡导变法维新的主将康有为、梁启超被迫逃往日本，谭嗣同、林旭、杨锐、刘光第、杨深秀、康广仁"戊戌六君子"惨遭顽固派杀害。事后，清政府指责康有为犯有"谋围颐和园，劫制皇太后"的罪名，并加以通缉追捕。

关于"围园劫后"密谋，当事人留下的史料很少。最先披露这一密谋的是清政府在处死谭嗣同等"戊戌六君子"之后，于光绪二十四年八月十四日发布的一道有关康党罪状的上谕。然而，到底有没有"围园劫后"密谋，学术界则意见纷呈，莫衷一是，归纳起来，主要有以下几种意见：

其一，康梁否认。倡导变法维新的主将康有为、梁启超在公开场合从未承认过兵围颐和园的密谋。据金梁在《四朝佚闻·德宗》记载，他曾亲自问过康有为关于"兵劫颐和园事"，康有为"怫然曰：'乌得有此？我朝以孝治天下，小臣面对，谁敢妄言？此皆荣、袁辈不学无术，借危词以邀权势耳！'"梁启超在《戊戌政变记》卷三《政变前纪》中记载了初三日说服袁世凯勤王事，但未提到兵围颐和园，而说：当时维新党人"意上位危险，谅其事发在九月阅兵时耳"，说袁世凯勤王，"冀其于阅兵时设法保护"。在卷六《谭嗣同传》中详细记述了谭嗣同夜说袁世凯时的谈话："初三日夕，君径造袁所寓之法华寺，直诘袁曰：'君谓皇上如何人也？'袁曰：'旷代之圣主也。'君曰：'天津阅兵之阴谋，君知之乎？'袁曰：'然，固有所闻。'君乃直出密诏示之曰：'今日可以救我圣主者，惟在足下，足下欲救则救之。'又以手自抚其颈曰：'苟不欲救，请至颐和园首仆而杀仆，可以富贵也。'袁正色厉声曰：'君以袁某为何如人哉？圣主乃吾辈所共事之主，仆与足下同受非常之遇，救护之责，非独足下，若有所教，仆固愿闻也。'君曰：'荣禄密谋，全在天津阅兵之举，足下及董（福祥）、聂（士成）三军，皆受荣所节制，将挟兵力以行大事，虽然，董、聂不足道也。天下健者，惟有足下。若变起，足下以一军敌彼二军，保护圣主，复大权，清君侧，肃宫廷，指挥若定，不世之业也。'袁曰：'若皇上于阅兵时疾驰入仆营，传号令以诛奸贼，则仆必能从诸君子之后，竭死力以补救。'……君曰：'荣禄固操、莽之才，绝世之雄，待之恐不易易。'袁怒目视曰：'若皇上在仆营，则诛荣禄如杀一狗耳。'因相与言救主之条理甚详，袁曰：'今营中枪弹火药，皆在荣贼之手，而营哨各官，亦多属旧人。事急矣，既定策，则仆须急归营，更选将官，而设法备贮弹药，则可也。'乃丁宁而去。"这就是说，谭嗣同夜说袁世凯，是要袁在九月慈禧太后和光绪帝至天津阅兵时采取反政变措施，保护光绪帝，而不是在北京搞政变，当然也就没有兵围颐和园的事。

其二，"围园劫后"是诬陷康梁。持这一意见的研究者指出，如果说谭嗣同夜访袁世凯，劝其杀荣禄，代为直督，并即带兵进京，包围颐和园，则除非谭嗣同是白痴，才会说这样的话。袁世凯"新建陆军"所部只有七千人，而北洋大臣荣禄所辖，计有聂士成的"武毅军"一万三千人，董福祥的"甘军"一万一千人，宋庆、马玉良的"毅军"一万二千人，加上直隶绿营二万八千人、淮军一万二千人、练勇一万九千多人，总兵力在九万五千人以上，莫非还敌不过袁世凯的七千人？即使能够到达京师，自永定门至颐和园，将节节遭遇拦截；即使能够到达颐和园，但太后未遭劫制，皇帝先已被幽，那还谈什么救驾？那么，慈禧太后是否知有"围园劫后"之说呢？既然谭嗣同不曾做过这种荒谬绝伦的提议，则袁世凯何以又在他的《戊戌日记》中言之凿凿呢？论者指出，这是袁世凯迫不得已为求自保的手段。因此，高阳认为谭嗣同根本不会去劝说袁世凯带兵围园，因为这是绝对不可行的。所谓的围园密谋，只是反对派制造的谣言，杀六君子就是为了灭口。

其三，确有密谋，证据为杨深秀上的附片。台湾学者黄彰健认为，确有围园密谋，康有为让杨深秀上折，在附片中提出要袁世凯派兵到圆明园挖金窖，可能光绪据此给袁下了旨。尽管光绪、杨深秀自己并不知有此密谋，但袁见此并印证谭嗣同初三晚所谈，以为确是让他带兵围园。康有为《自编年谱》也说：（八月初三）夜杨漪川（深秀）、宋芝栋（伯鲁）、李孟符（岳瑞）、玉小航（照）来慰……李孟符言，英人有七舰在大沽，将与俄战。吾未与诸公谈密诏事，而以李提摩太交来瓜分图，令诸公多觅人上摺，令请调袁军入京勤王。据光绪二十四年十月二日《申报》报道：京友来函云，八月初四日逆犯杨深秀上疏奏称，圆明园有金窖甚多，请准募300人，于初八入内挖取。都人诧为奇异。实则与康有为、谭嗣同诸犯同一逆谋耳。挖金窖是为了济练兵急需，而自八月初一起，袁世凯即奉命专门负责练兵事务。在明清两代，朝廷常用军人做工。因而建议光绪在召见袁时，责成袁派兵300人入京挖金窖。杨深秀在戊戌年曾将康代拟之定国是折及请奖陈宝箴等折递上，都得到了光绪的谕允。新党要杨深秀八月初五日上此一附片，不过是想利用光绪对杨的信任，想骗取调袁军入京的上谕，使袁认为此次调军入京的真正目的不便在上谕中明白宣布，故借挖金窖为名，并以此使袁相信谭八月初三夜所说确为皇上所授意，而照初三日原定计划行事。

其四，确有密谋，证据是《诡谋直纪》及梁启超密札。维新党人毕永年在政变前到达北京，与康有为来往密切，他记有康要他参与围园密谋的日记，后存于日本，名为《诡谋直纪》。毕永年在《诡谋直纪》中详细记录了康有为是如何劝说他带兵围园的。汤志钧、杨天石见到此件后，认为这是确有密谋的可靠证据。据毕永年所记，政变前毕到达北京，康梁等正在紧张地筹划政变密谋事宜，要求毕积极参加，先是要他到袁世凯的军队中去，毕提出自己一个生人去了没法工作；后来又要求毕当袁带兵包围了颐和园后，带领壮士进园去捕杀慈禧。

其五，确有密谋，证据并非《诡谋直纪》。房德邻考证了《诡谋直纪》，认为是毕在政变后与康梁闹翻，根据传闻写的，并不可靠。而康有为的《自编年谱》却透露了他要在北京搞政变的图谋。康有为在其生前密不示人的《自编年谱》中这样记载：八月初三日接到光绪帝"朕位几不保"的密诏后，他就和梁启超、谭嗣同等商议劝说袁世凯勤王，当晚谭嗣同即到法华寺游说袁世凯。

这里虽然没有说到兵围颐和园、捕杀慈禧太后，但说到要袁"率死士数百扶上登午门而杀荣禄，除旧党"。这样的举动，当然是要在北京搞政变了。如此，则兵围颐和园、劫制皇太后也应该是计划中的事了，否则怎么能"扶上登午门"呢？《自编年谱》又记，在谭嗣同赴法华寺的同时，梁启超也进城到金顶庙容闳处等候消息，而他自己则留在南海会馆整理行李准备赴上海接办官报，即《时务报》。当晚有好友杨深秀、宋伯鲁、王照等来探慰，他未向他们泄露密诏事，"而以李提摩太交来《瓜分图》令诸公多觅人上折，令请调袁世凯入京勤王"。康有为的此项建议显然是为配合谭嗣同夜说袁世凯要在北京搞政变。可以断定，康有为等确实有利用袁世凯兵围颐和园的计划，而不是梁启超所说仅是防备九月天津阅兵时可能发生的政变。

"围园劫后"，一桩惊天大事，然而有无此事竟也众说纷纭。目前看来有的证据多一点，但即便没有，那也足以对慈禧、光绪的关系造成极大影响。


# 光绪猝死之谜


为什么年仅38岁的光绪皇帝，反而要比74岁高龄的慈禧太后早死了近一天？对此，众说纷纭，莫衷一是，光绪皇帝之死由此成了晚清历史上一大疑案。


历史车轮不断滚滚向前，总是留下清晰可鉴而又曲折的轨迹，然而历史人物的言行及其归宿却常常扑朔迷离，令人捉摸不定，甚至引起人们的种种揣测，形成长期不解的历史之谜。光绪三十四年（1908）十月二十一日傍晚，38岁的光绪皇帝在中南海瀛台涵元殿，满含悲愤地离开了人间。临终无一名亲属及大臣在身旁，及至被人发现，早已死去多时。可以说，生前死后，备受冷落，孤苦凄凉至极。而恰恰又在时隔不到二十四小时后，他的母后及政敌、操纵晚

清·光绪皇帝载湉

清政权达半个世纪之久的慈禧太后也死在中南海仪鸾殿内，终年74岁。

为什么年仅38岁的光绪皇帝，反而要比74岁高龄的慈禧太后早死了一天？于是光绪帝的死因引起了多种猜测，疑团横生，由此便成了晚清历史上又一大疑案。有关光绪的死因，归纳起来，大致有以下几种说法：

第一种说法认为，慈禧太后病危时，深怕自己死后，被她废黜的光绪重新主政，继续推行维新变法，所以指使太监下毒手把光绪帝害死，以绝后患。如《清室外记》中曾记载："皇帝宾天之情形及其得病之由，外人无由详知，唯藏于李莲英辈之心中。"据此认为光绪帝很可能是被李莲英谋害致死的。以上的记载是市井传闻，不足为信，但当时尚有一些接近宫禁、颇知内情之人，甚至有自称亲见亲闻者，后来亦撰文著书，认为光绪帝之死，值得怀疑。例如曾任十九年御史及起居注官、较为接近光绪帝的恽毓鼎，在所撰的《崇陵传信录》中写道："时太后病泄泻数日来，有谮上者谓，帝闻太后病，有喜色。太后怒曰：'我不能先尔死。'"光绪遂死。徐珂所编著的《清稗类钞》等书也认为，慈禧在病危期间，唯恐自己死后，光绪重新执政，推翻她的既定朝政及平反她一手制造的种种冤案，于是令人下毒手将光绪害死。英国人濮兰德·白克好司的《慈禧外传》和晚清曾在宫中担任过两年女官的德龄女士所著的《瀛台泣血记》一书中，更十分肯定地指出，"万恶的李莲英眼看太后寿命已经不久，自己的靠山快要发生问题了，便暗自着急起来"。据德龄的记载，清宫大太监李莲英等人，平日依仗着主子慈禧的权势，经常中伤和愚弄光绪。他们深恐慈禧死后光绪重新主政，会清算他们以前犯下的种种罪孽，所以就先下手为强，在慈禧将死之前，先把光绪谋毙。更有一位曾给光绪皇帝治过病的名医叫屈桂庭的，撰定了《诊治光绪皇帝秘记》一文（载《逸经》第二十九期），文中写道，当他在光绪帝死去的前三天再次去医病时，发现光绪帝突然腹部剧痛，他认为"此系与前病绝少关系"。这些记载均言辞凿凿，坚持认为，光绪是死于慈禧指使的谋杀。

第二种说法，则认定光绪帝是被袁世凯、奕劻进药毒死的。坚持这一说法的学者首先认定戊戌政变是源于袁世凯的告密，正是由于袁世凯的告密，慈禧才镇压了维新运动。光绪帝因此被囚，险些被废。这样，在慈禧病危之时，袁世凯就担心慈禧死后光绪帝会重新执政，遂先与庆亲王奕劻勾结，准备废光绪立奕劻之子，然而，这一行动并没有成功。这样，别无他途，于是进药毒死了光绪帝。据《国闻备乘》记载："迨奕劻荐商部郎中力钧入宫，进利剂，遂腹泻不止。次日钧再入视，上怒目视之，不敢言。钧惧，遂托疾不往。谓恐他日以大逆之名，卖己以谢天下也。"溥仪在《我的前半生》一书中就十分明确地谈到这一点，说："我还听见一个叫李长安的老太监说起光绪之死的疑案。照他说，光绪在死的前一天还是好好的，只是因为用了一剂药就坏了，后来才知道这剂药是袁世凯使人送来的……据内务府某大臣的一位后人告诉我，光绪死前不过是一般的感冒，他看过那些药方，脉象极为平常，加之有人前一天还看到他像好人一样。病重消息传出不过两个时辰，就听说已经'晏驾'了。"

第三种说法持光绪自然病死之说。如《德宗实录》、《光绪朝东华录》、《清史稿·德宗本纪二》等所谓正史或官修史籍内，均载光绪系正常死亡；再如《苌楚斋三笔》卷六则称：早在光绪三十四年二、三月间，光绪帝久病未愈，早入膏肓，是时肝气大发，以手扭太监顶戴，以足踢翻电灯，情势日及。又光绪临终时一段时间，一直为其治病的六位名医之一的杜钟骏所著《崇德请脉记》一书，对光绪之病情、诊病经过以及光绪临终时的病状，叙述非常详尽，证明光绪帝确是正常死亡。

第四种说法，一些学者从中国第一历史档案馆所藏的光绪脉案中考证出，光绪是由于长期多系统的慢性消耗疾病，最后体力衰竭而死，并非他人所毒死。其主要依据是：（一）从光绪早年的脉案及其自述之"病原"得知，他自幼多病，且有长期遗精病史，身体素质极差。如光绪二十三年载湉自称之"病原"中称"遗精之病将二十年，前数年每月必发十数次，近几年每月不过二三次，且有无梦不举即自遗泄之时，冬天较甚。近数年遗泄较少者，并非渐愈，乃系肾经亏损太甚，无力发泄之故"。光绪年方弱冠即患遗精，且在大婚之前。（二）戊戌变法，他在政治上遭受重大变故，其病情也开始加重，出现多种病症，气血双亏，每况愈下。当然，载湉病势转重，决非偶然，乃与其政治处境密切相关。（三）临终时半年已病入膏肓，危在旦夕。其病状表明，光绪帝的心、肝、脾、肺、肾皆有亏损，脏腑功能失调，气血两虚，阴阳俱衰。（四）从其死前三四日内及其临终时病情看，并无发现突发性中毒或受其他伤害的现象。同时，根据很多文献的记载，清廷对于筹办光绪帝丧事的措施，早在西太后患病之前就有所准备，并非因西太后自知不起，必欲先制光绪于死命而临时仓促之所为。（五）认为造成光绪帝壮年夭亡的另一个主要原因是与他所处的时代和环境有着密切的关系。慈禧之所以立光绪继承皇位，一方面是因自己的亲生儿子同治帝19岁时早亡，没有子嗣继其位，另一方面是慈禧权欲熏心，想立一幼君，以便再次垂帘听政。因此她一人作主，使自己胞妹（醇亲王福晋）的儿子载湉得以入宫为帝。而光绪幼年入宫后即在孤独中成长，加之宫中礼仪烦琐，像一条无形的锁链束缚住幼年的光绪，致使他失去童年的欢乐，因而他从小心情抑郁、精神不振，造成体质孱弱。成年以后虽有缓和，但至28岁以后又急转直下，这主要与他的政治遭遇有关。光绪帝成了笼中之鸟，任由西太后摆布，时刻处在惊恐忧虑之中，因而曾哀叹："朕并不如汉献帝也！"在这种日夜不安、诚恐诚惶的环境中，光绪的精神全面崩溃，旧病复发，后果只有一个，非死不可。

由于上述种种传闻，使光绪帝的死因成为晚清历史上又一大疑案。

# 翁同龢开缺之谜

维新变法酝酿期间，刚毅、荣禄、怀塔布等，抱定"祖宗成法不可变"，接连上书慈禧，弹劾翁同龢"结党私政"、"揽权误国"，攻击维新运动。随后，慈禧下令撤去翁同龢毓庆宫授读。光绪二十四年（1898）四月二十七日，即变法后第五天，慈禧又迫使光绪下诏贬黜翁同龢开缺回籍。翁同龢究竟缘何开缺回籍，值得玩味！

翁同龢，字声甫，号叔平，又号瓶生、井眉居士，晚号松禅。1830年5月19日生于一个封建官僚家庭。21岁选为拔贡，23岁中举人，27岁以一甲一名进士及第，官翰林院修撰。同治四年（1865），翁同龢接替父业，入值弘德殿，为同治师傅，前后教读九年。同治病逝后，光绪继位，慈禧又命翁同龢入值毓庆宫，为光绪师傅。

维新变法酝酿期间，刚毅、荣禄、怀塔布等，抱定"祖宗成法不可变"，接连上书慈禧，弹劾翁同龢。后慈禧下令撤去翁同龢毓庆宫授读。光绪二十四年四月二十七日，慈禧又迫使光绪下诏贬黜翁同龢开缺回籍。戊戌政变后，又将其革职，永不叙用。

宣统帝溥仪继位之后，其父载沣监国时，为翁同龢平反，"翁同龢著加恩开复原官"，后又追谥"文恭"。

翁同龢为什么会被贬黜和开缺回籍？学术界却意见纷呈，颇多分歧。

第一种观点，举荐康有为说。这一观点认为维新变法时期，翁同龢引荐康有为是导致顽固派弹劾的主要原因。中日甲午战争的失败，进一步促进了中华民族的觉醒。一代相国翁同龢也逐渐认识到西人治国有法度，认为西法不能不用，于是"大搜时务而考求之"。1888年4月，资产阶级改良派康有为在第一次上书中指出：如果中国取法泰西实行改革，十年内富强可致，二十年可雪耻。还预言日本变法自强，将窥朝鲜及辽、台。六年后，甲午战败，康有为的预言得到证实。所以翁同龢认为康有为是奇才。光绪二十一年（1895），康有为、梁启超等获悉签订《马关条约》，于是联络在京会试的一千三百多名举人联名上书，提出拒和、迁都、变法等主张。翁同龢见到此书后，大为赞赏，为了识拔奇才，他以朝考官的职权，准备引荐康有为。他还不惜一品大臣的身份屈尊私访康有为，当两人会面时，足足谈了两个多时辰。临别，翁同龢还向康有为要了有关变法的

载沣

书。从此，他每天读变法书，和以前判若两人。光绪不愿做亡国之君，接受维新思想，实行新政，这与翁同龢引荐康有为等人是分不开的。翁同龢在与康会见后的第二天，就向光绪密报会见情况。平日授读时，也是大讲西法如何如何好，还介绍光绪看《日本变法考》、《泰西新政摘要》、《俄彼得变政记》等书。当光绪毅然实施改革时，翁同龢辅佐草拟变法谕旨，颁布《明定国是诏》，正式宣布变法。就在光绪实施变法的同时，一批顽固守旧的满人刚毅、荣禄、怀塔布等唯恐变法后受排挤，抱定"祖宗成法不可变"，他们与甲午主和派联合起来，迎合慈禧，挑拨慈禧与光绪的关系，加紧策划政变。为了阻挠变法，顽固派把斗争矛头集中对准翁同龢，指使亲信接连上书慈禧，弹劾翁同龢"结党私政"、"揽权误国"，攻击维新运动。变法酝酿期间，慈禧下令撤去翁同龢毓庆宫授读。变法后第五天，慈禧又迫使光绪下诏贬黜翁同龢开缺回籍。

第二种观点，刚毅构谗陷害说。这一观点认为，翁同龢与刚毅的不和，是导致前者开缺的主要原因。翁同龢秉性正直，遇事敢言，不畏权贵。在封建官场中，这种品德可以得到正派人士的崇敬，也必然会引起某些心胸狭窄、阴险毒辣、觊觎权位者的不满和嫉恨。他"好延揽"、"广结纳"，有其突出的长处，但却"必求为己用"，"不能容异己"，又有致命的弱点。他两次充当帝师，名高望重，预闻军国，稳操实权，深受光绪信赖，较之其他大臣具有明显的优势；如果遇事慎重，虚心谦和，善处人际关系，其地位会日益巩固。然而他非但没有正确运用这一优势，相反，却因此而滋长了骄横和跋扈，与同僚议事，往往轻视别人，固执己见，锋芒过露，偶有不合，便怫然不悦，争吵不休。尤其令人侧目者，则是其在争吵之后，"常入报帝，必伸己意"，要光绪采纳，压制不同的意见。所以他与同僚的关系很难融洽。以前，他与军机大臣沈桂芬、阎敬铭、潘祖荫等都是如此。后来与孙毓议、徐用仪更是势同水火。连1897年7月逝世的清流派首领、军机大臣李鸿藻，也与他因政见歧异而搞得关系极为紧张，以致官场中传言："李鸿藻一日不死，翁同龢一日不得逞。"而他与刚毅的不和更是种下了恶果。军机大臣满人刚毅尽管由翁同龢荐引进入枢府要地，但其思想顽固不化，与主张改革的翁同龢尤其没有多少共同语言。而且刚毅并非正途出身，识汉字不多，常读错音，遭翁讥诮，引为大耻，日思报复。有记载说，刚毅"每称大舜为舜王，读皋陶之陶字为本音，并于外省奏折中指道员刘篇为刘蒲，经公（翁）当面呵斥，渠隐恨思报复久矣"。维新变法之时，刚毅等人借机上书慈禧，弹劾翁同龢"结党私政"、"揽权误国"，最终导致慈禧令光绪下诏贬黜翁同龢开缺回籍。

第三种观点，慈禧与荣禄阴谋说。光绪皇帝明令变法的《明定国是诏》是由协办大学士、户部尚书、帝师翁同龢起草的，于光绪二十四年（1898）6月11日颁布，而在变法第五天即6月15日，翁同龢突然被开缺回籍，同时任命荣禄署理直隶总督并统辖北洋三军，宣布以后凡任命二品以上大员须诣太后前谢恩，并决定秋天"天津阅操"事。梁启超在《戊戌政变记》一书中说："一切新政之行，皆在二十八日之后，而二十七日翁同龢见逐。荣禄督师，西后见大臣，篡废之谋已伏。"显然，他是把翁同龢被罢黜和荣禄被重用等事件连在一起的，认定这都是慈禧与荣禄一伙策划的废立阴谋的组成部分。据梁启超描述，罢黜翁同龢是慈禧太后"忽将一朱谕诏书强令皇上宣布"，"皇上见此诏，战栗变色，无可如何。翁同龢一去，皇上之股肱顿失矣"。康有为在《自编年谱》中也说："奉旨著于二十八日预备召见，二十七日诣颐和园，宿户部公所。即日懿旨逐翁常熟……并今天津阅兵。盖训政之变，已伏于是。平是知常熟之逐，甚为灰冷。"康、梁是戊戌变法的当事人，历来关于戊戌变法的著述，论及翁氏罢相，多采康、梁之说。

第四种观点，光绪本意说。理由是翁同龢虽然曾向光绪皇帝举荐康有为，但事后当皇帝向他索要康氏著作时，翁却说："臣与康有为素不来往"，"此人居心叵测"。翁既为皇帝起草《明定国是诏》，又当着皇帝和太后的面说过"西法不可不讲，但圣贤义理尤不可忘"；翁在讨论接待来访的德国亲王的礼仪问题上与皇帝意见不合；御史玉鹏运、安徽藩司于荫霖、御史高曼、御史李盛铎等人上书弹劾翁。因此而认为上述事例与罢黜翁同龢的诏书中所说"近来办事多未允协，且于征询事件，任意可否，渐露狂体情状，难胜枢机之任"都相符合，遂得出结论：是光绪皇帝而非慈禧太后罢黜了翁同龢。此说初看似觉新鲜，但推敲起来，仍嫌证据不足。翁同龢与光绪皇帝有二十年师生之谊，情同父子。变法伊始，翁同龢刚刚为皇帝起草了《明定国是诏》，皇帝显然对他是信任的，何以在数日之内翻云覆雨？而且选择在翁同龢69岁寿辰之日将他罢黜，于情于理都难以说得通。如果翁确实是因为妒忌康有为而遭贬，而且诏令确实出于光绪皇帝之意，康、梁不可能毫无觉察，也不可能对翁同龢持同情态度。

翁同龢开缺的原因，因研究者视角的不同而得出了多种不同的意见，这里仅供读者自己去猜测和回味。

# 邓世昌殉国之谜

甲午战争黄海大战中，邓世昌率领"致远"舰驰骋海面，英勇杀敌，临危不惧、顽强作战，最后与全舰官兵壮烈牺牲。他所在的"致远"号也在这场战争中沉没。然而，对"致远"舰沉没的原因和管带邓世昌牺牲的情形，却说法各异。

邓世昌（1849—1894），原名永昌，字正卿，祖籍广东番禺（今广州市），在兄弟四人中排行老三。其父邓焕芬是个商人，家境富裕，经常带领子女往来于广州、上海等沿海城市，为邓世昌创造了一个接受近代教育的良好条件。1867年，林则徐的女婿、前江西巡抚沈葆桢出任总理船政大臣，创办了我国第一所海军学校——福州船政学堂，以培养中国自己的造船和海军人才。学堂先从福建当地招收了刘步蟾等数名学生入学，后为提高学生质量，又从广东招收了十名通晓英语、算学等知识的聪慧孩子入学。邓世昌以优异的成绩成为这批学生之一。当时，福州船政学堂分为培养制造人才的前学堂和培养驾驶人才的后学堂，邓世昌进入后学堂学习驾驶。1874年，沈葆桢委派邓世昌担任"琛航"号运输大副，并奖以五品军功。因其才华出众，为李鸿章赏识，被授予"致远"舰管带等职，并授赐"噶尔萨巴图鲁"（满语为"勇士"之意）称号。在甲午战争黄海大战中，他率领"致远"舰驰骋海面，英勇杀敌，顽强作战，最后与全舰官兵壮烈牺牲。他所在的"致远"号也在这一战役中沉没。

邓世昌是殉国于黄海海战的北洋海军将领中职务最高的一位。他的表现最为英雄，牺牲最为壮烈。对此，李鸿章专门把邓世昌的事迹上报光绪帝，请示给予特殊奖励。光绪帝接到奏折后，也被邓世昌的事迹打动，立即下令将邓世昌按提督例从优议恤，追赠太子少保，赐予"壮节"谥号。同时还破例赐予邓世昌一副挽联："此日漫挥天下泪，有公足壮海军威。"并赋诗一首："城上神威炮万斤，枉资巨寇挫我军。后来天道终许汝，致远深沉第一勋。"给予邓世昌以高度评价。

但是，由于当时参战的中日双方在海面上来往厮杀，纠缠混斗，炮烟弥漫，难以辨认。"当猛战时，两军舰旗帜俱毁，各不能辨其孰为敌舰，其略可识认者，仅在船之颜色形模"而已。加之"致远"号的官兵大部分战死，因而对"致远"舰的沉没原因和管带邓世昌牺牲的情形，仅靠旁观者的想象和叙述，未免不无出入，流传至今，说法各异。

关于"致远"号沉没的情形，通常认为"致远"号是被鱼雷击沉的。《东方兵事纪略》中称："致远药弹尽，适与倭船吉野值……遂鼓快车，向吉野冲突。吉野即驶避，而致远中其鱼雷，机器锅炉迸裂，船遂左倾，顷刻沉没，世昌死之，船众尽殉。"另有《冤海述闻》也记载："致远在阵中，因一敌船伤停车，深入追击之，为鱼雷所中。"而最近廖宗麟在《甲午海战中致远舰沉没真相》一文中提出新说，认为致远号是被日舰炮击而沉的。根据是：当时曾参加海战的镇远舰枪炮官曹嘉祥等人呈文称："譬如致、靖两船，请换截堵水门之橡皮，年久破烂，而不能修整，故该船中炮不多时，立即沉没。"海军守备高承锡呈文亦说："水师战船贵有铁甲，甲厚则船坚，交锋之际经战持久，不易沉没。如大东沟之役，超勇、扬威、致远皆因无甲，故中炮即透入机舱，进水沉没。"《清末海军史料》一书中选辑的日方资料《日清海战史》记载："'致远'忽出阵冲突'吉野'，于是'吉野'以纽状火药连弹装入快炮击之，密如雨下，三点三十分遂沉没。"

而邓世昌牺牲的情形到底如何？世人更是一直众说纷纭。比较流行的说法，似有如下三种：

第一种说法，主要以姚锡光《东方兵事纪略》和蔡尔康《中东战纪本末》

记载为依据，认为在中日海战中，"致远"舰不幸被敌舰围攻，受伤累累，舰体倾斜，炮弹即将用尽，管带邓世昌临危不惧，沉着指挥，号召部下"从公卫国"、"置生命于度外"，"有死而已"，下令"鼓快车"，直冲敌人先锋队指挥舰"吉野"号，准备与之相撞，同归于尽。"吉野"号见势不妙，慌忙躲避。"致远"舰在日方快炮的密集进攻下，不幸又中鱼雷，致使舰身破裂，大量进水，"顷刻沉没"。邓世昌与全舰官兵壮烈殉国。此说主要以姚锡光《东方兵事纪略》和蔡尔康《中东战纪本末》为依据，电影《甲午风云》也是据此描绘的。

第二种说法，据池仲祐《海军纪实·邓壮节公事略》和《清史稿·邓世昌传》记载：当"致远"舰冲向"吉野"时，被"吉野"舰发射的一枚鱼雷击中，致使锅炉迸裂，舰体下沉，邓世昌和250名官兵同时落入滚滚的黄海波涛之中，临难之时，"有讽以自免者"，邓世昌却感慨地说："吾志靖敌权，今死于海，义也。何求生为！"（池仲祐《海军纪实·邓壮节公事略》）舰进水后，他还立在水中怒骂敌寇。侍从刘忠把浮水梃（救生用具）向他投去，他拒不接受。此时，恰好有一艘中国鱼雷艇驶来，艇上水手高呼："邓大人，快上扎杆！"邓世昌并不理会，铿锵有力地表示"阖船俱尽，义不独生"。他的随身爱犬游到身边，衔住他的胳膊，不让他下沉，也被他毅然推开，爱犬不忍离去，又衔住他的辫发。他望着血染的大海，发出长声的叹息，扼住犬首，一起沉入海底。

第三种说法，以1894年10月5日直隶总督李鸿章上皇帝《奏请忧恤大东沟海军阵亡各员折》、曹和济《律门奉使记闻》和《番禺县续志》为依据，则更为离奇。说邓世昌坠海之后，侍从刘忠用浮水梃援救，被他拒绝，后又被别舰将士奋力救起。但他目睹全舰荡没、官兵都身葬大海的惨状，悲痛欲绝，义不独生，于是再次投入大海，壮烈牺牲。

与此相似，还有一种民间传说，只是把救邓世昌上岸者改成了他的随身爱犬。传说邓世昌落水后，随身爱犬衔住他的衣服，不让他沉入海中。但他看到全舰官兵壮烈牺牲，誓不一人独存，便抱住爱犬同沉海中。爱犬不忍让主人漂流海上，便拖着主人奋力向上游去，它终于把主人拖上了岸。邓世昌苏醒过来后，发现自己躺在海滩上，爱犬依然守在身边，回想起曾经发生的一切，他义不独生，重又投入海中。爱犬见主人重投大海，也随之投海而死。

上述种种说法，孰是孰非，难以定论。第一、第三种说法均有当时当事人记载，特别是第一种说法流传甚广，散见各类著述。第二种说法虽然不见当时当事人记载，但也有声有色，并非无可信之处。因此，要得出最终结论，还有待学者们进一步探索、考证。

# 北洋舰队失利之谜

　　1894－1895年爆发的中日甲午战争，是迄至当时为止规模最大的蒸汽军舰主力决战和要塞防御战。这场战争在毁灭了北洋水师菁华的同时，也进一步把中国拖进半殖民地半封建社会的泥潭。甲午海战北洋舰队为什么会失利，泱泱大国为什么会被一个弹丸小国击溃？令人深思。

　　1894－1895年爆发的中日甲午战争，是迄至当时为止规模最大的蒸汽军舰主力决战和要塞防御战。这场战争在毁灭了北洋水师菁华的同时，也进一步把中国拖进半殖民地半封建社会的泥潭。甲午海战北洋舰队为什么会失利，泱泱大国为什么会被一个弹丸小国击溃？这一直以来都是困扰学者们的问题，学术界也因此得出了各种不同的观点。

　　第一种观点认为，北洋舰队的失利是因为编队变阵的错误。纪荣松研究指出，战时北洋舰队以凸横阵接仗，虽然不能说是清军致败的必然或唯一的因素；但从在场清政府舰只的配备、保养、补给、训练和通讯、指挥的总体状况对照来看，采用凸横阵来抗拒日军的单纵阵终究是战术上的重大失策，对战局有弊无利，至少可说是雪上加霜。潘向明在《黄海海战研究》一文中持同样观点，认为，北洋舰队的失利，实与阵形问题紧密联系在一起。北洋舰队指挥方面不管在战前会议上，还是在实搏海战中，都从来不曾有过以纵阵为战斗队形的决策和事实，他们自始至终都是坚持把舰首对敌作为不可动摇的原则，因此横阵是他们唯一能够采取的战斗队形。至于接敌之际的变阵行动，不过是根据敌情把原来排成的双列横阵变为单列横阵，而其为横阵则是同一的，并没有做出根本性的改变。落后的舰船装备技术决定了北洋舰队只能采用有着致命缺点、已经过时了的横阵。除此之外，则没有攻击力，但却又因此导致严重失利。这种无法解决的两难问题，是清政府当局在甲午战前长期忽视海军武器装备的更新换代所造成的结果。

　　第二种观点认为，北洋舰队的失利根源于李鸿章海军威慑战略的缺陷。苏小东认为，19世纪60年代，军事自强运动兴起之初，李鸿章就有了在"师夷长技"的基础上通过威慑达到"制夷"目的的战略考虑。众所周知，李鸿章倡导军事自强的目的，并不是为了把外国侵略者赶出中国，更谈不上进而向海外进取的想法。他是要通过自强来改变中国积弱的局面，使列强能有所顾忌，从

日本明治天皇

而达到防止其进一步侵略的目的。正如他在致友人的信中所说："我能自强，则彼族尚不至妄生觊觎，否则后患不可思议也。"他甚至认为："中国但有开花大炮、轮船两样，西人即可敛手。"这种认识尽管还很肤浅，但其中的威慑意图显而易见。随着军事自强运动范围的不断扩大，李鸿章的威慑思想也逐渐形成，以近代化海军作为主要威慑后盾的认识更加明确。同治十一年（1872）6月，李鸿章在遵旨议复内阁学士宋晋关于停撤闽沪两局造船的奏折中，系统地阐述了制造船炮、建立海军以求自保的防御战略。他明确表示："我之造船本无驰骋域外之意，不过以守疆土、保和局而已。"那么，如何才能"守疆土、保和局"呢？李鸿章认为："第为御侮之计，则不妨多为之备。彼见我战守之具既多，外侮自可不作，此不战而屈人之上计；即一旦龃龉，彼亦阴怀疑惧，而不敢遽尔发难。"也就是说，只要中国有了海防实力，就能够对现实与潜在的敌国产生威慑作用，使其不敢轻举妄动。然而，要实现长期的威慑，并不那么简单，还必须始终保持优势的海军兵力。可以说，北洋海军成军时，实力确实超过了假想敌国日本，而且也对其产生了威慑作用。但是，清政府却满足于现状，从此再不添置新舰和更新火器，使北洋海军的发展陷于停滞状态。与此相反，日本政府为了实现其侵华野心，却在大力扩充海军，实力很快赶上并超过了北洋海军。后来，李鸿章虽然也觉察到中日海军实力对比所发生的变化，但为时已晚。李鸿章的海军威慑已无法遏制日本的战争行动。在整个中日甲午战争中，北洋海军从未有过主动出击，其被动应战又屡战屡败，直到全军覆没。刘小东认为，造成这种惨败结局的原因固然很多，也很复杂，但李鸿章对海军威慑战略的片面指导无疑是其中的一个很重要的因素。在日军的猖狂进攻面前，李鸿章既无实战的决心，又无实战的准备，幻想以保船"作猛虎在山之势"来"制敌"。结果呢？不但没有遏制住日军的进攻，反而断送了北洋海军。甲午海战的失败，证明了李鸿章的海军威慑战略本身存在着严重的缺陷，根本不可能达到威慑目的。片面理解威慑战略以及在运用中的失误，也造成了极其严重的后果。据此，刘小东指出，综观甲午战争的全过程，李鸿章几乎一直在搞"虚"的海军威慑，结果是没有慑服敌人，反倒被敌人所慑服，最终连进行海军威慑的老本也丢光了。毫无疑问，李鸿章的海军威慑思想由于存在致命的弱点而失败了。

第三种观点认为，政治和经济上的整体差距是甲午海战失利的根本原因。尹福庭研究指出：这次战争中国之所以战败，是因为洋务运动没有搞好；日本之所以战胜，是明治维新的成功。中国的洋务运动和日本的明治维新，同是两国从封建社会走向资本主义近代化的政治运动。就两国原有的基础和起步的时间说，基本上大同小异，但经过19世纪后半叶30年左右的实践，到战争爆发前夕，两国的近代化运动却获得显然不同的结果。日本经过明治维新，到战前，资本主义经济已初具规模。明治政府虽然以天皇专制为中心，但在1890年已创立了帝国议会，设有贵族院和众议院，并成立了自由党和进步党，由两党轮流执政，政权性质日益趋向资本主义化，并在外交上开始废除治外法权和片面的最惠国待遇，与列强基本上取得了平等地位。从总体上看，日本已初步转变为一个新兴的资本主义国家。中国的情况显然不同。洋务运动在引进西方资本主义先进生产力方面虽然取得明显的成效，但它却长期停留在较低的层次上，根本不想去触动封建的生产关系和上层建筑，尽管也有个别方面涉及上层建筑领域，如变易兵制、改革教育制度，但均浅尝辄止，而不能深入下去，始终也未能形成一场真正的社会改革运动。结果搞了30余年的洋务近代化，上层建筑还原封不动地维持着封建专制政体，经济上虽然有了一点资本主义经济，但十分微弱，整个经济仍然停留在封建落后的状态，因而也就未能摆脱半殖民地半封建社会的命运。这两种不同的结果，不能不成为双方战争胜败的重要因素。

与上述三种观点不同，第四种观点则坚持认为清政府的失败不能就事论事，而应该从外在与内在，宏观与微观多方面探讨。事实上，清政府的失败"种因甚早"。王家俭撰文指出，"冰冻三尺，非一日之寒。此次之失败，实在种因甚早"。清政府的失败既牵涉到传统的社会思想、经济、政治制度，军事组织，外交导向等的深层结构；又关系到近代国防自主、科技转移、财政结构等的复杂事项。这些都成为了清政府在发展近代新海军时意想不到的阻力与制约，从而注定了海军近代化的失败命运。

# 方伯谦被杀之谜

中日甲午黄海海战结束不久，北洋水师"济远"舰管带方伯谦就以"首先退避"、"牵乱队伍"、"拦腰中撞扬威"三条大罪被正法于旅顺军前。方伯谦被杀是罪有应得，还是晚清又一桩冤案，至今仍是一个谜。

方伯谦（1852—1894），字益堂，福建侯官人，福州船政学堂第一期学生。1888年，北洋水师正式成军。1889年6月，李鸿章奏以方伯谦升署中军左营副将，委带"济远"舰。1891年5月，李鸿章第一次到威海检阅海军事竣，奏准以方伯谦办海军出力，赏给捷勇"巴鲁图"勇号。

光绪二十年（1894）9月17日，北洋水师与日本联合舰队在黄海展开激战，北洋海军"济远"管带方伯谦率舰先退。黄海海战结束后，丁汝昌向李鸿章电告接仗情形："济远首先退避，将队伍牵乱，广甲随逃。若不严行参办，将来无以儆效尤而期振作。"李鸿章因而作出奏请："兹据丁汝昌查明，致远击沉后，该管驾方伯谦即行逃走，实属临战退缩，应请旨将该副将即行正法，以肃军纪。"22日，清政府下令将方伯谦"撤任，派人看管候奏参"。23日，军机处电寄李鸿章谕旨："本月十八日开战时，自致远冲锋击沉后，济远管带副将方伯谦首先逃走，致将船伍牵乱，实属临阵退缩，著即行正法。"24日凌晨5时，方伯谦被清廷以"临阵脱逃"之罪名在旅顺斩首。

学术界传统的看法是，认为方伯谦被杀并非冤杀，而是罪有应得。因为：(1)方伯谦在战斗正在进行的时候就离开战场是不可否认的事实，根据北洋海军的有关章程，显然应该是"临阵逃亡，斩立决"，即使不存在将队伍牵乱的问题，被正法也是不冤枉的。(2)亲临现场的卢毓英手稿《卢氏甲午前后杂记》是济远舰先逃的佐证：卢氏在广甲舰里亲眼见到并记录了经远舰沉没的情形，而方伯谦在他的报告中对经远舰沉没这一重大事件却只字未提。可见，经远舰沉没的时候，方伯谦已经逃离了现场，而广甲舰是在经远舰沉没后才离开战场的。(3)济远舰是否因受重伤不能再战才退出战斗的？日本海军方面的材料对日舰和定远、镇远、来远、靖远、经远、致远等中方舰只的交战情况描写非常详细，偏偏没有对济远舰有所描述，说济远受伤严重值得怀疑。而且，济远舰处于队列的左翼，而海战的焦点却是在右翼。据此，学者认为，方伯谦是临阵先退，确系该杀。

对于这种传统的看法，有学者也提出了疑问，认为济远舰管带方伯谦在战后以"首先退避"、"牵乱队伍"，"拦腰中撞扬威"三条大罪被正法于旅顺军前，三条罪名并不成立，方伯谦被杀不是罪有应得，而是晚清一桩冤案。

坚持这一说法的学者指出，丁汝昌从电请参办方伯谦到对方伯谦的正法，只短短三天，且中间未经任何审讯。有人认为，李鸿章、丁汝昌以雷霆手段在这么短的时间内将方伯谦处死，其实质在于把方伯谦当作替罪羊，为李鸿章、丁汝昌的战败责任开脱。因为黄海战败，北洋海军的最高指挥者李鸿章难辞其咎，舰队提督丁汝昌也罪责难逃。为了脱罪，他们千方百计找替罪羊，炮制出诬蔑方伯谦的三条罪状，将战败责任全推在方伯谦头上。为了证明这一点，一些学者提出了以下理由：

其一，济远舰不是"首先退避"。济远舰是因在战斗中遭受日舰的炮击引起舰体大火而不得不于下午1时10分之后首先退出战场，这是事实。连李鸿章在处斩方氏之后，也不得不承认。真正"临阵退缩"者应是广甲舰吴敬荣。济远舰是在被4只敌舰截击在阵外受围攻、激战三个小时之后，左翼的致远已沉，广甲惧逃，经远离阵自救，只剩济远一舰孤军作战，得不到主队的救援，又因船坏炮毁，人员伤亡严重，于危急情景下冲出重围西撤。从3时30分以后至5时30分，济远舰始终在战场上与敌舰周旋，且战且退，"战至日舰收队"。

其二，北洋舰队战阵之乱，主要由两个原因造成，非方伯谦之罪，实应由丁汝昌、刘步蟾负组织指挥不当、编队队形失误的责任。一些学者认为，指挥不当、开战之初阵势已散乱，并把最弱之舰抛于阵脚。当丁汝昌获得日军舰队的消息后，立即下令全军起锚追击。"各军闻令，争先起锚"，由于各舰速度不一，且有些舰只起锚时间较长，于是北洋舰队"不及列队，零落而出"。而就是如此情况下，丁汝昌却令旗舰以八节的速度航行，以致在后面的济远、广甲、超勇、扬威，均赶不及。舰队阵形有似单雁行，又似双雁行。战争发动后，丁汝昌受伤，但伤势并不重，却放弃了统帅全军作战之责。舰队没有总指挥，旗舰失去指挥作战功能，敌乘势以快船攻右翼弱舰，后又夹攻北洋舰队，截击左翼诸舰于阵西，使北洋舰队形势处于极不利地位。这点就连日军后来在总结这次战役时，都发出感叹："方其战时支那舰队泛沉于汪洋巨浸中，若离若合，一似全无纪律者"，"支那舰队本无次序，至此更无纪律……而其散漫无纪，可叹也"。而刘步蟾擅自改变舰队接战队形，更使船队混乱。海战开始，旗舰"信号所示为诸舰相并横列以主舰居其中"，以致"自其开始交馁，即列成凌乱之半月形"。这种阵势，形成了在海战中的不利态势，不利于舰队机动，不利于舰船火炮的发挥，只能使用前主炮射击，不能发挥后主炮和两舷副炮同时射击作用，又不易保持队形，反易遭敌舰炮火命中。刘步蟾又过早下令发炮，"所击皆不中，尽落于海"，并把丁汝昌震掀受伤。这一切都是组织指挥不当所致。交战不久，定远舰帅旗于第三次排炮时，被敌炮击落，坠入海中便不再升，战阵更乱，"督旗不升，各舰耳目无所系属，督船忽左忽右，亦无旗令，而阵益散"。舰队没有统一指挥，就不能形成全军的整体作战能力，各舰处于各自为战、被动挨打局面。不仅如此，由于日本躲开定、镇巨炮，避强攻弱，围两翼弱舰，逐个围击，于是北洋舰队的队形更加紊乱。

其三，扬威舰不是为济远舰所撞。扬威在开战后不久，于1时10分即已中敌炮起火，向大鹿岛方向撤退，并在大鹿岛附近（东经123°40′，北纬39°37′处）搁浅，于十九日被日海军用水雷轰碎。济远舰退出战场是在3时30分之后，此时，扬威已不在战场，因此，可以断定济远舰绝不可能在战场上把扬威撞坏。同时，济远舰又不大可能驶进大鹿岛搁浅处撞坏扬威。因为扬威是在战阵的右翼外侧，而济远则在战阵之左翼，一左一右两个极端相撞是不可能的。扬威由战场向西北方向大鹿岛驶去，济远则向战场的西南转西方向旅顺驶回，两舰相背而驶，间距愈离愈远，无论如何在行驶中是不可能相撞的。

方伯谦被杀是不是冤案，恐怕还要做进一步的考证。但是，甲午海战中国的失败，无疑是败在清政府的腐朽无能，败在这个王朝制度上的根本腐败则是肯定无疑的。

# 谭嗣同《狱中题壁》诗之谜

慈禧太后发动政变，幽禁光绪皇帝于南海瀛台，宣布自己临朝训政。同时，命荣禄派兵搜捕维新党人。谭嗣同等人被捕，被关进刑部北监。狱中，谭嗣同曾题诗一首，史称《狱中题壁》。然而，这一首诗的真伪至今仍然是桩悬案。

金嵌珠弥勒像　　清。通高54厘米，重19030克。清宫旧藏。

谭嗣同（1865—1898），近代政治家、思想家、诗人。字复生，号壮飞，别署华相众生、东海褰冥氏、通眉生，湖南浏阳人。幼年丧母，遭继母虐待。青少年时代，读书虽颇广博而屡试不第，通剑术，好任侠，遍游西北、东南诸省，怀有济世报国的大志。甲午中日战后，谭嗣同受到极大的刺激，痛感国家民族的危亡日迫，"非守文因旧所能挽回者"（《上欧阳中鹄书》），决然抛弃旧学，探求新学，投身变法活动。一方面融贯儒学、佛学和西学知识以及康有为的学说，撰写《仁学》，阐述变法理论；一方面在湖南从事培养实学人才、兴办实业等，以求维新。光绪二十三年（1897），谭嗣同协助湖南地方当局开设时务学堂。次年初，又与唐才常等在长沙组织南学会，创办《湘报》，宣传新学，推动新政，使湖南富有朝气。七月到京师，任四品卿衔军机章京，参预新政，以为"朝廷毅然变法，国事大有可为"（《致李闰》）。

1898年9月21日凌晨，慈禧太后发动政变，幽禁光绪皇帝于南海瀛台，宣布自己临朝训政。同时，命荣禄派兵搜捕维新党人。9月26日，清政府逮捕了谭嗣同等人，将其关进刑部北监。谭嗣同在狱中想起了汉朝的张俭和杜根。张俭因揭发朝中权贵残害百姓受到陷害，被迫逃亡在外，望门投宿。杜根因劝摄政的邓太后归政安帝而受到酷刑。目前维新派的遭遇正与张俭、杜根相似。无论是逃亡还是被因，都应忍死求生，继续战斗下去。同时他又想起了老师康有为和好友王正谊，康有为已外逃，东渡日本。王正谊仍在北京，是江湖名侠，人称"大刀王五"。谭嗣同把今后事业的希望寄托在他们两人身上。想到这里，谭嗣同按捺不住自己激动的心情，拾起一块煤屑，在牢房的墙壁上写下一首史称《狱中题壁》的诗。谭嗣同在临刑时大声朗诵绝命诗："有心杀贼，无力回天；死得其所，快哉快哉。"态度从容，慷慨就义，年仅33岁。

谭嗣同《狱中题壁》诗最早见于梁启超的《谭嗣同传》，后来又在他的《饮冰室诗话》中提到，诗曰："望门投止思张俭，忍死须臾待杜根。我自横刀向天笑，去留肝胆两昆仑。"同时，梁启超还专门为诗添加了按语说："谭浏阳（谭嗣同）狱中绝笔诗，各报多登之。日本人至谱为乐歌，海宇传诵，不待述矣。"问题是，谭嗣同诗中所列举的人，梁启超也不得不承认，或许未能知。

关于《狱中题壁》，一种说法认为，这是梁启超篡改谭嗣同的诗。黄彰健在《论今传谭嗣同狱中题壁诗曾经梁启超改易》中首先提出了质疑，认为这一首诗不是谭嗣同的原作，而是梁启超伪造的。为什么是伪作呢？黄彰健称，他找到的证据是一本小说，这本小说叫《绣像康梁演义》，这本书出版于1908年，距谭嗣同牺牲整整10年。这本《演义》描写到六君子受刑时，六君子之一的林旭口吟了两首诗，其中一首是这样的："望门投趾怜张俭，直谏陈书愧杜根。

手掷欧刀仰天笑，留将公罪后人论。"它与传下来的狱中诗颇为相近，据此，黄彰健便认为这是谭嗣同的原诗。张建伟在所著的《温故戊戌年》一书借用了黄彰健的考证。

那为什么黄彰健与张建伟会怀疑梁启超篡改了谭嗣同的诗呢？二人认为，这首诗泄露了戊戌变法中的一个秘密，因此，笔锋常带感情的梁启超就用他的如椽大笔，用墨水改写了这首血水写成的诗篇："望门投止思张俭，忍死须臾待杜根。我自横刀向天笑，去留肝胆两昆仑。"不得不承认，经梁启超的大手笔一改，仿佛比原诗更加豪迈，但是却违背了先烈的原意。这一小小的改动就完全遮掩了康有为所代表的维新派曾有武装夺权的谋划，没有了谭嗣同"留将公罪后人论"的坦诚。说白点，黄彰健和张建伟无非认定康梁是所谓的"小人"，谭嗣同的诗泄露了大秘密，所以梁启超篡改了谭诗。有趣的是，电视剧《走向共和》中也采用了此说，在剧中康梁师徒的话当场遭到王照的反驳，王照指出，密诏是假的，谭嗣同这一首诗，是经梁启超修改过的。诗的原稿是："望门投止怜张俭，直谏陈书愧杜根。手掷欧刀仰天笑，留将公罪后人论。"王照还说，谭嗣同原诗暴露了他们擅自决定包围颐和园这一"公罪"。

对于这一结论，傅剑平认为有许多值得推敲的地方，指出，一开始就认定林旭绝命诗是谭嗣同《狱中题壁》诗的原作，其考证和分析就不可能脱出《狱中题壁》诗旧有解说的藩篱，结论自然难以成立。

另一种说法，梁启超所录的诗确系谭嗣同的原诗，但部分词句有所不同。1994年，研究者发现了当年，也就是戊戌年的刑部主事唐烜的日记《留庵日钞》中记录有谭嗣同的狱中诗，日记中记道："二十五日，晴，入署……在署闻同司朱君云：谭逆嗣同被逮后，诗云：'望门投宿邻张俭，忍死须臾待树根。吾自横刀向天笑，去留肝胆两昆仑。'"这里记录的谭嗣诗狱中诗，除了少数几个错字外，与梁启超在《谭嗣同传》中引用的诗是一致的。梁启超为什么能得到谭嗣同的原诗，根据《留庵日钞》可知，谭诗确实是写于狱壁之上，所以往来狱卒相互传送，一时间该诗就不胫而走，据此推测梁启超的记录也是从他人口中得知的。而唐烜则说他所录的诗是刑部传抄本，直接来自刑部署内，所以梁启超篡改说应予推翻。

黄彰健在《留庵日钞》发现的第二年，即1995年，发表了《论谭嗣同狱中诗——与孔祥吉先生商榷》一文，承认："由唐烜《留庵日钞》所记，可以证明'去留肝胆两昆仑'确系谭诗原文，未经梁启超改易，可以修正拙说。"只是他认为那首"手掷殴刀仰天笑，留将公罪后人论"也是出自谭嗣同之手，两首诗实际上一个是草稿一个是定稿，时间先后不同，并没有人有意篡改。这也算一家之言吧。

# 同治、光绪、宣统三朝皇帝无嗣之谜

大清王朝历史之谜

同治帝—光绪帝—宣统帝，三朝皇帝个个绝后。人们不禁要问：爱新觉罗氏皇族到底怎么啦？大清国到底怎么啦？

同治帝19周岁死去时，身后没有留下一男半女。认为皇帝死时皇后阿鲁特氏已怀有龙种的，只是野史之说，信史未见确凿材料。清代皇子、皇帝大多正式结婚前已有性生活，娶嫡福晋之前就生有子女的也有不少先例。同治帝于同治十一年（1872）九月举行大婚典礼，死于同治十三年（1874）十二月，单从大婚之日算起，他与众多的后妃宫女生活了两年零三个月时间，居然没有留下一点骨血，已属不可思议。

光绪帝，38周岁死去，身后竟然也没有留下一男半女。光绪帝娶有一位皇后，有名份的妃子两名，身边还有成群的妙龄宫女。他于光绪十四年（1888）十月大婚，至光绪二十四（1898）年八月囚禁瀛台，近10年时间。虽然政治上难以伸展手脚，基本上是个傀儡皇帝，但性生活还是有较大自由度的，尤其与他宠爱的珍妃，婚姻生活堪称甜美。叶赫那拉氏入主后宫几十年，光绪帝对她几乎没有兴趣，但也绝不是没有碰过半个指头，史家说"承幸簿"很少留下光绪帝与皇后的性生活记录，"很少"不等于没有，尽管极有可能这是皇帝受"亲爸爸"所慑的逢场作戏。不幸的是，皇后也未能为皇帝生下一男半女。

宣统帝，活了61周岁，与同治、光绪帝一样也是绝后。

同治帝—光绪帝—宣统帝，三朝皇帝个个绝后。人们不禁要问：爱新觉罗氏皇族到底怎么啦？大清国到底怎么啦？

对此，笔者广泛涉猎有关史书、传记，未见研究结果。探讨这三位皇帝为什么没有生育能力，虽然对研究清史，尤其对研究大清国皇权统治具有重要价值，但难度显然很大。主要是皇帝本身早就过世，那个时代的御医不敢探究此事，没有留下直接的医学资料，研究很难下手。于是，为何连续三位清帝都未生育，成为一团疑云，浮悬于史海上空。

一种观点认为，近亲婚配是导致三朝无嗣的主要原因。这一观点从现代医学角度透视分析，认为清末三朝皇帝都未生儿育女，与满洲皇族的婚姻习俗有关。按照满洲皇族的婚配习俗，丈夫死后，允许妻子转嫁丈夫的弟弟，甚至可以转嫁儿子或侄辈。这种原始的婚俗，把女人当作一种财富和交配工具。清太祖努尔哈赤、大清国开国皇帝皇太极及其儿子顺治帝的婚配，都是典型的近亲婚配或乱伦婚配。建州女真的领头人努尔哈赤，为统一女真各部落，娶蒙古科尔沁贝勒明安的女儿为侧妃，开与蒙古部落联姻之先河。后来，他的四个儿子都娶蒙古女子为妻。尤其是他的第八子皇太极，为了对付强大的明朝，积极推进满蒙联姻。皇太极改国号为"大清"后，册封的五宫后妃都来自蒙古博尔济吉特家族，其中三位漂亮的后妃论辈分乃是姑侄。先是姑姑博尔济吉特氏于明万历四十二年（1614）嫁给时为贝勒的皇太极，后尊称为孝端文皇后，生了3个女儿；接着，天命十年（1625）春，她的年仅13岁的侄女又嫁给当时仍为贝勒的皇太极，后被封为永福宫庄妃，生了顺治帝福临，还生了3个女儿，后被尊为孝庄文皇后；之后，天聪八年（1634），她的另一位26岁的侄女，也就是庄妃的亲姐姐，也嫁给了继承汗位多年的皇太极，被封为宸妃，生过一个两岁即夭的儿子。有人统计，皇太极在位期间，满洲贵族仅与蒙古科尔沁部联姻就达18次之多。皇太极之子顺治帝与其父亲一样，也是近亲婚配或乱伦婚配：孝庄文皇后的两个侄女，都嫁给了顺治帝，一个封为皇后（即孝惠皇后，后被废降为静妃），另一个封为淑惠妃。顺治帝娶的这两个妻子，是他同一个亲舅舅的两个女儿，都是他的表妹；后来，孝庄文皇后的一个侄孙女，又嫁给顺治帝为妻，后被封为孝惠章皇后。这就是说，顺治帝不仅娶了两个表妹，还娶了表侄女为妻。而从蒙古科尔沁部首领莽古思的角度来讲血缘伦理，他将女儿（孝端文皇后）嫁给了皇太极，又将两个孙女（孝庄文皇后、宸妃）嫁给了皇太极，后又将两个曾孙女（静妃、淑惠妃）、一个玄孙女（孝惠章皇后）嫁给皇太极的儿子顺治帝福临。至清政权入关中原后，北不断亲，加强与蒙古各部落的政治联姻，仍为历朝清帝奉行的基本国策。这里边，也存在着近亲婚配甚至乱伦婚配。

2005年2月23日《科学发现报》也刊文指出，清朝晚期，同治、光绪、宣统叔侄三代皆无子嗣，致使无法实现父传子位的继承法，最后不得不从旁系宗族中选定皇位继承人。这是"近亲结婚"造成的，罪魁是慈禧太后。慈禧是咸丰帝妃，咸丰死后，经"辛酉政变"，她上台实行"垂帘听政"。为巩固自己的统治，先将胞妹指婚给咸丰胞弟奕譞。慈禧子同治死后无子，她将奕譞之子，即外甥光绪立为皇帝，她想亲上加亲，又亲自作媒，把胞弟副都统桂祥之女嫁给光绪。光绪死后无子，慈禧只好将外甥光绪帝的胞弟载沣之子溥仪（即宣统）扶上帝位。

另有学者对这一观点提出了质疑，特别是对光绪无嗣提出疑问。认为光绪帝无嗣不是因为"近亲结婚"，而是因为长期患有遗精病，这是他丧失生育能力的重要原因。1888年光绪18虚岁，已到结婚年龄。西太后慈禧决定为光绪成亲。慈禧不顾光绪本人的反对，给光绪物色了一个他并不喜欢的皇后。她就是慈禧亲弟弟桂祥的女儿，名静芬，比光绪大3岁，时年已21岁，她成为晚清历史上的又一位叶赫那拉氏皇

清·孝哲毅皇后

后。其实，光绪是慈禧亲妹妹的儿子，皇后是慈禧亲弟弟的女儿，他俩原本就是表姐和表弟，属于近亲结婚。虽然二者是近亲结婚，但是从皇家的承幸簿上来看，只有大婚的晚上皇上与皇后同寝，以后再也没有出现皇后的名字。后皇帝无嗣，慈禧着急了，按照皇家一夫多妻的旧例，又纳娶两个妃子，这就是侍郎长叙的两个女儿，初封瑾嫔、珍嫔。此二妃跟光绪并没有任何血缘关系。大家都知道，皇上是宠爱珍妃的，而至光绪被关押到瀛台为止，光绪与珍妃已有10年的美好感情，承幸簿上大多是与珍妃的记录。但是竟然也未生一子一女，实属罕见。

对此，近亲结婚并不能给予很好的解答。有学者指出，就光绪帝而言，长期患有遗精病才是他丧失生育能力的主要原因。根据是，光绪三十三年（1907），也就是光绪帝死前一年，他曾亲自探究并写下自己的病原："遗精之病将二十年，前数年每月必发十数次，近数年每月不过二三次，且有无梦不举即自遗泄之时，冬天较甚。近数年遗泄较少者，并非渐愈，乃系肾经亏损太甚，无力发泄之故。"光绪帝生于同治十年六月（1871年8月），写病原时36周岁，这就是说，他从十五六岁青春发育期起就患了遗精之病，每月多达十几次。30岁出头，便到了几乎无精可泄的地步。患有如此要命的疾病，无论怎样刻意播撒龙种也就成了徒劳。光绪帝能将如此超级隐私写出来是很有勇气的。同治帝、宣统帝也都未生育龙子凤女，是不是也有此类超级隐私呢？

# 袁世凯死因之谜

公元1915年底，袁世凯实行帝制，遭到全国人民的强烈反对。1916年3月22日，袁世凯被迫取消帝制。不久，在天下人的唾骂声中，这位窃国大盗呜呼哀哉了。有人认为袁世凯是得病死的，也有人认为他是被气死的，民间更有自杀死亡、贪恋女色导致死亡、受吓死亡等种种说法。

孙中山领导的辛亥革命爆发后，依靠投机钻营、谄上媚外而发迹的北洋军阀总头子袁世凯大耍两面手法，一方面逼迫清帝退位，一方面又利用革命派的弱点，迫使他们交出政权。1912年3月，他接替孙中山当上了中华民国临时大总统，逐步实行专制独裁统治。一年后，他胁迫国会选举自己为民国大总统，紧接着又解散国会，废除《临时约法》。不久，他确定了总统职位的终身制和世袭制。为了换取对复辟帝制的支持，他竟然接受了日本提出的妄图灭亡中国的"二十一条"。经过一系列策划，他于1915年12月宣布实行帝制，并在1916年元旦举行登基大典，改是年为"洪宪"元年。袁世凯的倒行逆施，遭到了全国人民的强烈反对，就连他的心腹干将也纷纷倒戈。在四面楚歌中，1916年

3月22日他被迫取消帝制。6月6日，这个只做了83天皇帝梦的独夫民贼走投无路，在天下人的唾骂声中一命呜呼，死时仅58岁。

袁世凯

袁世凯阴险狡诈，他的短命离世，并没有人会去同情。不过事后人们在谈到他的死因时却讲法不一，有病死、气死等多种观点。

病死的说法，相信的人很多。先是当时官方讣告上说袁世凯是病死的，无法知道内情的外界不由得不信。当时控制局势的一些人如段祺瑞、冯国璋等都是袁世凯的部下，即使袁世凯是其他原因死的，他们也不便说。之后，社会上流传的一些出版物都采用这一种观点，如《袁世凯全传》、《袁氏盗国记》等。前书说袁世凯得的病是尿毒症，"因中西药杂进，以致不起"，即用药不对路子，所以病没有治好。《袁氏盗国记》的记载十分详细：5月27日，中医刘竺笙等想方设法进行诊治，但不见效果。病情至6月4日，一下子加剧，马上请法国公使馆的医生前来诊治，结论是得了尿毒症，而且患有严重的神经衰弱，已病入膏肓，没有什么转机了。两天以后，这个近代军阀的鼻祖就双脚一伸上西天了。

还有一些书说袁世凯的尿毒症病本可以治好，但他的两个儿子对怎样治疗意见不统一。大儿子袁克定主张西医用外科手术治疗，而二儿子袁克文不同意，主张保守疗法。医生们不知如何是好，这样就贻误了最佳的治疗时间。

很多人认为袁世凯不是病死的，主要是当了皇帝后遭到全国人民的反对，他又忧又惧，最后是气死的。忧愤之后心情不畅引起病变，或本有病但因忧愤突然加重了病情，

所以引起死亡的主要原因与纯因疾病去世并不相同。《袁世凯轶事》说，当光绪、慈禧死后，任摄政王的宣统帝父亲载沣深恐袁世凯尾大不掉，遂打发他回老家养病。在老家时，有一个算命先生对袁世凯说他活不过58岁。袁世凯问有什么办法可以延长寿命，算命先生说这件事很难，非得有龙袍加身才可以，袁世凯听后默然不语。他招待算命先生吃了一餐饭，喝了点酒。等到算命先生刚走出房子，就倒地死了。因为不想把这等重要的事情张扬出去，袁世凯动了杀人灭口的念头。从此以后，为了延长寿命，袁世凯心怀异志。辛亥革命后，袁世凯通过种种努力，总算觅到了称帝的机会，心中十分高兴，认为只要龙袍一加身，就可以平平安安地享受富贵了。谁知事不遂愿，各省纷纷反对，于是积忧成疾。昏迷之中，他常常会见到当年的那个算命先生前来索命。医生们为他开了各种汤药，但袁世凯一概不吃，怀疑药里有毒，他把医生配的药误认为是当年自己给算命先生吃的毒酒。周围知道这件事的人，不敢将内情公之于众，又没有办法，只能改用针灸来医治，但最后不见效而死去。外界传说用针灸是袁克定想出来的鬼主意，不知有什么依据。按这种说法，袁世凯的病是"积忧成疾"，并不是尿毒症之类的疾病。病治不好也不关袁大公子的事情，主

要原因是袁世凯自己不肯吃药所致。

袁世凯被气死的说法，也得到他女儿袁静雪的证实。她在《我的父亲袁世凯》一文中认为袁世凯当时得了膀胱结石症，在内外交攻下，气恼成病而死。袁世凯称帝后，遭到全国上下的一致反对。更令他想不通的是，他的一些亲信也加入了反对他的行列。如四川督军陈宧，之前为了得到袁世凯的重用，坚决拥护帝制。袁世凯派他到四川镇守一方，陈宧临行时对他三跪九叩，说是袁世凯登基时恐怕无法前来，而现在先行庆贺之礼，阿谀奉承到了令人作呕的地步。袁世凯对他满心欢喜，认为从此西南可以无事。随着形势的发展，5月22日陈宧宣布四川独立，几天后陕西督军陈树藩和湖南督军汤芗铭也反戈一击。焦头烂额的袁世凯本就焦虑不安，这时见到三省的独立报告，出乎意料之外，羞愤交加。原本他还想策划军事挣扎，派四川、湖南军队对付南方护国军，这时倍感绝望，气急败坏，遂一病不起，再也支撑不住。

一些学者赞同袁世凯是被气死的观点，但是否被陈宧等人气死，大家有不同看法。

有人认为是被冯国璋和段祺瑞气死的。段祺瑞和冯国璋本是袁世凯手下的心腹大将，他们都期望在袁世凯之后出任大总统，因此他们对袁称帝表示消极态度。在袁世凯称帝期间，段祺瑞离开他长期担任的陆军总长职位，托病退隐西山；冯国璋以江苏将军坐镇南京，拥兵观望。两人与袁世凯之间早已貌合神离。之后，冯国璋和江西、浙江、山东、湖南等省将军共同逼迫袁世凯取消帝制，并密电其他各省将军征求同意。袁世凯取消帝制，实是在这样的一种众叛亲离之下的行为。

有人认为是被袁克定气死的。袁克定是袁世凯的长子，为了能成为合法继承人，他极力怂恿袁世凯当皇帝，最终弄得十分狼狈，不但皇帝当不成，连当个大总统也遭到众人的反对。

也有人认为是被杨度气死的。袁世凯敢于做皇帝，是受了以杨度为首的筹安会诸人的影响。当袁世凯生病时，杨度从天津回京来看望袁世凯，这时袁世凯怒目视杨，对自己称帝悔恨交加，但为时已晚。

此外还有几种说法，虽不太为人们重视，流传也不广，但也是一家之言。

有一种说法认为袁世凯是自杀的。袁称帝后，反对他的人越来越多。袁世凯自己后来也知道帝位已很难坐稳，四面八方的人都在反对他，内心压力很大。在悔恨交加中，他吞金自尽。这种说法在民间有一定的市场。

有人认为袁世凯是被女人弄坏了身体。袁世凯生活十分糜烂，特别喜欢女色。他有一个夫人和九个姨太太，每天应付不过来，就服用鹿茸、海狗肾等补药，以提高自己的性欲。时间一长，身体就掏空了。当上皇帝后，他天天喊腰疼，法国医生奉命来抢救，也无济于事，最后死于尿毒症。按这种说法，袁世凯是死于女人之手。

有人认为袁世凯是被章炳麟吓死的。章炳麟被袁世凯软禁于龙泉寺中，一直在想要如何对付袁世凯。一天，他让龙泉寺的住持宗仰和尚向袁世凯转达他的一个梦。在这个梦中，章炳麟做了阎罗王，要审判袁世凯。但像袁世凯这样的奸贼到底用哪一种刑具还没有考虑好，是让他用自己的内火烧死，还是用铁床铜柱烤死，章炳麟说还没有最后定夺。宗仰和尚把这些话转达给袁世凯听，袁世凯又怕又气，遂被气出病来，不久也就死了。

这几种说法显然可信程度较低，但表达出了人们对袁世凯的憎恨，对封建帝制的厌恶，也说明袁世凯的称帝是利令智昏。因为民主共和已成为浩浩荡荡的世界潮流，独夫民贼的逆流而动，只能是玩火自焚。人们诅咒、鞭挞袁世凯，也就出现了这样的一些传说。

# 李莲英死因之谜

"文革"当中，李莲英的墓遭到破坏。但令人惊奇的是，当墓被挖开后，墓中除了李连英的一颗头颅和大量陪葬珍宝外，其余尸骸一无所存。很明显，李莲英死时已经身首异处。李莲英死后身首分家，人们第一个反应是其不得善终，被人所杀。那么是谁杀了他呢？猜测种种，至今不得其解。

李莲英原名李英泰，字灵杰，道号乐元，河北河间府人。根据墓志铭的记载，生于清道光二十八年（1848），9岁入宫当了一名太监，但清宫档案却记载，他是在咸丰七年（1857）由郑亲王端华府上送进皇宫当的太监，但不是9岁，而是13岁。李莲英因其机警过人，善于钻营，尤以一手梳头的技巧，博得了慈禧太后的宠爱，官至大总管，成为一时要风得风、要雨得雨的大人物。

光绪皇帝和慈禧太后死后，李莲英办理完丧事，于宣统元年（1909）二月初二日，离开生活了51年的皇宫。据清宫档案记载，当时内宫主政的隆裕太后为感谢他宫中"辛劳多年"，准其"原品休致"，就是可以带原薪60两钱粮米退休，在当时这个待遇可以说在太监中是绝无仅有的。在他的墓志碑文中是这样说的："及太上孝钦显皇后升遐，公之退志决矣。"由此可见，李莲英是主动提出离宫的。

李莲英死于宣统三年（1911），时年64岁。他死时，得到了清朝宫廷的1000两白银，并被允准将其墓穴建在恩济庄太监茔地中一个独立的院落里，该墓占地20余亩，四周植有百余株松树，规模较大。前面有石柱桥及牌坊，牌坊横眉上书"钦赐李大总管之墓"，墓碑是用汉白玉制成，高3.5米，宽1米许，其规格实为历朝太监无法比拟的。墓宝顶原坐落在一座小土冈上，宝顶边缘用铁皮箍起。该墓的宝顶是以鸡蛋清、江米粥和砂土做成三合土夯筑而成，所以异常坚固。据当地人说，当年为做三合土，恩济庄方圆十里之内的鸡蛋被搜刮一空，蛋清被取走，而蛋黄散落民间，腥气冲天，许多人因此忌口不吃鸡蛋。当时有人写诗嘲讽："马鬣封头鸡卵堆，黎民血泪染石灰，可叹莲公达显宦，焉与三保共争辉。"

李莲英的尸体葬于何地，起初一直不为人知，因此相关的说法很多，比如北京永定门外大红门、清东陵慈禧陵墓的旁边、北京海淀等地方都有人提及。直到1966年，"文革"当中，李莲英的墓遭到破坏。但令人惊奇的是，当墓被挖开后，墓中除了李莲英的一颗头颅和大量陪葬珍宝外，其余尸骸一无所存。很明显，李莲英死时已经身首异处。李莲英死后身首分家，人们第一个反应是其不得善终，被人所杀。那么是谁杀了他呢？猜测种种。

有人猜测，他可能是触犯了国法而被杀的。这个说法虽然很符合身首异处的实际情况，但斩杀李莲英是个重大事件、重要新闻，但是为什么史料却无记载，世间也无传闻呢？可见，此说实在站不住脚。有人说，李莲英是因为讨债，被人暗杀于河北、山东交界之处的。还有人说，他确是病死的。他的后人曾说他是善终，是因得了痢疾，医治无效病故的。由得病到病终前后仅4天时间。他一生虽然享尽了荣华富贵，但始终为自己是个太监，为"半残之身"而羞耻，以为死后没脸去见自己的列祖列宗，于是留下遗嘱，死后只留头颅，将身体舍弃掉了。这个猜测还是有一定道理的，但是，却没有一点这方面的证据可以加以证实。还有的人说，他是被暗杀的。因为当时正值辛亥革命爆发前夕，暗杀成风。李莲英最为清廷的鹰犬，与慈禧狼狈为奸，卖国求荣，干尽了坏事，为了打击封建势力和旧王朝，革命党人便刺杀了他。以上种种皆为传说，从当时清宫对李莲英出宫及死后的安排来看，这些传说都无法令人信服。

那么史籍中是怎样记载的呢？《清稗类钞·阉寺类》里说：李莲英在"孝钦后（即慈禧太后）殂后，不意又为隆裕后所庇"，"迨其病卒"，隆裕后"特赏银二千两"。李莲英的后裔进一步加以证明："我祖父是善终。享年六十四岁。"又说："我祖父因得急性痢疾，医治无效而病故。由得病到寿终仅仅四天的时间。"连记载李莲英生平的《李莲英墓葬碑文》里，也说李莲英"退居之时，年已衰老。公殁于宣统三年二月初四日"。李莲英"病死"于宣统年间的说法流传很广，以前很少有人表示怀疑，但是李莲英墓葬的发现，无可辩驳地说明李莲英是死于非命的。佟洵在《近代京华史迹》一书根据李莲英的墓葬发掘情况，确定李莲英虽然是死于衰老之年，但却是被人暗中割下了脑袋的，其结局是不得善终。佟洵指出，在墓穴被掘之前，李莲英墓穴的石墙、石门、宝顶等都完好无损，没有前人挖掘过的痕迹。根据参与挖掘的赵广志所说，李莲英棺椁开启时"看见'一个人'盖着被子在那儿躺着，被子平平展展，没有被人翻过的一点痕迹"。这里的"一个人"不是一具完整的尸骸，而是一个用衣服装殓的"人形"。这些情况证明李莲英的墓葬并没有被盗过，那么就是说他的墓中仅存一颗头颅。颜仪民在《李莲英身首异处之谜》（《纵横》杂志1990年第2期）一文中披露了埋藏在心底60多年的秘密。他说：慈禧一死，李莲英对皇宫生无可恋，于是要求出宫养老，由御赐的住宅搬至自购的位于护国寺棉花胡同的一所住宅内，闭门不出，谢绝一切来访者。此时宣统登基，光绪遗孀隆裕太后垂帘听政。小德张面奏太后下手谕，命清宫内务府查办李莲英。李莲英听到消息后胆战心惊，赶紧派管家秘密到南池子南湾子迪威上将军江朝宗府上求救，江朝宗是清末第一号实权派人物袁世凯的亲信。在此紧急情况下，李莲英把家里的财宝源源不断送到江府。果然钱能通神，江朝宗把小德张召来，叫他转告隆裕太后，对李莲英手下留情。迫于袁世凯的势力，隆裕太后只好放松对李的追查，但最终还是被人在后海附近暗杀，落了个身首异处的下场。在讲这个故事的时候，他还暗示了这桩凶杀案与民国初年任步军统领的江朝宗有关，但仔细查阅江朝宗的档案履历，发现1911年3月李莲英死的时候，江朝宗还远在陕西汉中总兵任上，可见这些传说纯属无稽之谈。

可见，李莲英死后身首分家，到底是谁杀了他，虽有猜测种种，但至今仍不得其解。

# 清宫太监娶妻之谜

　　太监不能算是男人，不过虽然他们的行为和声音都有女性化的倾向，但也不能算作女人。某种意义上，他们可以被理解为"中性人"。然而，从汉朝开始，就一直有太监娶妻的事情。既然太监并没有性能力，为什么他们还要娶妻呢？

　　中国上千年的封建专制社会中，太监在很多时候都扮演了重要的角色，甚至有些朝代就灭亡于太监之手。太监，还有其他一些称呼，比如宦官、寺人、奄（阉）人、中官、内侍等，指的是被阉割的男性，专职在皇宫中服侍皇室。太监这些人不能算是男人，没有胡须，声音尖细，虽然他们的行为和声音都有女性化的倾向，但是他们显然不能算作女人。某种意义上，他们可以被理解为"中性人"。

　　虽然如此，但是从汉朝开始就一直有太监娶妻的事情，太监的妻子多为宫中女官，他们的结合当时称为"对食"。既然太监并没有性能力，为什么他们还要娶妻呢？这一情况引起了很多不同学科专家的兴趣，长期的研究也产生了对这个问题的一些解释。

　　第一种观点，向往夫妻生活说。研究者认为，皇帝与众嫔妃之间的夫妻生活，太监自然耳濡目染，难免产生钦慕之心。尤其敬事太监更是如此。敬事太监是负责执掌皇帝闺房之事的太监，由于皇帝嫔妃众多，所以如何选择嫔妃陪宿与敬事太监有很大的关系。每天太监都会托着一只银盘，里面放着十几张乃至几十张"绿头牌"，上面写着嫔妃的名字。皇上晚膳用毕，敬事太监就会呈上"绿头牌"，供皇帝选择，但是皇上并不可能对众嫔妃的情况了解得很详细，所以自然会询问敬事太监的意见。长期与皇帝的夫妻生活接触，自然对太监们产生了很大的刺激。有人认为这就是太监娶妻的原因。从另一个角度说，一年之中轮不到皇帝宠幸的嫔妃非常之多，所以敬事太监常年都会受到她们的孝敬。嫔妃的签牌要想有机会放在盘中，就需要太监的帮忙。因为这个关系，敬事房的太监就可以对这些女性下手。当然，处女他们是不能乱来的，但是一经皇帝宠幸之后，妃嫔智慧大开，可能兴趣渐浓。自然，当她们欲念旺盛时，也会饥不择食地选择太监。毕竟太监总算是一个男性，年轻的小太监常得到亲近的机会，称为"上床太监"，已经是宫中公开的秘密。如此一来，太监自然会乐此不疲，那么他们就会娶妻了。

第二种观点，出于处理家务说。学者们指出，按照宫廷规矩，太监之间等级森严，大致分为总管、首领、御前太监、殿上太监和一般太监。侍候帝、后、太后的是总管、首领，妃嫔身边只是首领。各管事的上层太监都有自己的小厨房和花园住宅，过着养尊处优的生活。太监，尤其是上层的太监，自然有很多家务事要处理，那么比较好的办法自然是娶妻成家。

第三种观点，摆脱孤独心理说。这是由日本学者研究这个问题时提出的。认为这是太监娶妻的原因。寺尾善雄在他研究太监的力作《宦官物语》一书中写道："太监与女性组成家庭主要是摆脱孤独的心理，他们在世间受白眼，遭人蔑视，所以要求得到妻子的温暖，这倒也是不难理解的。太监的妻子大多为宫中女官。因为宫廷生活与世隔绝，只有宫内女官才能与太监成双作对，这样就可以相互依靠。"太监由于已经被阉割，身体上自然会发生很大变化。变态的身体慢慢会导致变态的心理。因此，他们的性格是非常不正常的。变态的性格导致人们不愿意与他们为伍，他们会对女性有爱情表示，也会变态地迷恋着饲养的小狗。因为他们孤独、失落，他们心灵的空虚使他们愿意娶一个妻子回来，以便使自己能够摆脱这种孤独感。

第四种观点，净身彻底与否说。清朝太监小德张是个自幼净身的阉人，可是到了青春期却忽然对女性感起兴趣来了，以致到后来陆续讨了几个老婆。这件事情引起人们关于他净身不彻底的猜测。我国著名的医学博士兼文史家陈存仁，研究太监问题多年。他就认为，如果太监净身不彻底，很有可能阴茎重生，从而重新产生性欲。宫廷里的小太监，每三年要看一看，每五年再查一查，看是否有凸肉长出，这是宫廷定制，但是宫廷中的事情，不能简单以常理揣测。如果某贵妃对某小太监青睐有加，那么她只要对检验的太监说一声"免了罢"，这个太监就不用受到检查。如此一来，即使那个太监有凸肉长出，也可以自由发展，终至长成。除此之外，有一些别有用心的人家，很早就准备好了将自己的孩童日后送进宫内当太监，所以在这些孩童还在襁褓之中的时候，就由特别的佣妇用她的巧妙手术，扭捏婴孩的下身，直到婴孩的生殖器渐渐萎缩，天然的机能完全毁灭。这样的孩童太监，由于有可能和年幼的太子及公主做伴嬉戏，那么在他们的发育期里，很有可能自然而然地恢复了性能力。只要他们与小太子的关系非常好，宫中的检验太监也就不敢特别仔细地检查他们。

除了这些比较自然的情况外，还有人为的情况存在。在太监阉割的过程中，是老太监带领着发育不全的年轻人进入阉房进行手术的。这种情况下，假如动刀阉割的人受了贿赂，那么新太监就可以不彻底净身，只要留着部分根茎，那么就有重生的希望。同样，入宫的检验也可以通过贿赂过关。站在医学的角度看问题，发育不久而又没有阉割干净，这样的情况下，人体强大的发育功能很有可能使人阴茎重生。

太监塑像 高20厘米。清晚期造，宫廷旧藏。

上面讲的几种情况都是这样，即太监已经不是真正意义上的太监了。要是一个英俊可爱的太监，被派在深宫中服侍一个贵妃，朝夕相对，日久生情，也不是没有可能。贵妃独居深宫，久而生怨，而太监无论如何毕竟是男性，于是就把面目俊秀的年轻太监拉上床去，即使拥抱而卧一番，对于贵妃而言，也有相当的情趣。那么如果有不是太监的太监出现，岂非更遂人愿？也就是说，贵妃对阉割未净的太监，有着很大的期望。这样的说法并不仅仅是猜测，在明朝人的笔记如《枣林杂俎》中，就有关于魏忠贤"玉茎重生"的记载。

第五种观点，性基因启动说。生理学的研究发现，存在着一种"性基因启动"的说法。这种看法认为，太监虽然失去了男性的生殖器官，但他仍然是个男人，到了青春期自然有接近女性的要求。从这个角度出发，我国学者孔宪璋等人认为，性基因的启动才是太监娶妻的根本原因。

以上种种关于太监娶妻问题的说法，似乎都有自己的理由，都能自圆其说，但是太监真正的动机是什么？这样一个十分复杂的问题，恐怕不能单单从一个方面就得出结论。要想真正揭开这个谜团，那么应该将历史、环境、心理、医学等相关学科联系起来，深入研究，或许会有找到答案的一天。